Norddeutsches Kochbuch

für die herrschaftliche,

sowie für die feinere bürgerliche Küche.

———

Bearbeitet und herausgegeben

von

Traugott Hammerl,

Mundkoch zu Ivenack.

Wismar.

Hinstorff'sche Hofbuchhandlung Verlagsconto.

1898.

Vorwort.

Im Nachstehenden übergebe ich ein Werk der Öffentlichkeit, welches Anfangs nur dazu bestimmt war, meinen jungen Lehr-Mädchen durch Abschreiben desselben ein möglichst genaues Nachschlagebuch zu liefern. Dies ist nun, da ich es im Laufe der Jahre mehr und mehr vervollständigte, wegen Mangels an Zeit unmöglich geworden und habe ich mich deshalb entschlossen, da ich wohl der Überzeugung sein kann, vielen jungen Köchinnen eine willkommene Gabe damit zu bieten, das Buch zu veröffentlichen. Da ich möglichst genau beschrieben, bei den meisten Gerichten das Anrichten sowie Garnieren derselben bemerkt, auch durch Anfügung verschiedener Frühstücksgerichte eine Verwendung aller möglichen Fisch-, Fleisch- und Bratenreste vorgesehen, ferner eine Abhandlung über kleine pikante Brötchen und Croustaden zum Thee und auf's Büffet beigefügt, sowie das ganze Werk in der Speisenfolge zusammengestellt habe, um die Anfertigung der Küchenzettel zu erleichtern, so hoffe ich, daß dasselbe zu einer wirklichen Hülfe im Hausstand werden und allen billigen Anforderungen genügen wird.

Der Verfasser.

Erklärung verschiedener Ausdrücke,

welche in der herrschaftlichen Küche vorkommen und Manchem unbekannt sein dürften.

Man nennt:

1. Passieren = Entweder Obst, Fleisch oder Gemüse durch ein Sieb streichen oder drücken, sowie auch Mehl, Zwiebeln, Charlotten oder Speck in Butter rösten.

2. Marinieren — Fleisch, Geflügel, Fische mit einer gewürzten Flüssigkeit sauer, süßsauer oder mit Öl und Essig einsprengen oder bedeckt darin eine Zeit liegen lassen.

3. Braisieren = Fleisch und Geflügel vermittelst einer Fettbrühe und Wurzelwerk oder Gewürz gar machen oder weich kochen.

4. Bardieren = Geflügel, welches gebraten oder braisiert werden soll, mittelst Speckscheiben die Brust bedecken und mit Bindfaden oder Garn festbinden.

5. Desossieren — Entbeinen = Alles Fleisch oder Geflügel unbeschädigt aus seinen Rippen, Beinen oder Knochen lösen.

6. Ingredienzen = Alle Zuthaten, welche an ein Gericht oder eine Speise kommen.

7. Klären = Bouillon mit Eiweiß und feingewiegtem Fleisch ohne Fett; Bratenjus, Aspic und Gelee nur mit Eiweiß, welches mit etwas Wasser glatt geschlagen, einmal unter fortwährendem Rühren aufkochen und durch eine Serviette gießen oder klar durchlaufen lassen.

8. Glacieren = Gar gemachte Fleischteile mit Glace oder Fleischextrakt bepinseln oder Kuchen im letzten Augenblick mit feinem Zucker bestäuben und im Ofen oder unter glühender Schaufel schmelzen lassen.

9. Blanchieren = Alles, was in reichlich kochendem Wasser abgekocht oder aufgekocht wird.

10. Flammieren = Allem Geflügel über hellbrennendem Kohlenfeuer oder Spiritus die feinen Federn oder Haare absengen.

11. Dressieren = Allem eine gefällige Form oder Äußeres geben.

12. Sautieren = Fleisch- oder Fischstücke kurz vor dem Anrichten in klarer Butter möglichst rasch auf hellem Feuer gar machen.

13. Degressieren = Alle Saucen oder Bouillon von Fett und Schaum befreien.

14. Panieren = Irgend einen Fleischteil oder Fisch entweder in Butter und Semmel oder Ei und Semmel umkehren und einhüllen.

15. Bain-marie, Wasserbad = Eine Speise in einer Kupfer- oder Blechpfanne, $1/3$ in kochendem Wasser stehend, auf der Maschine oder im Ofen gar machen.

16. Degorgieren = Alle Fleischteile, welche mit Blut durchzogen sind (z. B. Hirn- oder Kalbsbrießchen) vermittelst lauwarmen Wassers wässern bis es weiß ist.

17. Legieren = Suppen oder Saucen mittels gelber Eier, welche mit etwas Wasser, Milch oder Wein glatt gerührt sind, verdicken oder binden.

18. Abschmecken = Eine Speise so lange kosten, bis sie den angegebenen Geschmack hat.

19. Würzen = Einer Speise mit Salz, Pfeffer u. s. w. einen angenehmen Geschmack geben.

20. Endressieren = Alle dressierten Fleischstücke von dem die Dressur bewirkenden Bande lösen.

21. Filets mignons = Die kleinen Filets, welche beim Geflügel zwischen Brust und Brustknochen sich befinden und sich leicht davon lösen lassen.

22. Demi=Glace nennt man Glace, welche mit dem Fleischsaft oder Bratensatz des betreffenden Gerichts, bei dem sie angegeben ist, versetzt und eingekocht ist.

23. Glace = Fleischextrat.

24. Plafond = Ein rundes, kupfernes und verzinntes Blech mit 1 cm hoch aufgebogenem Rande, welches als Untersatz unter Siebe, zum Durchstreichen oder zum Wegstellen in den Keller benutzt wird.

25. Plate à sauté = Eine kupferne verzinnte Pfanne mit Stiel und 3½ bis 4 cm hohem Rande; sie wird zum Sautieren verschiedener Fleischstücke, sowie zum Braten von panierten Kotelettes, Steaks und anderem panierten Fleisch verwandt.

26. Timbaleform = Eine glatte Form mit Cylinder, oder kleine Becherformen von stärkerem, verzinnten Eisenblech oder von Kupfer und innen verzinnt.

27. Fond nennt man jegliche Brühe, worin Fleisch, Fisch oder andere Sachen gar gemacht sind.

28. Fines herbes=Butter, Sardellenbutter u. s. w. Alle diese verschiedenen Buttermischungen werden hergestellt, indem man die betreffenden Kräuter, Gemüse, Pilze oder Fische (Sardellen) je zu gleichen Teilen mit Butter fein reibt, durch ein feines Sieb streicht und kalt stellt.

29. Au miraton bedeutet etwas im Kranze halb aufeinander liegend anrichten.

30. Carcasse. Unter diesem Ausdruck versteht man das zurückgebliebene Gerippe von jeglichem Geflügel, nachdem alle besseren Fleischstücke abgelöst sind.

VIII

Allgemeine Übersicht über die Einteilung dieses Werkes.

Suppen.

---

1. Helle klare Bouillon. 2 Kilogr. Rindfleisch aus der Keule, 1 Kilogr. Kalbfleisch vom Hals, Blatt oder von der Brust, sowie ein altes Huhn oder 3 bis 4 alte Tauben setze man in einem Kessel mit soviel Wasser, daß das Fleisch gut bedeckt ist, auf's Feuer. Nachdem es nun anfängt zu kochen, nimmt man allen Schaum und Fett ab, gießt etwas kaltes Wasser dazu, entfernt den noch aufsteigenden Schaum nochmals und gießt so lange etwas kaltes Wasser nach, bis kein Schaum mehr herauskommt. Jetzt giebt man 2 Mohrrüben, 2 Petersilienwurzeln, 2 Stangen Porree und 1 Kopf Sellerie, sowie reichlich soviel Wasser, wie das zuerst darauf gegossene, dazu und läßt es nun langsam so lange kochen, bis alles Fleisch weich ist. Nun die Bouillon durch ein feines Sieb oder Bouillontuch in eine große Schüssel gegossen und bis zum andern Tag in den Keller gestellt. Nachdem sie am nächsten Tag vorsichtig, damit der dicke Satz zurückbleibt, durch ein Sieb in ein Geschirr gegossen, läßt man sie klar= und einziehen, bis sie einen kräftigen Geschmack hat; alsdann beim Gebrauch mit Salz gewürzt.

2. Braune, klare Bouillon. 2 Kilogr. Rindfleisch aus der Keule, sowie 1 Kilogr. Kalbfleisch schneide man in große Würfel und lasse es in einer Pfanne in brauner Butter etwas anbraten. Nun gebe man 2 Mohrrüben und 2 kleine Zwiebeln dazu und röste es so lange, bis sich ein hellbrauner Satz am Boden der Pfanne gebildet hat. Jetzt das Fleisch nebst einem alten Huhn in einen Bouillonkessel gethan, das Braune in der Pfanne mit Wasser losgekocht, über das

Fleisch gethan und soviel Wasser nachgegossen, daß es um das Doppelte
bedeckt ist. Nachdem es nun kocht, wird Schaum und Fett abgenommen,
2 Petersilienwurzeln, 2 Stangen Porree, sowie 1 Kopf Sellerie dazu
gethan und alsdann vollendet, wie im Vorhergehenden angegeben.

3. Suppe à la Julienne. Erbsen oder kleine Sterne von
Mohrrüben und Kohlrabi werden ausgestochen und in Wasser weich
gekocht, dazu kleine Röschen von Blumenkohl, sowie grüne Erbsen,
dann wird Alles in die kräftige, goldgelbe Bouillon gethan und von
Salz abgeschmeckt.

4. Suppe „Pot au feu". Carotten, Blumenkohlröschen,
Teltower Rüben, Weißkohl in Vierecke □, Sellerie in Halbmonde
ausgestochen, weiße Bohnen und kleine Kartoffeln werden in Wasser
abblanchiert, mit Bouillon aufgesetzt und darin weich gekocht;
Sellerie und weiße Bohnen für sich in Wasser. Man giebt Croutons
von Roggenbrot dazu.

5. Klare Bouillon mit Mehlnocken. Ein kleiner Tassenkopf (knapp $\frac{1}{4}$ Ltr.) Milch wird mit einem Stück Butter von der
Größe eines Ei's (40 Gr.) aufgekocht, sodann mit 2 Holzlöffel Mehl
(70 Gr.) abgebrannt. Sobald es kalt, wird es mit 3 ganzen Eiern
aufgerührt bis es schäumig wird. Sollte das dritte Ei nicht ganz
hinein gehen, so nimmt man nur das Gelbe. Die Nocken dürfen
nicht stark kochen, sondern nur ziehen, und werden dann in klare,
kräftige Bouillon gethan.

6. Klare Bouillon mit Griesnocken. Man läßt die Bouillon
klar kochen und schmeckt sie von Salz ab. Die Griesnocken werden
folgendermaßen bereitet: ein Tassenkopf Milch (knapp $\frac{1}{4}$ Ltr.) mit
einem Stück Butter von der Größe eines Ei's (40 Gr.) aufgekocht,
2 gute Holzlöffel (70 Gr.) Gries hinein gerührt und auf dem Feuer
abgebrannt. Wenn es kalt ist, 2 ganze und 1 gelbes Ei dazu gerührt
und die Nocken leise 5 Minuten in kochendem Wasser ziehen lassen.

7. Bouillon mit gestürztem Reis. Die klare Bouillon wird von
Salz abgeschmeckt. Der Reis wird abblanchiert, mit Wasser und einem
Stück Butter weich und dick gekocht, von Salz abgeschmeckt und dann
in eine mit Butter ausgestrichene Form gethan. Hiernach stellt man
ihn in dem Wärmeofen heiß. Kurz vor dem Anrichten wird er auf

eine lange Schüssel gestürzt, auf deren jedes Ende man etwas Parmesankäse legt.

8. Rindfleischthee (Beeftea). Das Fleisch einer Taube sowie ½ Kilogr. Rindfleisch werden in kleine Würfel geschnitten, alsdann in eine Flasche oder Fleischtheedose gethan, zu diesem eine Obertasse (²/₁₀ Ltr.) Bouillon gegeben. Flasche oder Dose werden zugekorkt und zugebunden oder zugeschroben, in einer Kasserolle mit kaltem Wasser aufgesetzt und 3 Stunden gekocht.

9. Bouillon mit Eier=Gelée für 18—20 Personen. 1 ganzes Ei und 5 Eidotter werden mit etwas Salz und ein wenig geriebener Muskatnuß gut gerührt und mit ¼ Liter guter, kalter Fleischbrühe oder süßer Sahne durchgeschlagen, durchgesiebt und in ein mit Butter ausgestrichenes Geschirr gethan. Im Ofen au-bain-marie stocken lassen, ohne daß es Farbe annimmt. Mit einem Buntmesser, nachdem es gestürzt und kalt geworden, in Filets geschnitten und in die Bouillon gethan.

10. Suppe à la Jardinière. Kleine Carotten werden dressiert, grüne Bohnen in längliche Vierecke geschnitten, werden weich gekocht; Erbsen, kleine Röschen von Blumenkohl ebenfalls weich gekocht. Dann Alles in die Bouillon gethan. Der Spargel zu der Suppe muß ganz dünn sein und in kleine Stücke geschnitten werden, mit wenig Wasser und etwas Salz aufgesetzt, weich gekocht und mit dem Wasser zu der Bouillon gegossen.

11. Rote Rübenbouillon. In Scheiben geschnittene Rüben (rote), Sellerie, Mohrrüben und Teltower Rüben werden in Butter passiert. Dann 2 alte Hühner und 1 Kilogr. fein gewiegtes Rindfleisch dazugethan, mit Eiweiß und Bouillon abgeschlagen, das Ganze zusammen auf dem Feuer abgeklärt, durchgegossen und von Salz abgeschmeckt. Diese Suppe muß sich durch einen sehr kräftigen Geschmack und eine schöne gelbrote Farbe auszeichnen.

12. Bouillon mit Einlauf. 4 ganze Eier, 4 Eßlöffel Sahne und 4 gehäufte Eßlöffel Mehl werden glatt gerührt und von Salz abgeschmeckt, durch einen feinen Durchschlag in kochendes Salzwasser gerührt und einen Augenblick ziehen lassen, dann abgegossen und in die klare Bouillon gethan.

13. Suppe à la Bagration. An klare, recht kräftige, dunkel
gefärbte Bouillon (auf 10—12 Perſonen berechnet) thut man 4 ge=
häufte Eßlöffel voll Sago, welchen man vorher in Waſſer klar gekocht
hat. Dann im Verhältnis zu der Suppe ¼ ſo viel dünne abgekochte
und in ½ cm lange Stücke geſchnittene dünne Pfeifen=Maccaroni
und ¼ in meſſerrückendicke Scheiben geſchnittene Périgord = Trüffeln
nebſt deren Fond dazu.

14. Suppe von Hühnern. Ähnlich wie Suppe à la Jardinière,
nur daß die Bouillon recht kräftig nach Hühnern ſchmeckt und in
dünne Filets geſchnittenes Hühnerfleiſch dazu kommt, welches vorher
in der Bouillon weich gekocht iſt.

15. Suppe à la Chasseur. Von Wildfleiſch ſetze man ein
kräftiges Conſommé an, und laſſe dies, nachdem es ſorgfältig aus=
geſchäumt, tüchtig auskochen. Nachdem das Fleiſch weich, wird es heraus=
genommen und kalt geſtellt. Jetzt die Bouillon durch ein feines Sieb
paſſiert, mit Eiweiß geklärt und nochmals durch ein feines Sieb oder
Haartuch klar durchlaufen laſſen. Nachdem dies Conſommé nun auf=
gekocht, giebt man in Salzwaſſer abgekochte grüne Erbſen, ſowie dünnen
in ½ cm große Stücke geſchnittenen Spargel und in feine Filets ge=
ſchnittenes Wildfleiſch hinein und würzt es mit Salz.

16. Klare Bouillon mit Reisklößchen. 125 Gr. Reis
werden abblanchiert und mit einem Stück Butter (30 Gr.) und Milch
gar und dick gekocht. Dabei muß der Reis körnig bleiben. Jetzt mit
2 bis 3 gelben Eiern abgeliert und auf einen Deckel oder Pfanne
ausgeleert und fingerhoch auseinander geſtrichen. Wenn es kalt ge=
worden mit Hülfe von geriebenem Semmel wallnußgroße Kugeln
geformt, welche alle gleichmäßig groß ſein müſſen. Man läßt ſie in
kochendem Salzwaſſer fünf Minuten ziehen, nicht kochen.

17. Bouillon mit verlorenen Eiern. Man ſetze kochendes
Waſſer auf und ſchmecke dies ſchwach von Salz und Eſſig ab. Jetzt
ſchlägt man die nötige Anzahl Eier (2 Stück mehr wie Perſonen)
in das ſchwach kochende Waſſer hinein, in dem ſie, je nach Größe
3 bis 5 Minuten langſam ziehen. Hierauf thut man ſie in kaltes
Waſſer, beſchneidet ſie ſauber und egal und giebt ſie in die kochend
heiße Bouillon, kurz bevor man die Suppe anrichtet.

18. Bouillon mit Sternnudeln. Sternnudeln werden in kochendem Salzwasser weich und klar gekocht, wobei man ungefähr auf 2 Personen einen gehäuften Eßlöffel voll rechnet. In kaltem Wasser abgekühlt, alsdann in die Bouillon gethan.

19. Bouillon mit Fadennudeln. Die Fadennudeln werden in kochendes Salzwasser der Länge nach zusammengedrückt und müssen weich und klar ziehen. Abgekühlt werden sie in die Bouillon gethan. Ein Bündchen ungefähr auf 2 Personen gerechnet.

20. Bouillon mit Sago und Maccaroni. Für 10 bis 12 Personen kocht man 4 gehäufte Eßlöffel Sago in Wasser klar und stellt sie in kaltes Wasser zurück. Ebenso kocht man 6 bis 8 Stangen dünne Pfeifen-Maccaroni in Salzwasser weich, kühlt sie in kaltem Wasser ab und schneidet 2 cm lange Stückchen davon ab. Man schüttet nun Beides auf einen Durchschlag und giebt es in eine kräftige, klare und dunkle Bouillon.

21. Bouillon mit Gries, Brechspargel und kleinen Kartoffeln. In eine gute Bouillon für 12 Personen giebt man 3 gehäufte Eßlöffel voll nicht zu feinen Gries und läßt diesen darin klar ziehen. Währenddessen hat man ⅓ soviel 1 cm große runde Kartoffeln sowie eine Hand voll dünnem Spargel, welcher sauber geputzt und in 2 cm lange Stücke geschnitten wird, mit Wasser und etwas Salz weich gekocht, dazu gethan und schmeckt das Ganze nun endgültig von Salz ab.

22. Taubensuppe mit Gries, Spargel und kleinen Kartoffeln. Wird von Bouillon gekocht, worin die nötige Anzahl junger Tauben weich gekocht ist und ebenso vollendet wie die vorhergehende. Außerdem kommen die losgelösten und von der Haut befreiten Taubenbrüstchen mit in die Suppe hinein.

23. Taubensuppe mit Reis und kleinen Kartoffeln. Wird ebenso gekocht wie die vorhergehende, nur daß der Spargel fortbleibt und statt Gries Reis genommen wird.

24. Bouillon mit Parmesan-Croutons. Von Semmel oder englischem Kastenbrot steche man 1¾ cm große und ½ cm dicke Scheiben aus. Man rechnet à Person 4 Stück. Nachdem man die nötige Anzahl fertig hat, taucht man die obere Seite in zerlassene Butter und streut geriebenen Parmesankäse hoch darauf. Hat man nun alle so vollendet, so werden sie in eine mit Butter ausgestrichene flache Pfanne einrangiert und in einem mittelheißen Ofen von unten und oben in goldbrauner Farbe gebacken, auf Löschpapier gelegt und im letzten Augenblick in die heiße, kräftige, klare Bouillon gethan.

25. Bouillon mit Hühnerfarce=Klößchen. Das Brustfleisch von einem Huhn wird abgelöst, von der Haut befreit und mit 35 Gr. Butter im Reibstein fein gestoßen, durch ein feines Sieb gestrichen und in eine Kasserolle gethan, welche in Eis gepackt wird. Ebenfalls stellt man $1/2$ Ltr. Schlagsahne in Eis. $1/2$ Stunde vor dem An= richten rührt man nach und nach gut $1/4$ Ltr. zu dem Fleisch und nachdem es recht glatt gerührt, steckt man eine Probe in kochendes Wasser, läßt es einmal aufkochen und stellt es 5 Minuten zugedeckt zurück. Ist die Farce dann noch zu fest, rührt man noch etwas Sahne hinein. Die Farce wird von Salz und einer Prise Pfeffer abgeschmeckt, die Klößchen in kochendes Salzwasser, welches so lange zurückgestellt, gesteckt; dann läßt man es noch einmal aufkochen und stellt es 5 Minuten zurück. Beim Anrichten legt man die Klößchen in eine kräftige Bouillon. Die Klößchen müssen recht leicht auf= gerührt sein, dürfen aber beim Kochen ihr erstgegebenes Facon nicht verlieren.

26. Bouillon mit Markklößchen. 250 Gr. Rindermark wird 2 bis 3 Stunden gewässert, dann zerlassen und weiß aufgerührt. Dann thut man nach und nach 3 ganze und 3 gelbe Eier dazu und eine Hand voll fein geriebener Semmel. Hiernach wird das Ganze von Salz und einer Prise Pfeffer abgeschmeckt; kleine Klößchen in kochendes Salzwasser gesteckt, 5 Minuten ziehen lassen und in die kochend heiße Bouillon gethan.

27. Bouillon mit Leberklößchen. Nachdem man 250 Gr. Kalbsleber von Haut und Sehnen befreit hat, schneidet man sie fein und reibt sie durch ein Drahtsieb. Hierauf rührt man 125 Gr. Butter mit 2 gelben und 2 ganzen Eiern auf, giebt die Leber dazu, schmeckt es von Salz und Pfeffer ab, macht eine Probe, thut, wenn die Masse nicht halten sollte, etwas geriebene Semmel dazu, steckt kleine Klößchen in kochendes Salzwasser, läßt sie einmal aufkochen, stellt sie zugedeckt zurück und giebt sie nach 10 Minuten in die kochend heiße Bouillon beim Anrichten.

28. Bouillon mit Geflügelpain. Von einem gebratenen Kapaun wird alles Fleisch abgesucht und sehr fein hachiert. Die Knochen werden mit guter Bouillon noch etwas durchgekocht, nachdem man sie fein gestoßen hat. Hierauf passiert man Butter und 2 Löffel Mehl (70 Gr.), verrührt dies mit der Geflügelbouillon und läßt es ziemlich dick einkochen, giebt das gewiegte Fleisch dazu, läßt es noch einen Moment durchkochen und streicht es durch ein feines Sieb. Jetzt mit 10 Eigelb verrührt, von Salz und Pfeffer abgeschmeckt, eine Probe gemacht, alsdann in gut weiß ausgestrichene kleine Becherformen ³/₄ voll gefüllt und au-bain-marie gar gemacht, wozu gut ¼ Stunde erforderlich. Alsdann auf eine runde Schüssel mit Serviette hübsch neben einander gestürzt und eine kräftige Geflügelbouillon dazu gereicht. So kann man von jedem zahmen Geflügel diese Klößchen bereiten.

29. Bouillon mit Wildgeflügelpain. Von jedem beliebigen Wildgeflügel löst man die Brust ab und stößt diese mit einem Stück Butter fein, streicht sie durch ein Sieb und packt sie in eine Kasserolle in Eis. Nach einer Stunde mit Schlagsahne aufgerührt bis zum leichten Halten, von Salz und Pfeffer abgeschmeckt, wenn man hat, etwas grob gehackte schwarze Trüffeln darunter meliert, in weiß ausgestrichene Becherformen gefüllt, so daß sie gut ³/₄ voll sind und ¼ Stunde au-bain-marie ziehen lassen. Man bereitet diese Pains auch, indem man in ein fest bereitetes Geflügelpuree, wie sie im nächsten Abschnitt angegeben, 6 bis 8 gelbe Eier rührt, eine Probe macht und in Becherformen gar werden läßt.

30. Bouillon mit Kartoffelklößchen. Zehn Stück abgekochte Pellkartoffeln werden rasch gepellt und durch ein Sieb gerieben, sind sie nicht sehr mehlig, so setzt man ³/₄ Theelöffel Mehl dazu. Währenddessen hat man von Semmel kleine Würfel in Butter goldbraun geröstet. Diese thut man zu den Kartoffeln mit 5 ganzen Eiern, nebst 30 Gr. Butter, von Salz und Pfeffer abgeschmeckt. Dann macht man eine Probe, formt kleine runde Klößchen und läßt sie in Salzwasser 5 Minuten ziehen. Fertig werden sie mit einem Schaumlöffel in die Bouillon gelegt.

31. Suppe à la Belgrade. Man schneidet Sellerie, Kohlrabi und Mohrrüben in kleine Streifen und kocht sie in Wasser weich, dann Mehl in Butter passiert, mit Bouillon, dem Gemüse und Blumenkohlröschen abgerührt und den Blumenkohl darin weich kochen lassen, sowie aus Schaum und Fett; durchstreichen, wenn nötig mit Bouillon verdünnt und von Salz abgeschmeckt.

32. Linsensuppe. Nachdem die Linsen gewaschen, passiert man Zwiebeln in Butter, giebt die Linsen, sowie in Scheiben geschnittenes Wurzelwerk dazu und kocht sie in weichem Wasser weich und kurz ein. Alsdann durchgestrichen und mit Bouillon, einem ordentlichen Stück Butter und etwas Bratenjus verdünnt. Von Salz abgeschmeckt. Croutons von Roggenbrot in Filets dazu.

33. Bedford=Suppe. Butter mit Mehl geschwitzt, dann mit guter Bouillon abgerührt und wenn es kocht, 4 bis 8 gehäufte Eßlöffel geriebenen Parmesankäse daran und nun aus Schaum und Fett gekocht, mit 2 bis 3 gelben Eiern ablegiert, von Salz abgeschmeckt. Man giebt Semmel=Croutons dazu in Würfel geschnitten.

34. Erbssuppe. Ungefähr $1/2$ Kilogr. Erbsen werden verlesen und gewaschen. Sodann passiert man Butter und Zwiebeln, thut die Erbsen mit etwas Wurzelwerk dazu und gießt so viel weiches Wasser dazu, daß sie gut bedeckt sind. Sodann weich und zuletzt dick einkochen lassen. Dann durch ein Suppensieb gestrichen, hierauf mit guter Bouillon, angeschlagener Jus und einem ordentlichen Stück Butter abgerührt und von Salz abgeschmeckt. Hierzu Croutons von englischem Kastenbrot oder Semmel, und wenn vorhanden in Filets geschnittene Schweinsohren und Nasen dazu, welche vorher in reichlich Wasser weich gekocht werden müssen. Man kann nach Geschmack auch etwas gekochte Lungenwurst hineinthun.

35. Kartoffelsuppe. Die Kartoffeln werden geschält und in dünne Scheiben geschnitten, dann mit Wasser weich und kurz eingekocht, darauf durchgestrichen. Wurzelwerk in Scheiben geschnitten, in Wasser weich gekocht und durch ein Sieb dazu gethan, ein gutes Stück Butter daran und mit Bouillon verdünnt. Dazu ein wenig gehackte Petersilie, von Salz und etwas Pfeffer abgeschmeckt. Croutons von englischem Kastenbrot oder Semmel dazu.

36. Suppe à la Reine. Ein Puter oder altes Huhn wird mit Pfefferkörnern, Wurzelwerk und Lorbeerblättern weich gekocht und herausgenommen, dann läßt man es kalt werden. Nun werden die Brüste und Keulen losgelöst; von der Brust werden Filets geschnitten, das Übrige wird fein gewiegt. Darauf werden Butter, Selleriescheiben und Mehl dazu passiert, und alsdann die Bouillon und das fein gewiegte Fleisch nebst 4 gehackten bitteren und 4 süßen Mandeln dazu gethan; dann kocht man es aus Schaum und Fett. Nun wird es durch ein feines Haarsieb gestrichen, glatt geschlagen, mit 4 gelben Eiern abgeliert und durchpassiert. Von Salz abgeschmeckt und die Filets hinein gethan beim Anrichten.

37. Bouillon mit Graupen. 10 bis 12 gehäufte Eßlöffel Graupen werden verlesen, gewaschen und mit 50 Gr. Butter und heller Geflügelbouillon aufgesetzt und 3 Stunden gekocht, wobei Schaum und Fett abgenommen und zwischendurch immer von der Bouillon nachgegossen wird, dann auf einen Durchschlag gegossen und 2 gehäufte Eßlöffel voll von den Graupen wieder hineingethan. Von Salz abgeschmeckt.

38. Kerbelsuppe. Mehl und Butter geschwitzt, dann Wasser, Bouillon oder Nachbouillon dazu, nun gehackte Kerbel, Petersilie, Schnittlauch und Estragon hinein und damit zusammen ungefähr 10 Minuten gekocht, und kurz vor dem Anrichten mit 2 Eidottern abgeliert, aber nicht kochen lassen. Croutons von französischem oder englischem Kastenbrot in kleinen Würfeln dazu.

39. Russische Jussuppe. Ganz wie „Pot au feu" fertig gemacht, nur das Gemüse etwas größer dressiert und der Kohl in Viertel geschnitten, ohne weiße Bohnen und Croutons. Zuletzt passiert man Mehl und Butter daran und dazu kleine Blättchen gezupften Dills; alsdann von Salz abgeschmeckt.

40. Mockturtle-Suppe. Zu dieser Suppe suche man einen möglichst großen, frischen und recht fleischigen Kalbskopf zu erlangen. Nachdem derselbe gut gebrüht, abgetrocknet und abgesengt ist, wäscht man ihn sehr sauber, rasiert die noch etwa stehen gebliebenen Haare ab und schneidet ihn oben und unten der Länge nach ein, löst die Haut mit dem Fleisch von den Knochen ab und wässert dieses in

mhrmals gewechseltem lauwarmen Waffer 3 Stunden. Jetzt nebst
der Zunge in reichlich Waffer 25 Minuten abblanchiert, in kaltem
Waffer abgekühlt und in fetter Fleischbrühe mit 2 Zwiebeln, Wurzel=
werk, Salz, Lorbeerblatt und Gewürz weich braisiert. Nachdem es
nun abgekühlt, legt man das Kalbskopffleisch zwischen zwei dicke
Bretter und läßt es so gepreßt 1½ Stunden stehen. Nun die Haut
von der Zunge entfernt und diese sowie das Kopffleisch in kleine, 2 cm
lange und ½ cm dicke Filets geschnitten, zurückgestellt. Während=
deffen hat man das Gehirn aus der Schale genommen, ausgewäffert,
abgehäutet und mit Waffer, etwas Effig, Salz, Pfeffer und Lorbeer=
blatt 20 Minuten gekocht; alsdann herausgenommen und erkalten
laffen. Nun haut man die Kopfknochen klein, legt eine Kafferolle mit
Speckscheiben und großwürflich geschnittenem Schinken am Boden aus,
giebt die Knochen, 4 Zwiebeln und etwas Wurzelwerk, sowie ½ Liter
Fleischbrühe dazu und dünstet es nun zugedeckt so lange auf der
Maschine, bis sich eine hellbraune Glace am Boden der Kafferolle
bildet, giebt nun so viel Waffer, daß die Knochen reichlich bedeckt
sind, darauf und läßt es einige Stunden auskochen. Auch setzt man
3 Kilogr. Rindfleisch und 1 Kilogr. Kalbfleisch zur Bouillon auf und
läßt das Fleisch darin weich kochen. Jetzt passiert man Mehl in
brauner Butter, giebt die sämtliche Flüssigkeit vom Kopffleisch, von
den Knochen und die Bouillon dazu, rührt die Suppe glatt ab, giebt
⅓ Flasche Madeira und ¼ Flasche Rotwein dazu und läßt die Suppe
recht klar aus Schaum und Fett kochen, passiert sie durch ein Sieb,
schmeckt sie von Salz, sowie einer Prise Cayenne=Pfeffer ab und stellt
sie au-bain-marie heiß. Nun das Kalbsgehirn in mittelgroße Würfel
geschnitten, in Ei und Semmel paniert und in Fett ausgebacken.
Ebenfalls verrührt man 3 durch ein Sieb gestrichene hartgekochte Ei=
dotter mit 45 Gr. Butter, einem rohen Eidotter, etwas Salz und
einem gehäuften Theelöffel voll Mehl, formt kleine runde Klößchen
daraus und läßt sie in Salzwaffer 5 Minuten ziehen, sowie auch
ebensoviel kleine Geflügelfarceklößchen. Nun die sämtlichen Suppen=
einlagen (das in Filets geschnittene Fleisch und Zunge, sowie beide
Sorten Klößchen) in die Terrine gethan und die Suppe kochend heiß
darüber angerichtet.

41. Schildkrötensuppe (echte). Man bereitet eine kräftige
braune Suppe, läßt diese recht klar aus Schaum und Fett kochen,

giebt ½ Flasche Rotwein, ¼ Flasche Madeira dazu, passiert gehackte
Zwiebeln und würflich geschnittenen mageren Schinken dazu, läßt dies
noch langsam aufkochen, indem man allen Schaum entfernt und passiert
sie durch ein feines Sieb, nimmt jetzt eine Büchse eingemachter
Schildkröten, schneidet das Fleisch in dicke Filets, giebt es nebst dem
Fond in die Suppe, läßt diese noch einmal damit aufkochen und giebt
sie in die Terrine, nachdem sie von Salz abgeschmeckt und mit etwas
Cayenne-Pfeffer gewürzt ist. Kleine Geflügelfarce=Klößchen, wie sie
schon früher angegeben, sowie kleine Schildkröteneier=Klößchen (siehe
Mockturtle-Suppe) in Salzwasser abgekocht, werden hinein gegeben.

42. Grüne Erbssuppe. Große dicke Erbsen werden aus-
gepahlt, gewaschen, in Bouillon weich gekocht mit knapp 125 Gr. in
Würfel geschnittenem rohem Schinken. Alsdann werden sie durch ein
feines Sieb gestrichen und mit einem guten Stück Butter und Bouillon
verdünnt. Man giebt dazu Heringe en Papillotes oder Croutons
von Semmeln in Würfeln. Erstere siehe nachfolgendes Recept:

Die Heringe werden eingewässert, ausgeschnitten und dressiert, der
Abfall fein gewiegt, ebenso etwas Schnittlauch und Estragon. Zwiebeln
in Butter passiert, 1 ganzes und ein 1 gelbes Ei, etwas eingeweichte
Semmel, den fein gewiegten Hering, sowie Schnittlauch und Estragon
und etwas Pfeffer dazu, im Reibstein tüchtig glatt gerieben, die
Heringsfilets in gelbes Ei umgekehrt, die Farce auf Papier, welches
dünn mit Öl bestrichen ist, gestrichen, der Hering darauf gelegt, übergeklappt, umgebogen und auf der Röste gar gemacht.

43. Taubensuppe legiert mit Filets. Man läßt die Tauben
in Bouillon weich kochen, nimmt sie heraus und läßt sie kalt werden.
Die Brüste löst man ab und schneidet Filets davon. Das Übrige
wird fein gewiegt. Jetzt wird Butter und Mehl passiert, mit Bouillon
und dem Fleisch abgerührt, ordentlich aus Schaum und Fett gekocht,
mit 2 gelben Eiern ablegiert. Nun thut man etwas Glace daran,
streicht es durch, thut etwas süße Sahne oder Schlagsahne dazu und
läßt es nochmals aufkochen. Schließlich von Salz abgeschmeckt.

44. Suppe à la Chasseur mit Filets. Butter braun gemacht, Mehl dazu und passieren lassen. Dann gute Bratenjus und
Bouillon hinzu, glatt geschlagen und aufgekocht. Nun gehacktes Wildfleisch hinein, sowie ½ Flasche Rotwein und ½ Glas Madeira.

Nachdem sie tüchtig aus Schaum und Fett gekocht ist, wird sie ein=
gekocht, durchgestrichen, glatt geschlagen und nochmal aufgekocht. Von
Salz abgeschmeckt, etwas Cayenne=Pfeffer sowie in Filets geschnittenes
Wildfleisch dazu.

45. Rebhühnersuppe. Die Rebhühner werden mit an=
geschlagener Jus, Bratenfett, einer Prise Salz, Gewürz, Lorbeerblatt
und Wurzelwerk im Ofen gar gemacht, herausgenommen und kalt
gestellt. Der Fond durchgegossen und auf Eis gestellt. Wenn kalt,
das Fett abgenommen und das Ganze aufgekocht. Von den Brüsten
Filets geschnitten, das Übrige fein gewiegt. Nun Butter und Mehl
passiert, der Fond, gut $1/10$ Liter Madeira und $2/10$ Liter Rotwein
und das gewiegte Fleisch dazu und ordentlich aus Schaum und Fett
kochen lassen, durchgestrichen, nochmals aufkochen lassen und von Salz
abgeschmeckt, etwas Cayenne=Pfeffer, sowie die in Filets geschnittenen
Brüstchen dazu.

46. Hasensuppe. Von einem Hasenbratenrest stößt man die
Knochen, nachdem man das Fleisch abgesucht hat, fein, und kocht sie
mit Bouillon oder Wasser aus; wenn mit letzterem, giebt man auch
eine Mohrrübe, 1 Petersilienwurzel, 1 Stange Porree und $1/4$ bis $1/2$
Selleriekopf dazu. Währenddessen hat man von dem Fleisch 2 cm
lange und $1/4$ cm dicke Filets geschnitten und diese bis zum Anrichten
zurückgestellt. Nachdem nun der Abfall vom Braten fein gewiegt ist,
passiert man Mehl in hellbrauner Butter, sowie ein wenig gehackte
Zwiebeln und klein würflich geschnittenen Schinken; giebt die Bouillon,
etwas Jus, $1/4$ Flasche Rotwein und $1/8$ Flasche Madeira dazu.
Läßt die Suppe aufkochen, giebt das fein gewiegte Fleisch hinein und
läßt sie aus Schaum und Fett kochen. Jetzt durch ein feines Sieb
gestrichen, in gehöriger Dicke aufgekocht, von Salz und einer Prise
Cayenne=Pfeffer abgeschmeckt und beim Anrichten die Filets, sowie
kleine Klößchen hineingethan, welche man bereitet, indem man das
rohe Fleisch von den Hasenblättern absucht, mit 32 Gr. Butter fein
stößt und in Eis gepackt mit circa $1/8$ Liter Schlagsahne bis zum
leichten Halten aufrührt und von Salz und Pfeffer abschmeckt. Mit
einem Theelöffel kleine Nocken in kochendes Wasser gesteckt, einmal
aufkochen lassen, 5 Minuten zugedeckt zurückgestellt und in die an=
gerichtete Suppe gethan.

47. Krebssuppe. Die Krebse thut man in kochendes Wasser, in welchem ein Petersilиensträußchen, Zwiebeln und etwas Salz sich befinden, und läßt sie dreimal überkochen. Dann schüttet man sie auf einen Durchschlag, wenn wenig Zeit ist, sonst in eine Schüssel und läßt sie kalt werden. Wenn sie abgekühlt, bricht man sie aus. Hierbei werden zuerst die Beine und Scheeren abgeschnitten, dann der Schwanz ausgelöst, aus der Schale gebrochen und der Darm abgezogen. Hierauf schneidet man den Kopf ab und entfernt das Innere der Nasen. In die mittelgroßen roten Nasen streicht man Fischfarce, welche mit Krebsbutter rot gefärbt wird, und rechnet auf die Person 2 Nasen. Das Übrige, mit Ausnahme des Innern der Nasen, wird fein gestoßen, wobei man immer $1/3$ Butter auf das Ganze rechnet. Das Gestoßene läßt man auf der Maschine eine gute viertel Stunde rösten, gießt dann das Krebswasser dazu und läßt es $1/2$ Stunde kochen. Währenddessen nimmt man die Krebsbutter in eine andere Kasserolle durch ein grobes Sieb ab, schüttet dann das Übrige durch ein Sieb, läßt es gut abtropfen und stellt es kalt. Eine Stunde vor dem Anrichten nimmt man die Krebsbutter in eine andere Kasserolle ab und läßt sie dünn und klar werden, giebt das nötige Mehl hinein, rührt es möglichst schnell glatt und läßt es $1/2$ Minute passieren. Währenddessen hat man die farcierten Nasen in dem Krebswasser einmal aufkochen und 5 Minuten zugedeckt stehen lassen. Diese nimmt man nun mit dem Schaumlöffel heraus und gießt das Krebswasser und genügend Bouillon zu der Krebsbutterschwitze, rührt es glatt und kocht es einmal auf, worauf die Suppe in eine andere Kasserolle durchpassiert und von Salz abgeschmeckt au-bain-marie heiß gestellt wird. Die Schwänzchen, der Länge nach halbiert, zu den Nasen gethan und in eine Kasserolle mit etwas Suppe darauf au-bain-marie heiß gestellt und beim Anrichten in die Suppe gethan. (Diese Suppe muß schön rot sein und sich durch einen kräftigen Krebsgeschmack auszeichnen. Für 12 bis 16 Personen rechnet man 1 Schock kleiner Krebse.)

48. Durchgeschlagene Graupensuppe (Crême d'orge). 6 gehäufte Eßlöffel Graupen durch eine Mühle gemahlen in eine Kasserolle gethan, gewaschen und mit 50 Gr. Butter, und am besten Geflügelbouillon, 2 Stunden gekocht. Hiernach durch ein feines Sieb

gestrichen, entsprechend mit Bouillon verdünnt und von Salz abgeschmeckt.

49. Durchgeschlagene Reissuppe (Crême de riz). Wird
so wie Crême d'orge bereitet, nur mit dem Unterschied, daß statt
der Graupen Reis genommen wird.

50. Haferschmsuppe von Bouillon. Man thut 6 gehäufte
Eßlöffel Hafergrütze in eine Kasserolle, wäscht sie, setzt sie mit 50 Gr.
Butter und Bouillon auf und vollendet sie dann auch wie Crême
d'orge.

51. Kartoffelsuppe ohne Bouillon. Geschälte, große Kartoffeln werden in messerrückendicke Scheiben geschnitten und mit Wasser,
einer Porree, einer gelben Wurzel, einem halben Selleriekopf, 2 kleinen
in Scheiben geschnittenen Zwiebeln und 6 bis 8 schwarzen Pfefferkörnern nebst einer Prise Salz aufgesetzt und weich gekocht. Hierauf
der Porree, Wurzelwerk und Sellerie entfernt und das Übrige durch
ein feines Suppensieb gestrichen, in die Kasserolle zurück gethan, glatt
geschlagen, etwas gewiegte Petersilie nebst einem tüchtigen Stück
Butter dazu und aufkochen lassen. Wenn nötig mit Wasser verdünnt,
von Salz abgeschmeckt und eine Prise gestoßenen weißen Pfeffer daran
gethan.

52. Windsor-Suppe. Man bereitet eine Suppe aus Braun-
mehl und guter brauner Bouillon, schwitzt rohen Schinken und
Zwiebeln in Butter und läßt es in der Suppe auskochen; alsdann
durchpassiert. Giebt kurze Zeit vor dem Anrichten Madeira dazu und
würzt sie mit Salz und Cayenne-Pfeffer. Als Suppeneinlage nimmt
man gekochte, ganz kurz geschnittene Maccaroni, Hühnerfarceklößchen,
Filets von gebratener Hühnerbrust, fein geschnittene Champignons
und klein geschnittene Filets von Pökelzunge.

53. Suppe à la Véfour. Butter und Mehl werden passiert
und mit einer kräftigen Bouillon, in der das angeschlagene Fleisch von
einem Fasan ausgekocht ist, abgerührt. Hierzu kommt so viel Tomatenpuree, daß die Suppe schön rot gefärbt ist, aber nicht säuerlich
danach schmeckt. Sie wird aus Schaum und Fett gekocht. Alsdann
durch ein feines Sieb passiert. Dann kommt klar gekochter Sago hinein
und ½ Flasche Champagner. Das Ganze wird von Salz abgeschmeckt.

54. Weiße Bohnensuppe. Butter und gehackte Zwiebeln werden passiert, 375 Gr. weiße Bohnen gewaschen, dazu gethan und mit in Scheiben geschnittener Sellerie, Mohrrüben, Petersilienwurzel und Porree nebst weichem Waffer aufgesetzt und weich und kurz eingekocht. Jetzt wird das Ganze durch ein feines Sieb gestrichen, mit einem ordentlichen Stück Butter, Bouillon und etwas Bratenjus in gehöriger Dicke abgerührt und von Salz und einer Prise Pfeffer abgeschmeckt. (Croutons von Semmel in Würfel dazu).

55. Suppe à la Crécy. Man schwitzt gehackte Zwiebeln und würflich geschnittenen Schinken in Butter mit dem nötigen Mehl, und giebt die erforderliche Bouillon, sowie etwas geriebene Mohrrüben zum rosa färben und etwas geriebenen Kohlrabi nebst in Röschen geschnittenen Blumenkohl dazu, läßt dies aus Schaum und Fett kochen, streicht es durch ein feines Sieb, kocht es nochmals auf und schlägt es glatt. Es wird von Salz abgeschmeckt und mit Croutons von Roggenbrot in Filets gegeben.

56. Ochsenschwanzsuppe. 1 Ochsenschwanz oder wenn nötig zwei, werden in 2 cm lange Stücke zerhauen, gewaschen, 5 Minuten abblanchiert und in einer fest verschlossenen Kasserolle mit ¼ bis ½ Flasche Weißwein, in Scheiben geschnittenem Sellerie, Petersilienwurzeln, gelben Rüben, etwas Porree, einigen Pfefferkörnern, würflich geschnittenem rohen Schinken nebst kräftiger Bouillon gethan und, nachdem es ausgeschäumt, zugedeckt die Schwanzstücke darin weich gedünstet. Alsdann werden dieselben herausgenommen und in die Terrine gethan, mit einigen abgekochten grünen Erbsen, Spargelspitzen, sowie ganz kleinen jungen Carotten. Währenddessen hat man die Bouillon durchgegossen und entfettet, passiert Mehl in brauner Butter, giebt die Bouillon dazu und läßt die Suppe aus Schaum und Fett kochen, giebt ½ Flasche Madeira dazu, eine Prise Cayenne = Pfeffer. Mit Salz abgeschmeckt wird es in die Terrine heiß über die Suppeneinlage durch ein feines Sieb gegossen und angerichtet. Diese Suppe darf nicht zu gebunden, sondern muß etwas dünn sein, eine hellbraune Farbe haben und sehr kräftig schmecken.

57. Hamburger Aalsuppe. 2 mittelgroße Aale werden abgehäutet und nachdem sie ausgenommen und gewaschen sind, in 3 Finger breite Stücke geschnitten; mit Waffer, Essig und Salz, in

Scheiben geschnittenem Wurzelwerk nebst Lorbeerblättern und Pfefferkörnern aufgesetzt. So läßt man ihn ½ Stunde langsam ziehen.
Alsdann wird der Aal herausgenommen, und nachdem er etwas abgekühlt, in 1½ cm große Würfel geschnitten. Die Brühe wird durchgegossen und auf die Hälfte einziehen lassen. Währenddessen hat man
in kräftiger Bouillon 4 bis 6 gehäufte Eßlöffel würflich geschnittenes
Wurzelwerk zu gleichen Teilen (Sellerie, Petersilienwurzel, Porree
und gelbe Wurzeln) nebst einer Hand voll junger Erbsen, etwas gehacktem Thymian und Majoran, etwas Salbei nebst Petersilie weich
gekocht, giebt auch etwas Bohnenkraut gehackt daran, passiert Butter
mit Mehl und giebt dies zu der Suppe, sowie einige abgezupfte
Portulackblätter, läßt die Suppe hiermit noch ½ Stunde kochen, legiert
die Brühe, worin der Aal gekocht ist, mit 4 gelben Eiern ab und
giebt dies ebenfalls zu der Suppe, welche man jetzt von Salz abschmeckt, wenn nötig, noch mit etwas Citronensaft schärft und au-
bain-marie heiß stellt. Jetzt wird der Aal in die Terrine gethan,
einige Semmel- oder Farceklößchen, welche in Salzwasser weich gekocht
sind, dazu gelegt, sowie einige kleine Birnen, welche in Weißwein und
Zucker nebst etwas Citrone weich gedünstet werden, mit denen man
die kochend heiße Suppe anrichtet.

58. Blumenkohlsuppe. Von zwei Köpfen Blumenkohl werden
ungefähr eine gute Hand voll kleine Röschen geschnitten, mit Salzwasser aufgesetzt und weich gekocht. Währenddessen hat man Mehl
in Butter passiert, gute helle Bouillon dazu gegeben, sowie den Abfall
vom Blumenkohl ohne die grünen Blätter. Nun wird die Suppe
langsam aus Schaum und Fett, und der Blumenkohl weich gekocht.
Jetzt mit 2 bis 3 gelben Eiern legiert, durchgestrichen, heiß geschlagen,
von Salz abgeschmeckt, die Röschen mit dem Wasser dazu gethan,
nochmals nachgeschmeckt und recht heiß zu Tisch gegeben.

59. Spargelsuppe. Wird sonst so bereitet wie die vorher-
gehende Suppe, nur daß man statt der Blumenkohlröschen ½ cm
lange Spargelspitzen in Salzwasser weich kocht und den Spargel-
abfall in der Suppe ebenfalls gar werden läßt. Durchpassiert und
von Salz abgeschmeckt.

60. Salatsuppe von grünem Kopfsalat. Butter und Mehl
passirt, mit guter, kräftiger und heller Bouillon abgerührt, 8 bis 10

Stück Salatherzchen gewaschen, kurz geschnitten dazu gegeben und aus Schaum und Fett gekocht, mit 3 bis 4 gelben Eiern legiert, durchgestrichen, von Salz abgeschmeckt, ein Stück frischer Butter hinzu geschlagen und über Croutons von englischem Kastenbrot oder Semmel in Würfel zu Tisch gegeben.

61. Rübensuppe. 10 Stück Teltower Rübchen, ebensoviel mittelgroße Carotten, 2 Zwiebeln, 1 Porree, ½ Kopf Sellerie, 2 Petersilienwurzeln werden in dünne Scheiben geschnitten. Eine Hand voll Kerbelkraut und Sauerampfer durchgehackt, nachdem es gewaschen und dies Alles in Butter etwas passiert, gute Bouillon sowie etwas in Würfel geschnittener Schinken dazu gethan und hierin weich gekocht. Jetzt durchgestrichen, mit guter Bouillon verdünnt, der Schaum und das Fett abgenommen, von Salz abgeschmeckt und 2 bis 3 gehäufte Eßlöffel abgekochter ganzer Reis hinein gethan.

62. Kräutersuppe mit Krebspain. Eine Hand voll Sauerampfer und ebensoviel Kerbelkraut wird gut gewaschen, ausgedrückt, fein geschnitten und in 100 Gramm heißer Butter einen Augenblick passiert, alsdann ein halber Liter Fleischbrühe darauf gegossen und hierin weichgedämpft. Währenddessen hat man 20 Krebse ausgebrochen, mit 190 Gr. Butter feingestoßen und auf der Maschine 2 Minuten geröstet. Alsdann wird soviel Krebswasser darauf gegossen, daß es gut bedeckt ist, und die Butter herausgekocht und durch ein Sieb abgenommen. In Eis gestellt und erstarren lassen. Jetzt nimmt man gut die Hälfte der Butter, läßt diese heiß werden, giebt 50 Gr. Mehl hinein und nachdem es einen Moment passiert, und mit gut ½ Ltr. kochender süßer Sahne verrührt ist, auf die Hälfte einkochen. Wenn es ausgekühlt, giebt man 7 gelbe Eier dazu, streicht dies durch ein feines Sieb, mengt die in kleine Würfel geschnittenen Krebsschwänze dazu und schmeckt es von Salz ab. Sodann thut man es in eine mit Krebsbutter ausgestrichene glatte Blechform und kocht es au-bain-marie gar. Endlich wird es auf ein Blech gestürzt, und wenn kalt, wie Eier-Gelée in schräge Stücke geschnitten. Nachdem man dies so vollendet, rührt man in den Rest der Krebsbutter einen guten Holzlöffel Mehl (35 Gr.), schwitzt es einen Augenblick, giebt die noch nötige Bouillon dazu, läßt es einige Minuten langsam kochen, nimmt Schaum und Fett ab, giebt die Kräuter, 2 Eßlöffel saurer

Sahne dazu, legiert es mit 3 gelben Eiern, sowie einem Stückchen frischer Butter, schmeckt es von Salz ab und richtet es über die Krebspain in der Terrine an.

63. Champignonssuppe. Mehl wird in Butter passiert, mit heller, kräftiger Bouillon abgerührt und aus Schaum und Fett gekocht. Währenddessen hat man 30 Stück mittelgroße Champignons sauber gewaschen und die Abfälle in der Suppe mit durchkochen lassen. Die Champignons thut man mit einem Stück Butter, etwas Citronensaft und Salz in ein Geschirr und läßt sie 10 Minuten zugedeckt dünsten, giebt den entstandenen Fond zu der Suppe, nimmt den etwaigen Schaum nochmals ab, legiert sie mit 4 Eigelb, passiert es durch ein feines Sieb und schmeckt es von Salz nebst einer Prise Paprika ab. Die Champignons, in dicke Scheiben geschnitten, werden in die Terrine gethan, nebst würflich geschnittener Semmelcroutons und die Suppe darüber angerichtet.

64. Fischsuppe. Ein Hecht von 1½ Kilogr. wird aus Haut und Gräten geschnitten und 250 Gr. davon mit einem Stück Butter (25 Gr.) im Mörser fein gestoßen, durch ein Sieb gestrichen, in Eis gepackt und mit Schlagsahne zum leichten Halten aufgerührt. Dann wird eine Probe gemacht und von Salz und Pfeffer abgeschmeckt. Jetzt sautiert man 375 Gr. guten Fisch von beiden Seiten in Butter und Weißwein und läßt dies erkalten. Nun wird Butter mit gehackten Zwiebeln und Mehl passiert, mit guter Bouillon, dem Fischfond, den Abfällen und Gräten verrührt und aus Schaum und Fett gekocht; mit 3 Eigelb und einem Stück frischer Butter legiert, durch ein feines Sieb passiert, von Salz und einer Prise Pfeffer abgeschmeckt. Währenddessen hat man den gar gemachten Fisch in egale Blätter abgeteilt; die noch vorhandenen Gräten entfernt und in die Terrine gethan. Von der aufgerührten Farce werden kleine Nocken in kochendes Salzwasser gesteckt, 5 Minuten ziehen lassen und mit dem Schaumlöffel ebenfalls in die Suppe gelegt.

65. Brotsuppe. Drei Teile Brot, Weizen-, Roggen- und Schwarzbrot, von ersteren beiden ¾ so viel wie Schwarzbrot, werden mit kaltem Wasser aufgesetzt, weich und eingekocht. Inzwischen hat man in einer kleinen Kasserolle mit Wasser etwas Zimmt und Citronenschale etwa bis zur Hälfte eingekocht, streicht das Brot durch ein

Haarsieb, gießt eine Obertasse (²/₁₀ Ltr.) Sahne hinzu, sowie den Extrakt von Zimmt und Citronenschale. Das Ganze wird mit Wasser verdünnt, mit 2 gelben Eiern ablegiert, nochmals aufgekocht und von Salz und Zucker abgeschmeckt. Man giebt Korinthen dazu.

66. Schmsuppe. 10 gehäufte Eßlöffel Hafergrütze werden gewaschen und mit 60 Gr. Butter, 3 Citronenscheiben, 3 bitteren Mandeln und Zimmt weich gekocht; dann durch ein Sieb gestrichen, mit kochendem Wasser und einem ordentlichen Stück Butter abgerührt, von Salz und Zucker abgeschmeckt. Man giebt Korinthen nnd Croutons von in Würfel geschnittener Semmel dazu.

67. Brotsuppe à la Campagne. Klein geschnittener Porree wird in gebräunter Butter etwas geschwitzt, dann ein Holzlöffel (35 Gr.) Mehl dazu gethan, noch etwas geschwitzt und mit heißem Wasser abgerührt. Nun kommt geriebenes Schwarzbrot daran, auch wird die Rinde in kleine Würfel dazu geschnitten, nebst Salz und Kümmel. Wenn Alles eine gute halbe Stunde gekocht hat, wird es durch ein feines Sieb gestrichen und angerichtet.

68. Wassergriessuppe. In kochendes Wasser thut man ein tüchtiges Stück Butter, dann läßt man einige Hände voll Gries unter fortwährendem Schlagen mit der Schneerute hinzu und langsam kochen bis der Gries klar und die Suppe dick genug ist. Währenddessen kocht man einen Extrakt von ½ Stange Zimmt und ½ Citronenschale, und giebt diesen, wenn er kurz eingekocht ist, durch ein Sieb dazu, schmeckt es von Salz und Zucker ab, giebt ¼ soviel Korinthen wie Suppe hinein, und richtet sie recht heiß an.

69. Wasserreissuppe. In kochendem Wasser, woran ein tüchtiges Stück Butter, läßt man einige Eßlöffel Reis recht weich und körnig kochen, rührt einen guten Holzlöffel (35 Gr.) Mehl mit 50 Gr. Butter weiß auf, giebt von dem Reiswasser dazu und läßt es tüchtig durchkochen; thut es jetzt zu der Suppe, sowie den Extrakt, wie im Vorhergehenden angegeben, und schmeckt es von Salz und Zucker ab. Man giebt dazu ¼ soviel große Rosinen, welche abgekocht und ausgesteint werden, oder sonst Sultanrosinen, als Suppe.

70. Schwedische Biersuppe. In ungefähr 2 Ltr. kochendes Braunbier giebt man ½ Stange Zimmt und ½ Citronenschale, sowie

2*

soviel in Wasser glatt gerührtes Weizenmehl, daß es dick wie Syrup wird, und gar darin kocht. Jetzt wird so viel kochende Milch dazu geschlagen, daß die Suppe dünn genug ist und eine dunkelgelbe oder hellbraune Farbe annimmt. Nun wird sie durch ein feines Sieb passiert, nachdem man sie mit 3 gelben Eiern abgeliert hat. Beim Anrichten werden Semmel-Croutons hinein gethan. Von Salz und Zucker abgeschmeckt.

71. Milchsuppe mit Gries. In ungefähr 4 Ltr. Milch giebt man 3 bis 4 Hände voll nicht zu feinen Gries und läßt diesen darin $1/4$ Stunde klar kochen. Währenddessen kocht man $1/2$ Stange Zimmt und $1/2$ Citronenschale in $1/4$ Ltr. Milch auf und läßt dies zugedeckt $1/4$ Stunde ziehen; thut es dann durch ein Sieb dazu und schmeckt es von Salz und Zucker ab.

72. Milchsuppe mit Reis. 4 Ltr. Milch werden aufgekocht und glatt gerührtes Kartoffelmehl angesehmt, aber höchstens 2 Eßlöffel voll, dies darin gar gekocht. Währenddessen hat man einen Extrakt von Zimmt und Citronenschale gekocht, wie im Vorhergehenden an-gegeben, sowie 6 Eßlöffel Reis in Wasser weich gekocht, doch so, daß der Reis ganz bleiöt. Beides wird zu der Milch gethan, noch einmal aufgekocht, indem man es vorsichtig rührt und von Salz und Zucker ab-geschmeckt.

73. Milchsuppe mit Sago. Wird ganz wie die vorhergehende zubereitet, nur daß statt des Reis Sago in Wasser klar gekocht und in die Milch gethan wird.

74. Milchsuppe mit Kartoffelgraupen. In 4 Ltr. Milch giebt man unter fortwährendem Kochen 5 Hände voll Kartoffelgraupen und läßt diese unter fortwährendem Rühren klar ziehen, schmeckt es von Salz und Zucker ab und giebt den Extrakt von $1/2$ Zimmtstange und $1/2$ Citronenschale dazu.

75. Milchsuppe mit Einlauf. Die Milch (4 Ltr.) aufgekocht, in diese etwas Kartoffelmehl angesehmt und darin gar gekocht. Jetzt der Einlauf, wie bei der Bouillon angegeben, hinein gelassen, 5 Minuten darin ziehen lassen, von Salz und Zucker abgeschmeckt, nach-dem der Extrakt von $1/2$ Zimmtstange und $1/2$ Citronenschale dazu gekommen ist.

76. Milchsuppe mit Schneeklößchen. 4 Ltr. Milch werden aufgekocht, 2 Eßlöffel Kartoffelmehl angesehmt und nachdem es einige Minuten gekocht, mit 4 gelben Eiern abgeliert, von Salz und Zucker abgeschmeckt. Hierzu kommt der Extrakt wie im Vorhergehenden angegeben, statt letzterem kann man auch eine Stange Vanille darin ausziehen lassen. Jetzt wird eine Pfanne leicht mit Butter ausgestrichen, 6 steif geschlagene Eiweiß mit 200 Gr. Zucker leicht vermengt und davon Kückeneier große Häufchen hinein, gleichmäßig groß, durch eine Papiertüte gespritzt. Zimmtzucker leicht darüber gesiebt, durch einen Trichter langsam soviel kochende Milch darunter gegossen, daß sie halb bedeckt sind. Hiernach läßt man sie vorsichtig einmal aufkochen und zugedeckt 10 Minuten an der Seite stehen. Alsdann werden sie vorsichtig auf ein Sieb gelegt und nachdem sie abgetropft, in die angerichtete Suppe gelegt. Diese Suppe kann auch als Kalteschale gegeben werden.

77. Chokoladensuppe mit Schneeklößchen. In 4 Ltr. Milch läßt man ½ Kilogr. geriebene Vanillechokolade hinein und läßt sie 5 Minuten damit kochen. Statt Milch kann man auch halb Milch, halb Wasser nehmen. Mit 4 gelben Eiern abgeliert, wird sie von Salz und Zucker abgeschmeckt. Die Schneeklößchen werden wie im vorstehenden Recept beschrieben zubereitet. Diese Suppe kann auch als Kalteschale gegeben werden, muß aber dann etwas dünn gehalten und tüchtig in Eis gepackt werden.

78. Weinsuppe. 4 bis 5 Hände voll Sago werden in kochendes Wasser gelassen, darin läßt man ihn dick und klar ziehen. Ebenfalls giebt man den Extrakt dazu, wie in Nr. 65 angegeben. Jetzt soviel Koch-Rot- oder Weißwein dazu, daß die Suppe dünn genug ist. Nachdem sie nochmals aufgekocht ist, wird sie von Zucker und einer Prise Salz abgeschmeckt.

79. Kirschsuppe. 2 Ltr. Kirschen werden ausgesteint, und nachdem die Hälfte der Kerne im Reibstein zerrieben und wieder dazu gethan ist, mit 250 Gr. Zucker, 1 Stange Zimmt, 1 Citronenschale, 1 Flasche Rotwein und 3 Ltr. Wasser aufgesetzt und weich gekocht, daran sehmt man 2 Eßlöffel Kartoffelmehl, läßt es einige Minuten gar kochen und streicht alles durch ein feines Sieb. Alsdann heiß geschlagen, von Zucker und einer Prise Salz abgeschmeckt und dann

³/₄ Ltr. in etwas Zucker und Weißwein weich gedünstete, ausgesteinte Sauerkirschen hineingelegt. Auch kann man noch kleine Klößchen hinein legen, welche vorher in Salzwasser gar gekocht sind. Siehe Kloßmasse Nr. 5. Diese Suppe schmeckt auch als Kalteschale sehr gut.

80. Stachelbeersuppe. 2 Ltr. halbgroße, unreife Stachelbeeren setzt man mit 3 Ltr. Wasser auf und läßt sie nebst 250 Gr. Zucker darin langsam weich ziehen, aber so, daß sie ganz bleiben. Man giebt den Extrakt von Citronenschale und Zimmt dazu, füllt einen Teil der Flüssigkeit ab, läßt 2 Eßlöffel in Wasser glatt gerührtes Kartoffelmehl daran und damit ¼ Stunde langsam kochen, giebt es durch ein Sieb zu der übrigen Suppe, thut eine Prise Salz, sowie, wenn nötig, noch etwas Zucker daran und giebt die Suppe heiß zu Tisch.

81. Pflaumensuppe. 3 Ltr. geschälte und von den Kernen befreite blaue Pflaumen werden gewaschen und mit einer Flasche Weißwein sowie 3 Ltr. Wasser und 375 Gr. Zucker langsam weich ziehen lassen; dazu der Extrakt von ½ Citronenschale und einer Stange Zimmt. Sodann sehmt man 3 Eßlöffel Kartoffelmehl daran, giebt eine Prise Salz, sowie den vielleicht noch nötigen Zucker und in Würfel geschnittene Semmel-Croutons dazu.

82. Johannisbeersuppe.

83. Himbeersuppe. Letztere beiden werden ganz wie Nr. 81 zubereitet, nur nimmt man statt des Weißweins halb Weiß= halb Rotwein.

84. Apfelsuppe. Von einer sauren Apfelsorte nehme man 20 Stück, wenn sie sehr klein 30 Stück, wasche sie sauber ab, schneide sie in nicht zu große Stücke sammt der Schale und Kernhaus und setze dies mit 3 Ltr. Wasser auf, läßt es ½ Stunde langsam kochen, schüttet es auf ein feines Sieb, daß es klar abläuft; giebt 3 bis 4 Hände voll Sago daran, wenn der Saft wieder kocht und läßt diesen darin klar ziehen, thut eine Prise Salz, den Extrakt von ½ Citronenschale und ½ Stange Zimmt, sowie den nötigen Zucker daran und giebt die Suppe recht heiß zu Tisch.

85. Rhabarbersuppe. Von 1½ Kilogr. Rhabarberstangen zieht man die Haut ab, schneidet sie in kleine Stücke und läßt diese in

3 Ltr. Wasser weich kochen und dann den Saft durch ein feines Sieb ablaufen; in diesen, wenn er kocht, giebt man 3 Hände voll Sago, sowie ½ Flasche Weißwein, läßt den Sago klar ziehen, giebt etwas Extrakt von Citronenschale und Zimmt dazu und richtet sie über würflich geschnittenen Semmelcroutons an.

86. Milchkalteschale mit Reis. Wie Nr. 76, nur statt der Schneeklößchen kocht man 3 gehäufte Eßlöffel Reis recht weich und körnig in Salzwasser ab und thut diesen in die Suppe, die dann 3 bis 4 Stunden, bis unmittelbar vor dem Anrichten, tüchtig in Eis gepackt wird.

87. Milchkalteschale mit Sago. Wird ganz wie die vorhergehende Suppe hergestellt, nur daß man statt Reis Sago nimmt.

88. Bierkalteschale. Zu 4 Ltr. Schwachbier, sowie einer Flasche bayrischem Bier nebst ½ Flasche Rotwein giebt man ungefähr 4 gute Hände voll geriebenes Schwarzbrot, gut ⅓ soviel abgekochte und sauber verlesene Korinthen, den Extrakt von 1 Citronenschale sowie von 1 Stange Zimmt und den nötigen Zucker, rührt es gleichmäßig durcheinander und packt es in Eis.

89. Heidelbeersuppe. 2 bis 3 Ltr. Bickbeeren oder Heidelbeeren werden sauber gewaschen und nachgesehen. Alsdann mit ebensoviel Wasser aufgesetzt und weich gekocht. Währenddessen hat man ½ Stange Zimmt und 1 Citronenschale in ½ Liter Rotwein aufkochen lassen und ¼ Stunde zugedeckt zurück gestellt. Dies kommt durch ein Sieb zu der Suppe, nachdem man etwas klar gerührtes Kartoffelmehl daran gelassen und darin gar gekocht hat. Von Zucker abgeschmeckt. Jetzt steckt man in kochendes Salzwasser kleine Nocken oder Klößchen (siehe diesen Abschnitt Nr. 5 oder Nr. 6) und nachdem dieselben gar, mit einem Schaumlöffel in die Suppe gelegt. Will man diese Suppe als Kalteschale geben, so hält man dieselbe dünner, auch giebt man statt der Nocken dick gekochten Reis, Reismehl oder Gries extra kalt dazu.

Kleine Gerichte nach der Suppe.

90. Nioquis Suisse. ½ Ltr. Bouillon, 125 Gr. Butter läßt man zusammen aufkochen, hierzu mischt man ungefähr 250 Gr. gutes Mehl, Salz und weißen Pfeffer, läßt es 5 Minuten unter beständigem Rühren zu einem festen Teig kochen, thut 3 bis 4 gehäufte Eßlöffel geriebenen Parmesankäse, 6 gelbe und 2 ganze Eier darunter, nach dem Erkalten formt man aus dem Teig eine Walze in der Dicke eines Fünfmarkstückes, legt sie in kochendes Salzwasser, läßt sie von der Seite langsam ½ Stunde ziehen (unzugedeckt) und legt sie in kaltes Wasser. Wenn es kalt, schneidet man fingerdicke Scheiben davon, taucht dieselben in geschmolzene Butter und Parmesankäse, legt sie im Kranz auf eine runde oder ovale, nicht zu flache Schüssel, welche Ofenhitze verträgt, thut ziemlich dick gekochte Bechamelle-Sauce, Parmesankäse und zerlassene Butter darüber, und giebt dem Ganzen eine gute viertel Stunde im Ofen Farbe. Beim Anrichten mit Tomatensauce maskiert, deren Rest man noch besonders dazu geben kann.

91. Nierenschnittchen. Von 2 Kalbsnieren wird von dem Fett rund herum soviel abgeschält, daß noch eine dünne Kruste daran bleibt, und alsdann fein gewiegt. Dann werden Zwiebeln in Butter (35 Gr.) passiert, ⅓ Theelöffel Schnittlauch, ebensoviel Estragon und die Nieren dazu gethan und auf dem Feuer 3 Minuten unter fortwährendem Rühren gekocht. Nun 2 ganze und 1 gelbes Ei dazu, 1 gehäufter Eßlöffel Parmesankäse, 1 gehäufter Eßlöffel gestoßenen Semmel, von Salz und Pfeffer abgeschmeckt und im Reibstein durchgerieben. Auf länglich viereckige Semmelscheiben gestrichen (▭), in einer Pfanne mit Butter umgekehrt und einrangiert. Kurz vor dem Anrichten läßt man diese Schnitte im Ofen einmal weiß überschäumen, giebt ihnen auf dem Feuer von unten hellbraune Farbe und sendet sie heiß zur Tafel.

92. Sardellenbrötchen. 12 Stück Sardellen und ein dieser Menge entsprechendes Stück Butter, 3 hartgekochte Eidotter, von denen man ein halbes zurücklegt, ⅓ Theelöffel Schnittlauch, 1 Theelöffel Kapern, ⅓ Theelöffel Senf und eine Prise Pfeffer werden ordentlich durchgerieben und durchgestrichen. Auf geröstete längliche oder runde Semmelscheibchen gethan, darüber wird ein Kreuz von Sardellen mit Kapern gelegt. Die Brötchen bestreut man mit dem feingewiegten gelben Ei.

93. Lachsbrötchen. Semmelscheiben ☐ werden geröstet, mit Butter überstrichen, mit Lachs belegt und sauber zugeschnitten auf einer Schüssel mit Manschette angerichtet.

94. Käsebrötchen (erste Art). 125 Gr. Schweizerkäse wird mit einem ganzen Ei und einem eigroßen Stück Butter (40 Gr.) nebst einer Prise Paprika fest zusammen gerührt, auf Semmelschnittchen gestrichen und im heißen Ofen 5 bis 10 Minuten gebacken.

95. Wales-Rarebit. 250 Gr. fein geriebenen Chesterkäse rührt man mit 156 Gr. feiner Butter zusammen, streicht diese Masse recht dick auf nicht zu dünne Scheiben von französischem Brot, nachdem man auf die Brotscheiben vorher etwas englischen Senf gestrichen und ein wenig Cayenne-Pfeffer gestreut hat, legt sie nun in eine mit Butter ausgestrichene Pfanne und röstet sie schnell in einem Ofen hellgelb, doch so, daß sie nicht hart werden.

96. Champignonsbrötchen. Man putzt rein gewaschene Champignons sauber ab, schwitzt sie in Butter und etwas Citronensaft recht weiß, schwitzt etwas Mehl in Butter, rührt es mit dem Saft der Champignons ab, wiegt die Champignons nicht allzu fein und thut sie zu der Masse, so daß sie recht dick wird. Runde ausgestochene Semmelscheibchen werden in Butter leicht gebraten. Die Masse wird hoch aufgestrichen und die Brötchen im Ofen leicht gebräunt. Die Brötchen werden warm gegessen.

97. Russischer Imbiß. Man legt mit Rissolles-Teig (siehe Nr. 110) kleine Tortelettformen aus, welche mit Erbsen gefüllt und im Ofen gebacken werden. Die Erbsen, welche lediglich zum Form geben benutzt wurden, werden entfernt und statt ihrer, wenn die Törtchen erkaltet, italienischer Salat eingefüllt. Alsdann garniert man die Törtchen mit Kaviar, gehackten Kapern, fein gewiegtem weißen und gelben Ei, sowie gehacktem Aspic.

98. Russischer Imbiß mit Lachsmajonaise. Wie im Vorigen hergestellte Törtchen werden mit zerpflücktem Lachs, über den man Majonaise gießt, gefüllt und mit Muscheln und Kapern garniert.

99. Austernbrötchen. Rund ausgestochene Semmelscheiben werden geröstet. In die Mitte einer jeden Scheibe wird eine aufgemachte Auster gelegt und rund herum Kaviar gespritzt. Die Austern ohne Bart und Schale.

100. Käsebrötchen (zweite Art). Von Semmel schneidet man 6 cm lange und 3 1/2 cm breite Scheiben in der Dicke eines halben Centimeters, taucht diese von e i n e r Seite tüchtig in Weißwein und legt zwischen j e zwei Scheiben eine messerrücken dicke und gut 3/4 so große Scheibe ⬚ Schweizer Käse auf die eingetauchten Seiten, nachdem man vorher etwas Paprika auf die obere Seite des Käses gestäubt hat. Dann brät man die Brötchen von beiden Seiten goldgelb, stellt sie eine Minute in die Bratröhre und giebt sie sofort zu Tisch.

101. Buttered Eggs. 63 Gr. Butter, 4 ganze Eier werden mit 2 gehäuften Eßlöffeln gehackter Champignons auf dem Feuer steif abgerührt, dann von Salz und Pfeffer abgeschmeckt und recht heiß auf rund ausgestochene (nicht zu dünne) und in Butter hellbraun gebratene Semmelscheiben gestrichen und recht heiß zu Tisch gegeben.

102. Krammetsvögelbrötchen. Zu etwa 12 Brötchen brät man 18 Krammetsvögel ab, entfernt die Magen und löst von 12 Stück die Brüste und Köpfe ab. Das Übrige wird im Mörser fein gestoßen, mit einer dicken Sauce Espagnole vermengt, etwas durchgekocht und durch ein grobes Sieb gestrichen. Heiß gerührt, 2 gelbe Eier daran, recht steif gekocht, von Salz abgeschmeckt und auf runde Brotscheiben gestrichen, welche vorher von beiden Seiten in Butter goldgelb gebraten sind, die Krammetsvögelbrust oben darauf gelegt und der Kopf mit Schnabel darunter gesteckt. Dann legt man die

Brötchen in eine Pfanne mit etwas Butter und läßt sie mit Papier bedeckt kurz vor dem Anrichten langsam heiß werden.

103. Omelettes au fines herbes au jus. Zu einer Omelette 6 ganze Eier, 2 gute Eßlöffel süße Sahne, etwas Schnittlauch und Estragon, Salz und Pfeffer, dann mit 63 Gr. Butter nur von unten gebacken, aufgerollt, in Papier gewickelt und heiß gelegt. Eine Sauce von Jus, Glace und brauner Butter wird darüber gegossen.

104. Omelettes mit Kalbsnieren und Champignons. 2 aus ihrem Fett gelöste, frische Kalbsnieren werden reingewaschen, in feine Scheibchen geschnitten, mit einem Stückchen Butter, etwas gehackten Zwiebeln, Schnittlauch und Estragon geröstet, gesalzen, leicht mit Mehl bestäubt, ebensoviel Champignons dazu mit einer fines herbes-Sauce begossen, einmal aufgekocht und au-bain-marie gestellt. Eine Omelette gebacken, auf runder Schüssel angerichtet und die Kalbsnieren und Champignons hineingefüllt. Etwas fines herbes-Sauce besonders dazu gegeben. Kommt die Omelette allein mit Kalbsnieren, so kommen keine Zwiebeln dazu.

105. Omelette au salpicon. Von kleinwürflich geschnittenem Capaun, Rinderzunge und Champignons zu gleichen Teilen setze man mit nachstehender Sauce ein Ragout zusammen. Zwiebeln und Mehl in Butter passiert, der Champignonsfond, etwas Bouillon, sowie Parmesankäse, Weißwein und ein Stück Glace dazu und zu einer dicken Sauce verkocht, mit dem Ragout vermengt und au-bain-marie heiß gestellt. Jetzt von der Eierkuchenmasse Nr. 638 Abschnitt 14 ein Kuchen gebacken und auf die Schüssel gethan, in der Größe, daß er halb auf den Rand der Schüssel faßt, ein Teil des Ragouts darauf gefüllt und ein währenddessen gebackener Eierkuchen in der Größe des Bodens der Schüssel darüber gelegt. Nachdem man nun noch einmal Ragout hierauf gethan, wird der untere Kuchen rund herum nach oben geklappt und ein ebenso großer über das Ganze gethan, welcher an den Seiten nach unten gebogen wird. Währenddessen hat man nun den Rest der Eierkuchenmasse mit einem Stück Butter (30 Gr.), $^1/_{10}$ Liter Milch und einem gehäuften Eßlöffel Parmesankäse versetzt, dies auf dem Feuer zu einem leichten Teig gerührt, welcher nun recht glatt über das Ganze gestrichen, mit Parmesankäse bestreut und in schöner Farbe im Ofen gebacken wird.

106. Croquetten en salpicon. Das Fleisch der Brust und
Keulen eines Puters wird in Würfel geschnitten und mit Würfeln
aus rotem Pökel- oder Rauchfleisch und Champignons vermischt im
Verhältnis $1/2 : 1/4 : 1/4$. Über dieses Ragout wird folgende Sauce
gegossen. Butter mit Mehl passiert wird mit Bouillon, Weißwein
und Champignonfond abgerührt, mit etwas Parmesankäse und $3\frac{1}{2}$
Blatt (6 Gr.) Gelatine tüchtig eingekocht und mit 3 Eigelb abgeliert
und von Salz abgeschmeckt. Sodann läßt man das Fleisch mit der
Sauce einen Augenblick kochen, füllt die Masse in eine mit Öl ausgestrichene Form, bedeckt diese mit Ölpapier und läßt das Ganze auf
Eis erstarren. Eine halbe Stunde vor dem Anrichten schneidet man
fingerlange und 3 cm starke Stücke davon ab, rollt sie rund, paniert
sie 2 mal in Ei und Semmel und backt sie in Ausbackfett hellbraun.
Dazu wird gezupfte Petersilie ausgebacken gegeben.

107. Croquetten von Huhn mit ausgebackener Petersilie.
Das Huhn wird mit Wasser, Bouillon oder Nachbouillon, etwas
Bratenfett, Wurzelwerk, Pfefferkörnern und Lorbeerblatt im Ofen gar
gemacht. Von den Brüsten und Keulen werden Würfel geschnitten,
ebenso von Champignons und geräuchertem oder gepökeltem roten
Fleisch. Als Sauce dazu wird Butter und Mehl passiert, mit der
Hühnerbouillon eingekocht, dazu 5 Blätter (10 Gr.) Gelatine. Nachdem die Sauce mit 3 Eigelb abgeliert ist, wird sie über das Fleisch
gethan, worauf man das Ganze auf Eis erstarren läßt. Das Schneiden
der Stücke, Formen, Backen und Anrichten geschieht wie in der vorigen
Nummer angegeben.

108. Austern naturelle. Nachdem die Austern von dem
Bart befreit und in leicht gesalzenem, kalten Wasser abgespült
sind, werden sie auf runden Schüsseln oder je 7 Stück auf soviel
Tellern, wie Personen sind, angerichtet und je ein Citronensechstel
dabei gelegt.

109. Austern gebraten. Nachdem dieselben wie die vorhergehenden fertig gestellt, werden sie in der Schale mit einem spitzen
Messer gelöst, mit geriebener Semmel bestreut, braune Butter darüber
gefüllt, und im Ofen einmal überschäumen lassen, nachdem sie alle
auf ein Backblech mit darauf gestreutem Salz gestellt sind.

110. Rissolles. Hierzu nimmt man einen Teig, welcher auf folgende Art bereitet wird: ½ Kilogr. feines Mehl wird auf dem Backtisch gesiebt, zusammengemacht und in der Mitte eine Grube geformt, in die man 375 Gr. harte frische Butter stückweise, nebst 6 Eidotter, ½ Theelöffel voll Salz und 5 Eßlöffel voll frischem Wasser giebt. Dieser Teig wird mit beiden Händen schnell zusammengewirkt, damit er nicht zu lange bearbeitet und in Folge dessen verdirbt, indem alsdann die Butter aus dem Mehl heraustritt. Wenn nun der Teig auf diese Weise gut vollendet ist, wird er in ein Tuch geschlagen und 1 Stunde zum Ruhen an einen kalten Ort gestellt. Nach dieser Zeit wird er zu einer messerrückendicken, egalen Platte ausgerollt, auf die man sodann von gut bereiteter Kochfarce 3 fingerbreit vom Rand und 2 fingerbreit von einander entfernt, kleine wallnußgroße Häufchen setzt, von drei Seiten mit Ei bestreicht, den Teig darüber schlägt, mit einem umgekehrten Ausstecher den Teig etwas ausdrückt und dann mit einem gezackten Ausstecher noch etwas größer aussticht, in Halbmondform, daß sie eine schöne egale halbrunde Form erhalten. Wenn nun die nötige Anzahl, von denen immer 2 Stück à Person gerechnet werden müssen, auf die besagte Weise angefertigt ist, werden sie auf ein mit Mehl leicht bestäubtes Blech gelegt, mit einer reinen Serviette zugedeckt und an einem kühlen Ort aufbewahrt. Eine viertel Stunde vor dem Anrichten werden sie in heißem Schmalz schön rotgelb gebacken, dann auf einige Bogen Löschpapier gelegt, damit sie nicht fett bleiben und dann heiß noch mit einem Pinsel, den man in heiße Krebsbutter eintaucht, leicht angestrichen, damit sie ein schönes Ansehen bekommen. Sie werden nun auf einer runden Schüssel mit Serviette oder Manschette angerichtet, oben ein Häufchen grün gebackener Petersilie darauf garniert und sogleich zur Tafel gegeben. Die Risollen können mit jedem Salpicon und allen Sorten Geflügelpuree gefüllt werden, nur muß die Sauce dazu sehr kurz eingekocht und das Ganze sehr kalt sein, damit es sich wie jede Farce einfüllen läßt. Auch kann man anstatt mürben Teig guten Blätterteig nehmen, allein letzterer hat die Eigenschaft, daß er fett bleibt. Auch kann man die Risollen in geschlagene Eier tauchen und mit feinem Semmel panieren, welche aber sodann, wenn sie gebacken sind, nicht mit Krebsbutter angestrichen werden dürfen.

Das Salpicon zu vorstehenden Risolles wird bereitet wie folgt:

Zwiebel in Butter passiert, Mehl dazu und mit Bouillon zu einer ziemlich dicken Sauce eingekocht, mit 5 gelben Eiern ablegiert, dann in kleine Würfel geschnittenes Fleisch von Rinderzunge, Champignons, Kalb- oder Kapaunfleisch dazu und auf Eis erstarren lassen. Der Fond der Champignons auch zur Sauce.

111. Maccaroni in Muscheln. Butter braun gemacht, einen gehäuften Holzlöffel (35 Gr.) Mehl dazu, dann mit guter Bratenjus verrührt, zu einer dicklichen Sauce einkochen lassen und von Salz und Pfeffer abgeschmeckt. Dann werden die Maccaroni in eine Kasserolle gethan, etwas grob gewiegtes rotes Fleisch und etwas Parmesankäse dazu. Darauf die Sauce darüber gethan, in Muscheln gefüllt, mit Parmesankäse bestreut und mit einem kleinen Stückchen Butter belegt. Im Ofen recht schöne Farbe nehmen lassen.

112. Maccaroni au gratin. Werden so zubereitet wie Maccaroni in Muscheln, nur daß sie in eine mit Butter ausgestrichene und mit Paniermehl ausgestreute Form kommen.

113. Eier à l'Italienne. Hart gekochte Eier werden halbiert und auf der Innenseite mit Sardellen und Kapern belegt. Alsdann werden sie in eine Remoladensauce gethan, in der man etwas gehackte Kapern, Schnittlauch und Estragon, von jedem ⅓ Theelöffel, verrührt hat.

114. Eier mit Senfsauce. Die Eier werden 7 Minuten gekocht, alsdann angeklopft, in kaltes Wasser gelegt, und, nachdem die Schale entfernt, der Länge nach durchgeschnitten und angerichtet. Die Senfsauce wird durch einen Trichter darunter gegossen.

115. Eingerührte Eier. 10 Stück ganz frische Eier werden mit einer halben Obertasse (¹/₁₀ Ltr.) süßer dicker Sahne, dem nötigen Salz, einer Messerspitze weißen Pfeffer und etwas geriebener Muskatnuß gut abgeschlagen, dann 125 Gr. klein gebröckelte, sehr frische Butter dazu gethan (immer 2 Lot oder 32 Gr. Butter weniger als Eier) und auf dem Feuer so lange gerührt, bis die Eier zusammengegangen sind und daraus sich eine crèmeartige, lockere, leichte Masse gebildet hat, welche man sogleich auf einer Schüssel anrichtet und zu Tisch giebt. Nach Belieben können gebackene Semmelcroutons herum gelegt werden. Außerdem dürfen alle eingerührten Eier erst kurz vor dem Gebrauch bereitet werden.

116. Eingerührte Eier mit Schinken in kleinen Muscheln.
Nachdem die vorher beschriebenen Eier beinahe zusammengerührt sind, werden 250 Gr. gekochter und kleinwürflich geschnittener Schinken darunter gehoben und in die kleinen Muscheln verteilt. Auch kann man die Eier in die Muscheln füllen und den Schinken fein gewiegt darüber streuen.

117. Eingerührte Eier mit geräuchertem Rheinlachs.
Werden ebenso bereitet, wie die vorhergehenden Eier, nur nehme man statt des Schinkens ebensoviel kleinwürflich geschnittenen Rheinlachs.

118. Eingerührte Eier mit Trüffeln in kleinen Muscheln.
Nachdem die eingerührten Eier von Nr. 115 beinahe fertig gestellt, werden 6 gehäufte Eßlöffel kleinwürflich geschnittene Trüffeln leicht darunter gehoben und das Ganze alsdann in die Muscheln verteilt.

119. Eingerührte Eier mit Spargelspitzen in kleinen Muscheln. 6 gehäufte Eßlöffel dünner Spargelspitzen werden in Salzwasser weich gekocht und auf ein Sieb zum Abtropfen geschüttet. Währenddessen sind die Eier beinahe zusammen gerührt, der Spargel leicht darunter gehoben und das Ganze in die kleinen Muscheln verteilt.

120. Eingerührte Eier mit Sardellen in kleinen Muscheln.
Den in Nr. 115 beschriebenen eingerührten Eiern werden 5 gehäufte Eßlöffel sauber gewaschener, entgräteter und in kleine Filets geschnittener Sardellen beigegeben, dabei ist besonders auf das Salzen der Eier zu achten.

121. Eingerührte Eier mit Käse in kleinen Muscheln.
Nachdem die Eier, wie in Nr. 115 beschrieben, fertig gestellt, wird ihnen 250 Gr. kleinwürflich geschnittener Emmenthaler Käse beigegeben und das Ganze in die kleinen Muscheln verteilt.

122. Gefüllte Eier mit kalter Senfsauce. Nachdem 10 Eier hart gekocht sind, wird die Schale entfernt und die Eier der Länge nach halb durchgeteilt. Jetzt das Gelbe herausgenommen, auf einen Teller gethan und das Weiße gewaschen und auf ein Tuch zum

Abtropfen gelegt. Nun werden 200 Gr. Sardellen gereinigt und entgrätet, alsdann kleinwürflich geschnitten und mit ebensoviel Kapern und würflich geschnittenem, geräuchertem Rheinlachs in ein Geschirr gethan. Die Eidotter durch ein feines Sieb gestrichen und mit 3 Eßlöffel Senf, ebensoviel feinem Provenceöl, einem gehäuften Eß- löffel fein geschnittener Petersilie, welche vorher abblanchiert ist, nebst etwas Estragon und dem nötigen Salz gut verrührt und mit etwas Citronensaft angenehm gesäuert. Von dieser Sauce kommen einige Eßlöffel voll unter die Sardellen, mit welchen dann die Eier schön gefüllt werden. Der Rest der Sauce wird in eine flache Schüssel gethan, glatt gestrichen, die Eier darüber geordnet, dazwischen mit fein gehacktem Aspic garniert und zur Tafel gegeben.

123. Eier à la béchamelle. Eier werden 8 Minuten ge- kocht und nachdem sie erkaltet sind und die Schale entfernt, ganz in Ei und Semmel paniert und in Butter gebraten. Alsdann werden sie in einer béchamelle-Sauce angerichtet. Die Zubereitung letzterer ist in Nr. 460 angegeben. (Abschnitt 9.)

124. Fondus à la française. 63 Gr. abgeklärte Butter zu Sahne gerührt, an welche nach und nach das Gelbe von 5 Eiern gerührt ist, wird mit 80 Gr. Parmesankäse und dem zu Schnee ge- schlagenen Weißen der Eier vermischt. Die Masse kommt in kleine Papierkästchen, die man halb voll füllt, und wird in diesen $1/4$ Stunde lang im Ofen gebacken. Statt der Papierkästchen kann man auch zu allen ähnlichen Speisen die hinten im Anhang vermerkten Croustaden von M. Jaedicke verwenden, welche das Heißwerden sehr gut ver- tragen.

125. Champignons=Puree in Papierkästchen oder Omelette. Man passiert Mehl und Butter mit etwas Milch und Bouillon, rührt das Ganze mit dem Fond der Champignons ab und läßt es tüchtig einkochen. Alsdann thut man die Champignons, nicht zu fein gewiegt, hinein; läßt sie durch= und einkochen, streicht die Masse durch ein Haarsieb und rührt sie heiß. Das so gewonnene Puree wird von Salz abgeschmeckt und bis zum Anrichten au-bain-marie warm gestellt. Dabei empfiehlt es sich, um das Ansetzen einer Haut zu vermeiden, das Puree mit fertiger Bratenjus zu beträufeln.

126. Maronen, geröstet. Nachdem man die Maronen oben und unten etwas abgeputzt und die Schale auf der hohen Seite kreuzweise eingekerbt hat, legt man sie in eine Kasserolle auf eine fingerdicke Unterlage von Salz. Dann streut man eine ebenso dicke Salzschicht darauf und läßt die Maronen mindestens ½ Stunde lang im heißen Ofen rösten. Wenn festgestellt, daß die Maronen weich sind, werden sie abgewischt und in der Serviette angerichtet. Man pflegt frische Butter dazu zu reichen.

127. Hühner à la Villeroy. Nachdem 4 Hühner in der Bratröhre mit angeschlagener Jus, Schinken, Wurzelwerk, Gewürz, Zwiebeln und Salz gar gekocht sind, läßt man sie erkalten. Der Fond wird durchgegossen und auf Eis gestellt. Nachdem das Fett davon entfernt, läßt man ihn einkochen und gewinnt aus demselben, nachdem Butter mit Mehl passiert, eine klare Sauce, an die man 8 Blätter (16 Gr.) Gelatine thut, und die man, nachdem man sie mit 3 gelben Eiern ablegiert hat, kalt abrührt. Die inzwischen von der Haut befreiten Brüste und Keulen der Hühner werden, nachdem sie in der Sauce umgekehrt sind, auf ein mit Butter bestrichenes Blech gethan. Auf diesem läßt man sie erstarren. Hiernach kehrt man das Fleisch zweimal in Ei und Semmel um und backt es in Fett aus. Es empfiehlt sich alsdann, die Hühner bis zum Anrichten auf Löschpapier zu legen. Man garniert sie mit klein geschnittener, ausgebackener Petersilie.

128. Wienerlocken mit Kaviar. Nachdem die Wienerlocken, wie im Abschnitt 16 Nr. 809 angegeben, gebacken sind, werden sie warm im letzten Augenblick mit recht kaltem Kaviar gefüllt und auf einer Schüssel mit Manschette angerichtet.

129. Pastetchen à la Romaine. 250 Gr. feines Mehl wird mit kalter Milch, 4 Eidottern, etwas Salz und Muskatnuß und einem Eßlöffel vom feinsten Öl zu einer etwas dickflüssigen, dem Pfannkuchenteig ähnlichen Masse angerührt und bei Seite gestellt. Die gut verrührte Masse gießt man in ein Glas, doch so, daß dieses nicht ganz gefüllt wird. Inzwischen macht man die Form, welche in das Glas hineinpaßt, in Backschmalz recht heiß, und taucht sie in die im Glase befindliche Masse. Alsbald setzt sich die Masse an die Form, welche man sogleich in erwärmtem Schmalz goldgelb bäckt. Sobald dies er-

reicht ist, löst man die gebackene Masse von der Form, und stellt das
so gewonnene Pastetchen auf Löschpapier. In dieser Weise verfährt
man nacheinander, bis die gewünschte Zahl der Pastetchen hergestellt
ist. Nunmehr füllt man diese Pastetchen schleunigst mit einem Ragout
au salpicon. Dieses besteht aus Würfeln von Krebsschwänzen,
Champignons, Hühner-Filets und Lebern, und geräuchertem oder gepökeltem roten Fleisch, welches man in einer béchamelle-Sauce anrichtet, die mit Krebsbutter zubereitet ist. Es ist ratsam, die Größe
der Würfel dieses Ragouts in ein angemessenes Verhältnis zum Um-
fange der Pastetchen zu bringen.

130. Kiebitzeier. Auf eine Person rechnet man 3 bis 5 Eier,
kocht diese 10 Minuten in kochendem Wasser, hebt mit einem spitzen
Messer die Schale an der Spitze etwas, und sieht nach, ob das Weiße
vom Ei dunkelblau oder bläulich schimmernd ist, welches das Zeichen
ist, daß die Eier nicht faul oder angebrütet sind. Ein ziemlich sicheres
Zeichen beim Prüfen der Eier auf deren Güte ist, daß man vor dem
Kochen die Eier in kaltes Wasser thut, diejenigen, welche gut sind,
gehen unter, die schlechten schwimmen oben. Man richtet die Eier
entweder in der Serviette oder auf einer Salzunterlage mit einem
Rande von Kresse an.

131. Käsetortelettes. Mit messerrückendick ausgerolltem
Blätterteig werden kleine Torteletteformen ausgesetzt, und wenn man
die nötige Anzahl hat, in jede Form ein Theelöffel voll von nachstehender Käsemasse gethan. 250 Gr. geriebenen Parmesankäse verrührt man mit 3 ganzen Eiern, einer Prise Paprika und 80 Gr. er-
weichter Butter; thut dies in die Tortelettes und bäckt dieselben in
schöner Farbe im Ofen. $1/4$ Stunde vor dem Anrichten angewärmt,
und nachdem sie aus den Formen gethan, auf einer Schüssel mit
Manschette angerichtet.

132. Blätterteig = Pastetchen mit Kaviar. Von gut be-
reitetem Blätterteig rolle man eine größere Platte aus in der Dicke
eines guten halben Centimeters; aus dieser steche man wiederum
kleine Platten von 6 cm im Durchmesser mit glattem Ausstecher aus.
Hat man nun genügend, so nehme man einen kleinen Ausstecher von
knapp 4 cm, tauche diesen jedesmal in heißes Wasser und drücke die
Platten in der Mitte damit halb ein. Mit Eigelb bestrichen, doch

so, daß es nicht am äußeren Rand herunter treibt, und in starker Hitze gebacken, so daß sie mindestens um das zweifache höher werden. Drückt das innere des kleineren Ausstechers vorsichtig herunter, so daß man eine genügende Öffnung erhält. Beim Anrichten angewärmt und eiskalter Kaviar im letzten Augenblick hineingespritzt.

133. Blätterteig-Pastetchen mit Kleinragout. Die Pastetchen wie die vorhergehenden gebacken und mit Deckel versehen. Diese erhält man, indem man aus Blätterteig kleine Platten von gut 4 cm Durchmesser messerrückendick aussticht, leicht mit Eigelb bestreicht, mit einem ³/₄ so großen bunten oder gezackten Ausstecher kleine dünne Platten darauf legt, mit Eigelb bestreicht und mit abbäckt. Kurz vor dem Anrichten heiß gestellt und mit nachfolgendem Ragout gefüllt. Morcheln und weißer Geflügelbraten (Puter, Kapaun, Perlhuhn, Fasan oder junges Huhn) zu gleichen Teilen in kleine Würfel geschnitten. Eine Sauce bereitet, indem man gehackte Zwiebeln in Butter passiert, etwas Petersilie und einen Löffel Mehl dazu, mit dem Morchelwasser und etwas Bouillon nebst etwas Glace verrührt, zu einer dicken sehmigen Sauce verkocht, mit dem Ragout versetzt, von Salz und einer Prise Pfeffer abgeschmeckt, die Pastetchen beim Anrichten heiß bis zum Rand damit gefüllt, und mit je einem Deckel versehen, angerichtet.

134. Blätterteig = Pastetchen mit Krabbenragout. Die Pastetchen so fertiggestellt wie die vorhergehenden. Jetzt abgekochte Krabben von der Schale befreit, eine holländische Sauce, die mit etwas Citronensaft im Geschmack gehoben ist, mit den Krabben versetzt und recht heiß in die Pastetchen angerichtet.

135. Blätterteig = Pastetchen mit Wildentenpuree. Die Pasteten wie die vorhergehenden bereitet. Das Puree wird wie folgt hergestellt. Zuvörderst werden zwei Wildenten, wie zum Braten fertiggestellt, in ein Geschirr gethan und mit angeschlagener Jus und Bouillon oder Nachbouillon gut bedeckt. Hier hinein kommen Wurzelwerk (in Scheiben geschnitten), Lorbeerblatt, Gewürz, einige Zwiebeln, sowie Schinken in Würfeln. Das Ganze wird im Bratofen gar gekocht. Sobald die Enten erkaltet sind, wird das Fleisch abgesucht und fein gewiegt, der Fond entfettet und mit hellbrauner Butter, in die ein Löffel Mehl passiert ist, abgerührt. Dahinein thut man das

3*

Fleisch, läßt es unter fortwährendem Rühren kurz gehen und streicht es durch ein grobes Sieb. Das gewonnene Puree wird heiß gerührt, von Salz abgeschmeckt und in die Pasteten gespritzt, auf welche alsdann der kleine Deckel gesetzt wird.

136. Blätterteig = Pastetchen mit Fasan=, Rebhuhn= oder Krammetsvögel=Puree. Werden ganz wie die vorhergehenden bereitet; bei den Krammetsvögeln werden nur die Magen entfernt, sonst alles außer den Knochen dazu verwendet.

137. Blätterteig = Pastetchen mit feinem Ragout. Die Pastetchen wie die vorhergehenden bereitet. Das Ragout fertiggestellt aus Trüffeln, Rinderzunge, Champignons, Krebsschwänzen und Milchfleisch, welches in der Braise gar gemacht; Alles dieses wird in gleich große Würfel geschnitten. Hierzu wird folgende Sauce bereitet. In klar gemachte Butter werden ganz fein gewiegte Zwiebeln und ein guter Holzlöffel (40 Gr.) Mehl hinein passiert und sodann mit Bouillon, Champignonfond und etwas Weißwein zu einer sehmigen Sauce verkocht, die mit Eigelb abgeliert, von Salz abgeschmeckt und mit Citronensaft geschärft wird. Das Ragout mit der Sauce versetzt wird heiß in die Pasteten gefüllt.

Anmerkung zu den letzten Nummern.

Die vorstehend beschriebenen Ragouts und Purees eignen sich auch dazu, nach der Suppe in kleinen Porzellanbechern gegeben zu werden; sowie auch in den in Nr. 124 vermerkten Croustaden.

III. Abschnitt.

Fischgerichte.

————

138. Barsche, blau. Die Barsche werden dicht unter dem Kopf, an der Bauchseite, 1 cm eingeschnitten, sowie an der unteren Öffnung, aus welcher dann nur der Darm herausgezogen wird. Nun eine Stunde vor dem Anrichten Wasser aufgesetzt mit Zwiebeln, Lorbeerblatt und Gewürz nebst der nötigen Menge Salz, $\frac{1}{2}$ Stunde vor dem Anrichten die Barsche hineingelegt und langsam weich kochen lassen. Alsdann mit Meerrettig, roher Stichenbutter und dem Fischwasser in einer Saucière zu Tisch gegeben.

139. Barsche, gestobt. Man schuppt die Barsche, kürzt deren Flossen und nimmt sie aus, thut aber die Leber wieder in das Innere. Dann salzt man sie leicht. Währenddessen kocht man Zwiebeln, Lorbeerblatt und Gewürz in Wasser aus, rührt Butter und Mehl weiß auf, giebt gehackte Petersilie nebst dem durchgeseihten Fischwasser dazu, verkocht es zu einer nicht zu dicken Sauce, legt die Barsche in eine Pfanne, giebt die Sauce darüber und läßt die Fische darin zugedeckt weich stoben. Jetzt die Barsche angerichtet, die Sauce, wenn nötig noch etwas verdickt, von Salz und Pfeffer abgeschmeckt, alsdann die Barsche damit maskiert und der Rest beigegeben. Mit gestobten Kartoffeln (siehe Kartoffeln) zu Tisch gegeben.

140. Gebackene Barsche. Hierzu werden die Barsche wie alle anderen Fische geschuppt, der Bauch halb aufgeschnitten, ausgenommen bis auf die Leber, gewaschen, auf jeder Seite 3 mal leicht eingekerbt, damit das Salz besser hineinziehen kann, und leicht gesalzen 2 Stunden bei Seite gestellt. Alsdann werden die Fische

auf ein Tuch gelegt, von beiden Seiten abgetrocknet und mit Mehl
bestäubt, angeklopft, in Eiweiß und Semmel paniert, in einer reich=
lichen Menge Butter gebraten und mit dem Rest der Butter und
Citronensechstel belegt zu Tisch gegeben. Man giebt auch eine Kapern=
sauce, Sardellensauce oder Remoladensauce dazu.

141. Barsche mit Remoladensauce. Die Barsche werden in
Wasser weich gekocht, von der Haut mit den Schuppen und Flossen
befreit, und alsdann mit gallertartigem Aspic, zwischen welchem man
etwas gehackte Petersilie gethan hat, überstrichen. So pflegt man sie
auf einer länglichen Schüssel anzurichten und mit Petersilie zu garnieren.
Man giebt hierzu gern eine Remoladensauce.

142. Kaulbarsche. Die Kaulbarsche werden ebenso bereitet
wie die Barsche, meistens giebt man sie aber au naturelle gekocht.

143. Schleie, gekocht. Nachdem der Fisch tüchtig mit grobem
Salz abgerieben, um den Schleim zu entfernen, wird er sauber ge=
schuppt, ausgenommen und gewaschen. Alsdann in den verschiedenen
Zubereitungsarten gegeben, wie bei den Barschen und den Brachsen
angegeben.

144. Karauschen. Die Karauschen werden, nachdem sie geschuppt,
ausgenommen und gewaschen sind, ebenso gekocht und gebraten, wie
bei den Barschen angegeben ist. Jedoch ist es gut, wenn man die=
selben, falls sie gekocht werden sollen, erst einmal in kochendem Wasser
abblanchiert, damit sich der moorige Geschmack, mit dem sie oft be=
haftet sind, giebt. Es ist dies hauptsächlich der Fall, wenn sie aus
sehr dickem Wasser gefangen sind.

145. Frikassee von Hecht. Zu einem gut gereinigten, ge=
schuppten und in Stücke geschnittenen Hecht von ungefähr 1½ bis
2 Kilogr., den man in eine Kasserolle legt, thut man 125 Gr. frische
Butter, ¼ Liter Weißwein, 5 feingewiegte Sardellen, einige Citronen=
scheiben ohne Kerne, nebst etwas Salz, bestreut den Fisch mit ge=
stoßener Semmel, läßt ihn fest zugedeckt bei gelinder Hitze dämpfen,
bis er weich ist. Verrührt die Sauce mit einigen Eßlöffeln saurer
Sahne und richtet das Frikassee in einem Kartoffel= oder Reisrand an.

146. Schüsselhecht. Einen ausgenommenen und gewaschenen
Hecht schneidet man in 4 cm lange Stücke, kocht ihn mit Lorbeer=

blättern, Gewürz und Zwiebeln weich; läßt ihn erkalten und löst ihn aus Haut und Gräten. Inzwischen läßt man die Fischbouillon um die Hälfte einziehen, passiert Zwiebeln in Butter mit einem Holzlöffel (35 Gr.) Mehl und giebt die Bouillon dazu, sowie etwas Weißwein, ein Stückchen Gace und 3 gehackte Sardellen, und kocht dies zu einer dicken sehmigen Sauce, an die man einen gehäuften Eßlöffel voll Kapern thut, bevor man sie von Salz abschmeckt. Die Fischstücke werden nunmehr auf eine tiefe Schüssel gleichmäßig gelegt, mit der Sauce übergossen, hierauf Parmesankäse gestreut und einzelne Stückchen Butter darauf gethan. Alsdann wird dem Ganzen im Ofen eine goldgelbe Farbe gegeben. Beim Anrichten garniert man die Schüssel mit Croutons in dreieckiger Form.

147. Aal, blau. Der Aal wird abgestreift, ausgenommen, in Stücke geschnitten und gewaschen. Dann wird er, nachdem er gesalzen und Essig über ihn gegossen ist, geschwenkt und stehen lassen. Eine Stunde vor dem Anrichten läßt man ihn in Salzwasser, zu dem man Essig, Wurzelwerk in Scheiben, Lorbeerblätter und Gewürz thut, weich ziehen. Dann giebt man ihn vorteilhaft mit Fond und dazu je für sich auf einem Teller zusammen angerichtet, gehacktes Eigelb, Schnittlauch und Estragon.

148. Aal in Gelee. Der Aal wird wie in vorstehender Nummer beschrieben gar gemacht, und wenn er erkaltet ist, aus den Gräten gelöst. Jetzt die Brühe entfettet und zum Aspic verwandt, die weitere Behandlung ist dann dieselbe wie bei den Forellen in Nr. 162 angegeben.

149. Aal, gebraten. Der Aal wird enthäutet, ausgenommen, in Stücke geschnitten, gewaschen und gesalzen. So bleibt er 2 Stunden lang stehen. Nachdem er abgetrocknet, in Mehl paniert, angeklopft, in Ei und Semmel umgekehrt und langsam in Butter von beiden Seiten gebraten. Meistens als Beilage zu Gemüse verwendet, wird er kurz vor dem Anrichten auf Löschpapier entfettet. Als Schüssel für sich reiche man eine Remoladensauce extra dazu.

150. Filets von Zander à la Moscovite. Der Zander wird ausgeschnitten und in eine mit Butter ausgestrichene und mit Salz und Pfeffer ausgestreute Pfanne gelegt, mit etwas Salz und Pfeffer überstreut, mit dünner Butter übergossen und mit Citronensaft beträufelt. Alsdann gießt man Weißwein und Bouillon dazu, bedeckt den Fisch mit Papier und dünstet ihn im Ofen gar. Beim Anrichten garniert man die Schüssel mit Petersiliensträußen und Hummernasen. Alsdann wird eine Farce auf folgende Art hergestellt. Ein Zander wird aus den Gräten geschnitten. Die eine Hälfte dieses Zanders wird sammt dem Rückgrat mit Bouillon oder Nachbouillon ausgekocht, und nachdem sie erkaltet ist, mit der rohen Hälfte und Zwiebeln fein gewiegt. Sodann wird im Reibstein ein Stück Butter von der Größe eines Enteneies weiß aufgerieben, mit zwei ganzen Eiern und einem Eigelb vermischt. Dieses wird dann mit Salz, Pfeffer, eingeweichter Semmel und weißer Coulissauce mit dem gehackten Fleisch tüchtig durchgerieben und abgeschmeckt. Aus dieser Farce formt man einen Kloß und macht darauf die Probe. Sollte sich die Masse als zu fest herausstellen, so thut man noch etwas von der Sauce hinzu; sollte indessen der Kloß zu zart sein, so kommen je nach Befund 1 bis 2 Eigelb oder etwas von der eingeweichten Semmel hinzu. Nachdem man nach der Probe die Masse noch einmal durchgestrichen hat, werden daraus kleine Klößchen geformt, in Wasser aufgekocht und zugedeckt 5 Minuten lang zurückgestellt. Hernach gießt man sie ab und läßt sie erkalten. Nunmehr stellt man in einer Kasserolle ein Ragout aus folgendem, Alles zu gleichen Teilen her: Die vorbeschriebenen Klöße, Champignons, frische oder ausgewässerte Krebsschwänze oder Hummerfleisch, abblanchiertes und in Braise weich gekochtes Milchfleisch, sowie steif gemachte Geflügellebern. Statt des Milchfleisches kann man auch in Stücke geschnittene und weich gekochte Geflügelmagen nehmen. Dieses Ragout stellt man bis kurz vor dem Anrichten kalt. Inzwischen kocht man eine Moscovitesauce wie folgt. Ein gutes Stück Butter (125 Gr.) wird mit etwa $2\frac{1}{2}$ Holzlöffel (100 Gr.) Mehl passiert, und sodann mit Fischbouillon, dem Fond der Champignons, 3 gehäuften Eßlöffeln voll Parmesankäse und etwas Weißwein gar gekocht. Sobald diese Sauce dick genug ist, wird sie mit dem Gelben von 3 Eiern abgeliert und dann etwa $\frac{1}{8}$ Liter saure Sahne und ein ordentliches Stück Butter (30 Gr.) hinzu gethan. Nachdem sie mit Citronensaft geschärft ist, wird sie von Salz abgeschmeckt. Mit einem Teil der Sauce wird das Ragout versetzt und um den Fisch gefüllt. Der Rest der Sauce wird besonders dazu gegeben.

151. Filets von Zander mit Peterſilienſauce legiert. Die Filets, gerade durchgeſchnitten, werden in Butter und Weißwein gar gedünſtet. Dann richtet man ſie auf einem Kartoffelſockel auf einer langen Schüſſel dergeſtalt an, daß zwei Reihen Filets nebeneinander liegen. Alsdann garniert man die Fiſche mit einem Kranze runder Kartoffeln, die man mit einem Teil der Sauce hat durchziehen laſſen. Die Sauce wird folgendermaßen hergeſtellt: holländiſche Sauce wird mit Weißwein, etwas Glace, Peterſilie und Fiſchbouillon abgerührt, recht gelb legiert und der Fiſch damit gut maskiert. Man giebt den Reſt beſonders.

152. Geſpickter Zander oder Hecht. Der Fiſch wird, nachdem er abraſiert, ausgenommen und gewaſchen iſt und die Kiemen herausgeſchnitten ſind, geſpickt und dreſſiert. Alsdann wird er in eine mit Butter ausgeſtrichene Pfanne gelegt und mit der Butter im Ofen gebräunt. Sodann gießt man etwas Weißwein und Bouillon hinzu und läßt ihn darin weich braten, ſodaß er ordentlich Farbe hat. Auf langer Schüſſel wird der Fiſch angerichtet und mit Citronenſcheiben und Peterſilie garniert. Man giebt dazu eine kräftige Sardellenſauce, zu der man von der Fiſchbouillon verwandt hat.

153. Gebackene Filets von Zander oder Hecht. Der Fiſch wird abraſiert und aus den Gräten geſchnitten. Aus der Hälfte der Fiſche ſchneidet man Filets von gleicher aber beliebiger Größe. Man ſalzt ſie ein und läßt ſie zwei Stunden ſtehen. Dann trocknet man die Filets auf einem Tuche ab, beſtäubt ſie mit Mehl, klopft dies feſt, paniert ſie mit Eiweiß und Semmel und brät ſie auf beiden Seiten goldbraun. Dann bleiben ſie bis zum Anrichten feſt zugedeckt ſtehen. Man garniert ſie mit Citronenſcheiben oder Sechsteln und giebt holländiſche Sauce mit Kapern oder Remoladenſauce dazu.

154. Gebackener Zander à la moscovite. Der Zander wird abraſiert, ausgenommen, auf dem Rücken abgehäutet und in zwei Reihen geſpickt. Alsdann brät man ihn in einer Pfanne ¾ bis 1 Stunde, — falls der Zander über 2½ Kilogr. wiegt noch länger, — im Ofen mit Wurzelwerk in Scheiben, Lorbeerblatt, Gewürz, Butter und Weißwein bei nicht zu ſtarker Hitze. Dann richtet man ihn auf einer langen Schüſſel an und garniert ihn mit

Krebsschwänzen, Champignons, Morcheln, Fischfarce-Klößchen und ausgestochenen Kartoffeln (jedes für sich mit Butter und etwas Petersilie
geschwenkt). Dazu giebt man eine Moscovite-Sauce, welche mit dem
Fischfond abgerührt ist.

155. Zander, gestobt. Der Fisch wird aus Haut und Gräten
und in Stücke geschnitten, wie zum Fricassee. Nun wird er in eine
Pfanne einrangiert, welche mit Butter ausgestrichen und mit Salz
und Pfeffer ausgestäubt ist. Währenddessen hat man die Gräten mit
Lorbeerblatt, Gewürz und Zwiebeln nebst Bouillon oder Wasser ausgekocht, rührt Butter und Mehl weiß auf, giebt etwas Petersilie
sowie die Fischbouillon dazu, verrührt Alles zur dünnen sehmigen
Sauce, gießt diese über den Fisch und läßt ihn zugedeckt darin weich
stoben. Der Fisch angerichtet, die Sauce etwas eingekocht, wenn
nötig verdickt, von Salz und Pfeffer abgeschmeckt, und der Fisch mit
einem Teil derselben maskiert und der Rest extra dazu gereicht. Mit
gestobten Kartoffeln (siehe Kartoffel-Abschnitt) gegeben.

156. Karpfen, blau, à la Holstein. Die Karpfen werden
vorsichtig ausgenommen, damit der Schleim nicht abgeht und die
Galle nicht verletzt wird. Nun ausgewaschen, in ein Geschirr gelegt,
eine Stunde vor dem Anrichten mit Essig übergossen, nach einer
Viertelstunde umgekehrt, damit sie an beiden Seiten ordentlich blau
werden, und ½ Stunde vor dem Anrichten in das kochende Salz-
wasser gelegt, in welches man 3 Zwiebeln, ein Lorbeerblatt und
Gewürz gethan hat; hierin läßt man sie langsam weich ziehen. Beim
Anrichten werden sie mit langen oder runden Fischkartoffeln und
Petersiliensträußchen garniert. Die Eingeweide werden, nachdem man
vorsichtig die Galle entfernt hat, gekocht und zum Garnieren der
Fische verwandt. Man pflegt zum Karpfen Sahnenmeerrettig zu
geben. Hierzu verrührt man je ein Teil geschlagene Sahne und
Meerrettig miteinander, richtet das Ganze erhaben auf einem Teller
an und garniert darum einen Kranz von geriebenem Meerrettig.
Außerdem kann man zum Karpfen frische Butter und Fischwasser
servieren.

157. Karpfen in Bier. Der Karpfen wird geschuppt, ausgenommen, der Länge nach auseinander geteilt und in 3 Finger breite
Querstreifen geschnitten, eingesalzen und 1 Stunde fortgestellt. Nach-

dem der Fisch abgetrocknet ist, wird er mit etwa 2 Flaschen Dünnbier, ½ Flasche bairischem Bier, 6 Zwiebeln, einigen Pfefferkörnern und Lorbeerblättern aufgesetzt und weich gekocht. Alsdann legt man den Fisch vorsichtig in eine andere Pfanne. Zu der gewonnenen Brühe thut man nunmehr ½ Flasche Rotwein, etwas Essig, etwas fertige Bratenjus, 2 gestrichene Eßlöffel Zucker, einige Stücke von der Kruste eines groben Brotes und 10 bis 12 geriebene Pfeffernüsse. Das Ganze läßt man tüchtig durch= und einkochen. Nachdem die Sauce durchgestrichen, glatt geschlagen und abgeschmeckt ist, wird sie über den Fisch gethan, der in dieser noch einige Minuten gedünstet wird. Beim Anrichten wird der Fisch mit Sauce maskiert; der Rest der letzteren besonders serviert. Man giebt trockene Kartoffeln dazu.

158. Brachsen in Bier. Derselbe wird ebenso behandelt wie bei dem Karpfen in Bier angegeben. Ist der Brachsen groß, so werden beide Seiten der Länge nach halb durchgeteilt und hiervon die Stücke abgeschnitten.

159. Brachsen, sauer gekocht. Nachdem der Brachsen sauber geschuppt, ausgenommen und gewaschen ist, wird das Rückgrat heraus= gelöst, jede Seite der Länge nach halbiert und hiervon beliebige Stücke abgeschnitten. Jetzt dieselben mit Wasser, Essig, Gewürz, Zwiebeln, Lorbeerblatt und dem nötigen Salz langsam weich gekocht, dann die Stücke vorsichtig herausgenommen und in eine Schüssel ge= legt. Die Brühe mit soviel Gelatine versetzt, daß sie leicht gallert, wenn sie kalt ist. Dieselbe warm über den Fisch gethan und wenn erkaltet, mit gewöhnlichen Bratkartoffeln gegeben. Man kann nach Geschmack auch etwas Zucker zu dem Fond thun.

160. Steinbutt (mit holländischer Sauce). Der Steinbutt wird geputzt und ausgenommen. Zu achten ist darauf, daß die in der oberen Haut befindlichen Steine entfernt werden. Nachdem er gesalzen und mit kaltem Wasser begossen, wird er, die weiße Seite nach oben, mit Gewürz, Lorbeerblatt und Zwiebeln auf das Feuer gestellt. Sobald das Wasser siedet und aller Schaum entfernt ist, wird der Fischkessel abgehoben und auf der Maschine beiseite gestellt, damit der Fisch dort nicht koche, sondern langsam ausziehe. Dadurch wird stärkeres Aufreißen vermieden. Man pflegt den Fisch auf einer Schüssel mit Serviette anzurichten und mit Kartoffeln in länglicher oder runder

Form und Petersilie zu garnieren und etwas mit der Sauce zu befüllen, deren Rest man besonders giebt. (Holländische Sauce siehe Nr. 456 Abschnitt 9.)

161. Forellen, blau. Nachdem die Forellen am Kopf ungefähr 4 cm eingeschnitten, werden sie vor der letzten Bauchflosse eingekerbt und der Darm abgezogen. Nun auf einen Deckel gelegt, von beiden Seiten mit Essig besprengt, damit sie recht schön blau werden. Dann wird soviel Wasser, daß sie gut bedeckt sind, mit Zwiebeln, Lorbeerblatt und Gewürz aufgesetzt und pikant von Salz und Essig abgeschmeckt. $1/4$ Stunde vor dem Anrichten werden die Forellen in das kochende Wasser gelegt, einmal aufkochen lassen, mit Papier zugedeckt und $1/4$ Stunde langsam ziehen lassen. Dann mit Fischwasser und frischer Butter zu Tisch gegeben.

162. Forellen in Aspic. Kleine Forellen werden blau abgekocht und kalt werden lassen. Die Brühe wird mit Wurzelwerk, Gewürz, Lorbeerblatt nebst einigen Blättern Gelatine versetzt, mit Essig geschärft, und nachdem man sich durch Probe überzeugt hat, daß der Aspic hält, mit Eiweiß geklärt und klar durch ein Haartuch laufen lassen. Nun in eine tiefe, hübsch geformte Porzellanschüssel einen halbfingerdicken Boden von Aspic gefüllt und erstarren lassen. Nachdem nun von den Forellen das Rückgrat vorsichtig, so daß sie möglichst ganz wieder zusammengelegt werden können, herausgenommen, indem man vorsichtig mit einem scharfen Messer auf dem Rückgrat lang schneidet, wird der Aspicboden damit belegt, Aspic darüber gethan und starr werden lassen, wieder Forellen und zuletzt Aspic, so daß sie vollständig bedeckt sind. Recht kalt zu Tisch gegeben und mit einem Kranze von harten Eiern und Salatherzchen garniert.

163. Lachs auf holländische Art. Dieser wird nur in Salzwasser abgekocht und mit einer holländischen Sauce (siehe Nr. 456) serviert.

164. Lachs auf gewöhnliche Art. Der Lachs so zugerichtet wie der nachfolgende und in Salzwasser weich ziehen lassen, hübsch garniert und mit einer der angegebenen Saucen maskiert und der Rest extra dazu gegeben. Holländische Sauce, Krebssauce, Sardellen- oder Austernsauce.

165. Lachs mit Sauce von Seemuscheln. Der Lachs wird unter dem Kopf und der mittleren Bauchflosse aufgeschnitten, mit der Hand das ganze Eingeweide vorsichtig herausgenommen, ohne daß der Fisch seine Gestalt verliert, alsdann geschuppt, ausgewaschen und 1 bis 2 Stunden vor dem Anrichten je nach Größe gesalzen aufbewahrt. Nun mit kochendem Wasser, Salz, in feine Scheiben geschnittenem Wurzelwerk, Lorbeerblatt, Gewürz und 1 Flasche gewöhnlichem weißen Wein, so daß er eben bedeckt ist, aufgesetzt und je nach Größe 1 bis 2 Stunden langsam auf dem Feuer ziehen lassen. Eine Muschelsauce (siehe Nr. 468) dazu gegeben und mit lang oder rund geschälten, in Salzwasser abgekochten Fischkartoffeln garniert, nebst abgekochten Krebsen und grüner Petersilie.

166. Lachskotelettes à la Parisienne. Lachs wird als Kotelettes zugerichtet, paniert und mit einem Tomatenpuree, welches mit Glace dick eingekocht ist, überzogen. Jetzt eine Trüffelscheibe oben in der Mitte darauf gelegt, und in ein mit Butter ausgestrichenes Plate à sauté eingerichtet. Kurz vor dem Anrichten im Ofen heiß und gar gemacht und auf einer runden Schüssel mit Kartoffelsockel angerichtet.

167. Lachsforellen. Die Lachsforelle wird ebenso bereitet wie der Rheinlachs. Doch giebt man sie ihrer Schönheit halber meistens in ihrer ganzen Größe, mit einer holländischen oder Béarnoise-Sauce (weiße).

168. Kabeljau. Nachdem der Kabeljau eine Stunde gewässert, wird er sauber gemacht, geschuppt und nochmals tüchtig gewaschen. Jetzt der Kopf bandeliert, und der Fisch in einen Fischkessel gethan, mit kaltem Wasser übergossen, nebst Wurzelwerk, Lorbeerblatt, Zwiebeln und Gewürz langsam zum Kochen gebracht, von Salz abgeschmeckt und an der Seite zurückgestellt, um langsam gar zu werden. Dann mit Fischkartoffeln, einer holländischen, Krebs- oder Sardellensauce zu Tisch gegeben.

169. Schellfisch. Der Schellfisch wird ebenso behandelt und gegeben, wie beim Kabeljau bemerkt. Sollte man ihn schon eingesalzen bekommen, welches öfter geschieht, so wässere man ihn etwas in lauwarmem Wasser und sehe sich beim Kochen mit dem Salzen vor; jedenfalls gebe man nicht gleich Salz dazu, sondern erst nachdem er einige Minuten gekocht hat.

170. Dorsch, gekocht. Nachdem der Fisch gereinigt, wird er in Salzwasser mit Zwiebeln, Lorbeerblatt und Gewürz weich gekocht und am besten mit klarer Butter und Salzkartoffeln nebst geriebenem Meerrettig zu Tisch gegeben.

171. Dorsch, gebraten. Hierzu nimmt man die kleineren Fische, und werden dieselben, nachdem sie gereinigt sind, 1 bis 2 Stunden eingesalzen stehen lassen. Nun abgetrocknet, mit Mehl von beiden Seiten bestäubt, angeklopft, in Ei und Semmel paniert und langsam in reichlich brauner Butter gebacken. Mit Citronenscheiben garniert zu Tisch gegeben.

172. Waller oder Wels, gekocht. Der Fisch wird rein ausgenommen und gewaschen, und nachdem er bandeliert, in Salzwasser mit Wurzelwerk, Gewürz, Lorbeerblatt und Zwiebeln langsam weich gekocht. Alsdann mit einer holländischen Sauce zu Tisch gegeben.

173. Weißling, gekocht oder gebacken. Die Bereitungsart dieses Fisches ist dieselbe wie bei den Barschen.

174. Makrele. Die Makrelen werden, nachdem sie gereinigt sind, am Kopf überbunden und in kochendem Salzwasser ¼ bis ½ Stunde gar ziehen lassen. Dieselben werden mit klarer Butter oder einer Austernsauce zu Tisch gegeben.

175. Stör und Sterlet, gekocht. Nachdem der Fisch gereinigt, wobei man die kleinen Schilde aus der Haut herauslösen muß, wird er scharf mit Gewürz, Salz, Essig eingesetzt und weich kochen lassen. Da das Fleisch ziemlich fest, ist es sicherer, ihn 2 bis 2½ Stunden vor dem Anrichten aufzusetzen. Eine holländische, Austern- oder Senfsauce dazu gegeben, außerdem lange oder runde Fischkartoffeln. (Von dem Rogen dieser Fische wird an Ort und Stelle, nachdem derselbe eingesalzen, der Kaviar bereitet.)

176. Seezungen, gebacken. Von den Seezungen wird die äußere schwarze, sowie weiße Haut abgezogen, oben beim Kopf ausgenommen, gewaschen und ganz oder in schräge Stücke geschnitten, eingesalzen. Alsdann abgetrocknet, mit Mehl bestäubt, in Ei und

Semmel umgekehrt, in goldgelber Farbe von beiden Seiten gebraten und Citronenvierteln dazu gegeben. Werden die Seezungen ganz ge= braten, so löst man kurz vor dem Anrichten oben das Fleisch von beiden Seiten vom Rückgrat und nachdem man unter jede Seite eine Scheibe feines herbes = Butter oder Sardellenbutter gelegt, legt man das Fleisch langsam wieder darauf, damit die Seezungen in ihrer ur= sprünglichen Form bleiben und angerichtet werden.

177. Seezungenfilets à la Normandie. Von 3 bis 4 Stück Seezungen löst man die Filets, je 4 Stück aus, ungefähr in der Größe eines Hühnerbrüstchens, thut sie in ein flaches Geschirr und beträufelt sie mit Citronensaft, nachdem man sie leicht gesalzen, und läßt sie so ungefähr eine Stunde stehen. Von den Abfällen, und wenn nötig von dem Fleisch einer kleinen Seezunge, wird eine feine Farce bereitet, welche mit Krebsbutter rot gefärbt wird. Nachdem nun die Filets leicht abgetrocknet sind, werden sie auf der oberen Seite messerrückendick mit der Farce recht glatt bestrichen und neben= einander in einer flachen kupferverzinnten Pfanne in klarer Butter eingerichtet, oben mit bunt ausgestochenen Trüffelscheiben hübsch garniert, mit feinen Speckscheiben belegt und mit einer gebutterten Papierscheibe zugedeckt, kurz vor dem Anrichten circa $\frac{1}{4}$ Stunde im Ofen gar gemacht. Auf einer nicht zu flachen Schüssel im Kranze angerichtet und ein gut bereitetes Champignonpuree in die Mitte gethan. Etwas Glace, womit der Fischfond verkocht ist, extra dazu gegeben.

178. Fischkotelettes. Nachdem ein Fisch von ungefähr $1\frac{1}{2}$ Kilogr. ausgeschnitten, wird die eine Hälfte und das Rückgrat in Salzwasser mit Zwiebeln, Gewürz und Lorbeerblatt weich gekocht, alsdann kalt werden lassen und mit den Zwiebeln und der rohen Hälfte fein gewiegt. Jetzt ein eigroßes Stück Butter (40 Gr.) im Reibstein aufgerieben mit 2 ganzen und 2 gelben Eiern, etwas Salz und Pfeffer. Dann das Fischfleisch, sowie halb soviel ein= geweichten Semmel und etwas weiße Coulissauce dazu, wieder tüchtig durchgerieben, von Salz und Pfeffer abgeschmeckt, eine Probe gemacht, und wenn zu lose 1 gelbes Ei und etwas Semmel dazu; wenn zu fest, etwas Coulissauce dazu gethan und durch ein Sieb gestrichen. Jetzt auf ein mit Mehl bestreutes Brett gelegt und ein Wulst

kotelettenartig davon dressiert, in kochendes Salzwasser gethan, aufkochen lassen und zurückgestellt; 10 Minuten zugedeckt darin stehen
lassen. Nun ¹/₂ Stunde in kaltes Wasser gelegt, herausgenommen,
auf ein Tuch gelegt und bis kurz vor dem Gebrauch in den Keller
gestellt. Nachdem nun die Koteletten gut ¹/₂ cm dick davon abgeschnitten, werden sie dressiert, mit Salz und Pfeffer gewürzt, paniert
und in schöner Farbe von beiden Seiten gebraten. Als Beilage zu
Blumenkohl gegeben.

179. Fischfricassee mit holländischer Sauce. Nachdem der
Fisch aus den Gräten und der Haut geschnitten, wird er der Länge
nach durchgeteilt und hieraus gut fingerlange Stücke geschnitten. Jetzt
eine Pfanne mit Butter weiß ausgestrichen und fein mit Salz und
Pfeffer ausgesprengt, der Fisch hineingethan, Weißwein und Wasser
darunter gegossen, ein mit Butter bestrichenes Papier darüber gedeckt
und im Ofen gar gedünstet. Die Gräten mit Wasser, Gewürz,
Zwiebeln, Lorbeerblatt und Salz ausgekocht und durch ein Sieb gegossen. Nun eine holländische Sauce gekocht, Butter und Mehl
passiert, die Fischbrühe dazu gegossen, einkochen lassen, mit 4 gelben
Eiern abgeliert, etwas Sardellenbutter sowie den Fond von den Fischen
dazu und von Salz abgeschmeckt. Nachdem die Fischstücke angerichtet,
werden sie mit einem Teil der Sauce maskiert, Croutons im Kranze
darum gelegt und der Rest der Sauce extra beigegeben.

180. Fisch = Croquetten. Nachdem man zu gleichen Teilen
Fischfarce (siehe Fischkotelettes), Rinderzunge und Champignons in
kleine Würfel geschnitten, bereitet man eine Sauce von Bouillon, in
welche die Fischgräten gekocht sind, passiert Butter und Mehl, giebt
die Bouillon, ein Stück Glace, den Champignonsfond und 5¹/₂ Blätter
(gut 10 Gr.) Gelatine dazu, legiert sie mit 6 gelben Eiern ab, setzt
das Ragout zusammen, formt es, nachdem es erkaltet, paniert es
zweimal in Ei und Semmel, und backt sie in Schmalz aus. Mit
ausgebackener Petersilie garniert.

181. Fisch in Muscheln mit Kapernsauce. Nachdem der
Fisch ausgenommen, wird er in Stücke geschnitten, gewaschen und in
Wasser mit Pfefferkörnern, Zwiebeln, Salz und Lorbeerblatt weich
gekocht; herausgenommen, erkalten lassen und in kleine Stücke ausgebrochen. Nun eine Sauce gekocht. Butter und Mehl passiert, das

inzwischen eingekochte Fischwasser dazu und zu einer sehmigen Sauce
gekocht, mit 3 gelben Eiern abliegert, die Kapern dazu und nachdem
es von Salz abgeschmeckt und mit dem Fisch versetzt ist, in Muscheln
gefüllt, welche auf ein Salzblech gesetzt sind; mit Parmesankäse bestreut, mit kleinen Stückchen Butter belegt und im Ofen in schöner
Farbe übergebacken. Auf einer Schüssel mit Serviette angerichtet.

182. Fisch au gratin. Eine Form wird mit Butter ausgestrichen und mit Semmel ausgestreut. Hierin eine Schichte in
Scheiben geschnittene heiße Pellkartoffeln und eine Schichte in Salzwasser abgekochten und in Stücke ausgebrochenen Fisch, welcher mit
Bechamellesauce versetzt ist, gelegt; nun so abwechselnd fortgefahren,
bis die Form voll ist, zuletzt eine hübsch gelegte Schichte Kartoffeln
oben auf gelegt, mit etwas Sauce überstrichen, mit Semmel und
Parmesankäse bestreut, kleine Flocken Butter darauf gepflückt und in
schöner Farbe im Ofen gebacken.

183. Fisch mit Sauerkraut in der Form. Nachdem man
ziemlich steife Pureekartoffeln bereitet, wird ein Teil davon in eine
mit Butter ausgestrichene und mit Semmel ausgestreute Form gethan
und rundherum an den Seiten bis zum Rand hoch gestrichen. Jetzt
eine Schichte Sauerkraut, hierauf eine Schichte in nicht zu kleine
Stücke gepflückten Fisch, dann Sauerkraut, Fisch, Sauerkraut und
oben einen Finger hoch Pureekartoffeln, welche nach den Seiten zu
gestrichen werden, so daß Fisch und Sauerkraut ganz in Kartoffeln
eingehüllt sind. Nun mit Semmel und Parmesankäse bestreut, mit
kleinen Pflöckchen Butter belegt und im Ofen gebacken, so daß es
nun einen Finger hoch aus der Form hoch aufgeht. Diese Schüssel ist
hauptsächlich zu empfehlen, wenn man Reste von Fisch und Sauerkraut stehen hat.

184. Soufflé von Fisch. 1½ Kilogr. Hecht oder Zander
werden aus Haut und Gräten geschnitten und mit einem Ei großen
Stück Butter (40 Gr.) im Reibstein oder Mörser fein gestoßen.
Jetzt durch ein grobes Sieb gestrichen und in Eis mit circa ½ Ltr.
Schlagsahne nach und nach aufgerührt; eine Probe gemacht, welche
gut halten muß und alsdann noch ¼ Ltr. steifgeschlagene Sahne
darunter gehoben, pikant von Salz und Pfeffer abgeschmeckt und in
eine gut gebutterte Schleifsteinform bis knapp unterm Rand voll

gefüllt, ein passendes gebuttertes Papier darüber gelegt und au-bain-
marie 1 Stunde auf der Maschine ziehen lassen. Beim Anrichten
gestürzt und mit einer Krebs-, Sardellen- oder Kapernsauce maskiert
und der Rest der Sauce extra beigegeben.

185. Fischmajonaise. Nachdem der Fisch (circa 2 Kilogr.)
ausgenommen, in Stücke geschnitten und gewaschen ist, wird er in
Salzwasser mit Gewürz, Zwiebeln und Lorbeerblatt aufgesetzt und
weich gekocht. Jetzt herausgenommen, kalt werden lassen, in nicht zu
kleine Stücke aus Haut und Gräten gebrochen und diese mit Salz,
Pfeffer, Essig und Öl einmariniert. Währenddessen hat man von
3 hartgekochten und 4 gelben rohen Eidottern nebst etwas Salz, dem
nötigen Provenceöl (circa 1 Weinflasche) und Essig eine Majonaise
gerührt, von Senf, Salz, Pfeffer und Essig abgeschmeckt, und einen
Teil davon auf die Schüssel gethan, eine Schichte Fisch darauf
rangiert, eine Schichte Majonaise, eine Schichte Fisch und das Ganze
recht egal mit Majonaise überstrichen. Jetzt unten herum abwechselnd
einen Kranz von halbierten, hartgekochten Eiern, Salatherzchen und
weißem gehackten Aspic gelegt; über jedes Aspichäufchen eine aufgerollte Sardelle, in diese hinein eine vom Stein gedrehte Olive
gesteckt. Oben in die Mitte der Schüssel eine Scheibe hartgekochten
Ei's, ein Kranz von Krebsschwänzchen mit den Spitzen nach unten
dicht nebeneinander darum garniert, und auf die Mitte der Eischeibe
ein Häufchen Kaviar gespritzt oder etwas feingehackte rote Beete.

186. Maischolle. Sind die Maischollen klein, so werden
sie nachgeschuppt, oben beim Kopf ausgenommen, ausgewaschen und
2 Stunden eingesalzen stehen lassen. Alsdann abgetrocknet, von
beiden Seiten mit Mehl bestäubt, angeklopft, in Ei und Semmel
paniert und in reichlich brauner Butter von beiden Seiten gebraten.
Sind die Maischollen größer, werden sie ebenso behandelt, nur daß
man sie alsdann in schräge Stücke schneidet.

IV. Abschnitt.

Erstes Fleischgericht nach der Suppe.

———

187. Roastbeef auf englische Art. Dasselbe wird gebraten, wie im Abschnitt 8 angegeben. Mit geschabtem Meerrettig, welchen man erhält, wenn man sich möglichst gerade und dicke Stangen aussucht, diese abputzt, wäscht und mit einem Messer, indem man die Stange senkrecht hält, von oben flach herunter schabt und in Folge dessen lange, krause Bändchen erhält, wovon man entweder einen Strich oben gegen den Knochen längs legt, wenn das Roastbeef tranchiert ist, oder an jedem Ende ein ordentliches Häufchen, sowie an jeder Seite roh gebratene runde Bratkartoffeln (siehe Kartoffeln) legt, und Mixed Pickles extra dazu reicht oder mit verschiedenem Gemüse garniert und mit der kräftigen Bratenjus maskiert und den Rest extra giebt.

188. Rinderfilet mit Gemüsen. Dasselbe nach Abschnitt 8 gebraten; auf einer langen Schüssel eine Bordüre aufgesetzt und ein langer Kartoffelsockel in die Mitte der Schüssel gelegt, das Filet von dem dicken Ende in schräge Scheiben tranchiert und auf dem Kartoffelsockel angerichtet. Jetzt an jedem Ende runde Bratkartoffeln oder ausgebackene Kartoffeln gelegt, schräge vis-à-vis an einer Seite Schneidebohnen und an der andern junge grüne Erbsen zur Hälfte, in die anderen beiden Hälften je junge Karotten und frische Morcheln und an jeder Seite in die Mitte von beiden Gemüsen als Scheide einen schönen, nicht zu großen, in Salzwasser abgekochten, recht weißen Blumenkohlkopf angerichtet. Entweder mit seiner Jus oder mit einer Sauce Moscovite oder Espagnole maskiert und extra gegeben.

4*

189. Rinderfilet à la Nostiz. Das Filet wie das vorhergehende gebraten und angerichtet. Alsdann an jedem Ende kleine runde Bratkartoffeln, sowie an den Seiten mit gestobten Champignons, Steinpilzen, Morcheln und von den Steinen abgedrehten und mit einer Sauce Espagnole versetzten recht grünen Oliven garniert, in der Weise, daß sich Champignons und Steinpilze sowie Morcheln und Oliven schräge vis-à-vis befinden. Mit einer kräftigen Jus maskiert und extra beigegeben.

190. Rinderfilet à la Neapolitaine. Maccaroni werden in Salzwasser, nachdem sie in $2\frac{1}{2}$ cm lange Stücke gebrochen sind, weich und klar gekocht, doch so, daß sie noch ziemlich fest bleiben, abgekühlt und auf einen Durchschlag gethan. Wenn dies geschehen, giebt man knapp $\frac{1}{2}$ soviel in dicke Scheiben geschnittene Trüffeln dazu und versetzt das Ganze mit einer kräftigen Trüffelsauce. Das Filet wie das vorhergehende gebraten und angerichtet, die Maccaroni darum garniert, das Filet mit Trüffelsauce maskiert und der Rest extra beigegeben.

191. Boeuf à la Mode. Das Fleisch wird mit fingerdickem Speck, welcher in fein gestoßenen Nelken, weißem und schwarzem Pfeffer, gehacktem Schnittlauch und Petersilie umgekehrt ist, von unten gespickt; dann 8 Tage ordentlich mit Wurzelwerk, Gewürz und Lorbeerblatt in Bier eingelegt und jeden Tag umgekehrt. Dann hierin weich geschmort. Die Sauce mit Rotwein, Citronensaft, etwas groben Brotkrusten, Pfefferkuchen, etwas fertiger Bratenjus, Lorbeerblättern und wenn nötig etwas Essig nebst dem Fond, welcher vorher entfettet, fertig gekocht, und nachdem sie durch ein feines Sieb gestrichen, über das Fleisch gethan und nochmals damit durchschmoren lassen. Jetzt das Fleisch tranchiert, mit einem Teil der Sauce maskiert und der Rest nebst Kartoffelpuree extra dazu gereicht, nachdem erstere von Salz abgeschmeckt. Am besten eignet sich hierzu ein Stück Rindfleisch von 3 bis 4 Kilogr. schwer aus der Kluft oder sonst oberen Keule.

192. Schmorfleisch. Ein gutes Stück Rindfleisch aus der Keule wird, nachdem einige Würfel Speck in dasselbe tief hinein gesteckt sind, mit Wasser aufgesetzt, doch nur so viel, daß es zur Sauce genug wird. Nachdem es abgeschäumt, thut man Sellerie,

Mohrrüben, etwas Gewürz, sowie 1 oder 2 Lorbeerblätter und etwas Essig dazu, läßt es darin langsam gar kochen, so daß es recht weich ist. Nun passiert man eine Sauce von Butter, Zwiebeln, Mehl und der noch vorhandenen Brühe, thut ein Glas Rotwein und ein wenig Zucker, schließlich einen Theelöffel Kartoffelmehl in Wasser klar ge- quirlt und etwas Kouleur dazu, damit die Sauce recht braun und glänzend aussieht. Darauf wird dieselbe über das Fleisch gegossen, auf gelindem Feuer etwa 1 Stunde mit der Sauce begossen, so daß das Fleisch recht glasiert aussieht.

193. Rinder = Schwanzstück gekocht mit Senfsauce. Ein schönes Schwanzstück von einer jungen Kuh oder Ochsen, 4 Kilogr. schwer, wird als Bouillon aufgesetzt und nachdem es sorgfältig aus- geschäumt, mit 2 gelben Wurzeln, 1 Kopf Sellerie, 2 Porree= und 2 Petersilienwurzeln, alles sauber geputzt und gewaschen, versehen, langsam weich gekocht. Kann man es nicht frisch verwenden, sondern an dem Tage nur die Bouillon brauchen, so wird es in den Keller gestellt und an dem betreffenden Tage leicht an den Seiten abgeschält, unten flach geschnitten, daß es schön liegt und in schwach gesalzenem Wasser 1 Stunde durchgekocht oder bis es recht weich, darf aber nicht auseinander fallen. Mit einer Senfsauce und Kartoffeln à la maitre d'hôtel zu Tisch gegeben.

194. Rinder = Schwanzstück mit Meerrettigsauce. Das Fleisch wird ebenso behandelt, wie das vorhergehende, außerdem werden Butterkartoffeln extra dazu gereicht, sowie schöne Salzgurken und eine von den angegebenen Meerrettigsaucen (siehe Saucen); mit einem Teil davon maskiert und der Rest extra beigegeben.

195. Rindfleisch mit Rosinen und Sardellensauce. Das Fleisch ebenso behandelt, wie das vorhergehende, außerdem trockene Kartoffeln, sowie eine Rosinensauce und außer dieser, da dieselbe nicht Jedermanns Geschmack, eine Sardellensauce dazu gereicht.

196. Rinder = Schwanzstück au gratin. Hierzu wird eine Portion Meerrettig, ungefähr 16 dicke Stangen, gerieben, mit Nach= bouillon und einem guten Stück Butter (30 Gr.) weich und kurz eingekocht, dann von Salz abgeschmeckt. Pureekartoffeln werden be- handelt wie gewöhnlich, aber so steif gelassen, daß man sie mit der

Hand regieren kann, auch 2 gelbe Eier dazu gerührt. Man bereitet nun auf einer Schüffel nach der Breite des Schwanzstücks eine Unterlage von dem Kartoffelpuree, legt das geschnittene Fleisch darauf und umgiebt es rundherum mit dem Kartoffelpuree. Jetzt obenauf Meerrettig und hierauf oben das Ganze mit den Kartoffeln überzogen, so daß es wie ein langes großes Brot aussieht, nun mit geröstetem Semmel (wie zu Krammetsvögeln) überstrichen und heiß gestellt, jedoch nicht so, daß es Farbe bekommt, aber durch und durch heiß ist. Eine Cornichonssauce extra dazu gereicht.

197. Rinder = Schwanzstück auf andere Art. Hierzu wird eine Portion Meerrettig gerieben, wie im Vorhergehenden angegeben, mit Nachbouillon und einem guten Stück Butter (30 Gr.) weich und kurz eingekocht, dann von Salz abgeschmeckt. Pureekartoffeln werden behandelt wie gewöhnlich aber sehr steif gelassen und keine Milch dazu gegossen, so daß man sie mit der Hand regieren kann. Jetzt 2 gelbe Eier, 4 gehäufte Eßlöffel voll Parmesankäse, gut die Hälfte von dem gekochten Meerrettig und ein gutes Stück Butter (40 Gr.) dazu gerührt, von Salz abgeschmeckt und wie das Vorhergehende vollendet.

198. Frische Ochsenzunge mit Rosinensauce. Von einer Ochsen- oder Rinderzunge wird der Schlund abgelöst und einmal die Zunge abblanchiert, alsdann mit Wurzelwerk, Gewürz, Salz und Lorbeerblatt nebst halb Bouillon und halb Wasser in ein Geschirr gethan und darin weich gekocht, herausgenommen, die Haut abgezogen, sauber beschnitten und in ein reines Geschirr zurückgestellt. Währenddessen hat man das Fett von dem Fond abgeschöpft und letzteren mit einer Rosinensauce (siehe Saucen) kurz gekocht, mit etwas Citronensaft geschärft über die Zunge gethan und zusammen heiß werden laffen. Beim Anrichten die Zunge quer herüber tranchiert und mit einem Teil der Sauce maskiert und der Rest extra beigegeben.

199. Rinderzunge, gepökelt. Nachdem eine Rinderzunge 3 bis 4 Wochen in Zuckerlake gelegen hat, wird sie am Abend vorher eingewässert und am nächsten Tage mit frischem Wasser, etwas guter Bouillon, Gewürz, Lorbeerblatt, Salz weich gekocht und wie die vorhergehende weiter behandelt. Werden die Zungen gekauft, so sieht man darnach, daß sie schön dick, dabei aber eine feine, zarte Haut

haben. Eine Trüffel=, Madeira=Sauce, Espagnole= oder Cornichons=
sauce dazu gegeben; oder kalt werden lassen, indem man sie zwischen
2 Bretter legt und als kalte Beilage zu Rosenkohl, Erbsen oder
Spinat giebt.

200. Rinderbrust, gepökelt und gekocht. Eine Rinderbrust,
welche 3 bis 4 Wochen in Zuckerlake gelegen hat, wird am Abend
vorher lang eingewässert, am nächsten Morgen mit frischem Wasser
aufgesetzt und darin weich kochen lassen. Nachdem sie nun heraus=
genommen und beinahe erkaltet ist, wird dieselbe vom Knochen ab=
gelöst, sauber zugeschnitten und in dem entfetteten Wasser heiß gestellt.
Beim Anrichten tranchiert und auf einem Kartoffelsockel mit Rand=
schüssel angerichtet und entweder mit Jus maskiert und extra bei=
gegeben sowie Bechamellekartoffeln darum angerichtet oder runde
Bratkartoffeln darum garniert, mit Jus maskiert und extra beigegeben
und außerdem noch extra eine Orangenmerrettigsauce (siehe Saucen)
dazu gereicht. Auch giebt man vielfach Erbspuree, Weißbohnenpuree,
Sauerkraut und Maronen dazu.

201. Kalbsrücken à la Jardinière. Der Rücken gebraten
wie im Abschnitt 8 angegeben und entweder auf dem Knochen, wenn
die Schüssel so groß oder mit Rand, und die beiden Filets auf langem
Kartoffelsockel angerichtet. Mit verschiedenem Gemüse, als Schneide=
bohnen, Erbsen, kleinen Karotten, Rosenkohl, Bratkartoffeln und
Blumenkohl garniert, wobei man darauf achtet, daß zwischen je 2
grünen Gemüsen je ein weißes oder rotes Gemüse angerichtet wird.
Hübsch macht es sich, wenn man oben auf dem Rücken, in der Mitte
längs, schöne rote, gar gemachte Tomaten legt.

202. Kalbsrücken mit Maccaroni und Tomatensauce.
Der Rücken wie der vorhergehende fertig gestellt und angerichtet und
darum Maccaroni mit Tomatensauce im Kranze gefüllt (siehe Gemüse=
abschnitt), sowie der Rücken mit Tomatensauce maskiert und der Rest
der Sauce extra beigegeben.

203. Kalbsrücken mit Pomeranzensauce. Der Rücken recht
braunglänzend gebraten und nachdem er tranchiert mit seinem Knochen
auf eine lange Schüssel gelegt, an beiden Seiten runde oder lang
ausgebohrte roh gebratene Kartoffeln angerichtet und mit einer

Pomeranzensauce maskiert und der Rest derselben extra beigegeben. Auch giebt man Brechspargel mit holländischer Sauce extra dazu.

204. Kalbsnierenbraten à la Perigord. Ein schöner Kalbsrücken wird sorgfältig in der Mitte des Rückgrates längs geteilt, die Rippenkochen ausgelöst, der Lappen untergerollt und angenäht, womöglich im Backofen in lichtbrauner Farbe gebraten. Nachdem er tranchiert, an den Seiten ein Ragout Tortue (von weich braisiertem Ochsengaumen, Krebsschwänzen, Trüffeln, Champignons und Farceklößchen mit einer Sauce Tortue versetzt) gefüllt, an den Enden große runde Bratkartoffeln gethan und mit sehr kräftiger Trüffelsauce maskiert und der Rest extra dazu gereicht.

205. Kalbsfricandeaux und Keule. Beide werden fertig gestellt und gebraten, wie es im Abschnitt 8 angegeben ist. Sonst ist die Behandlung dieselbe wie beim Rücken, kann aber auch mit jedem beliebigen Gemüse gegeben werden.

206. Kalbsrücken, Keule oder Fricandeaux mit Bechamellesauce. Dasselbe gebraten wie im Abschnitt 8 angegeben. Mit recht kräftiger Jus maskiert und beigegeben, sowie kleine runde Bratkartoffeln darum angerichtet, außerdem wird eine Bechamellesauce extra dazu gereicht.

207. Hammelrücken. Der Hammelrücken gebraten, wie im Abschnitt 8 angegeben. Oben mit geschabtem Meerrettig (siehe Nr. 187) garniert und mit geschmorten Gurken, Teltower Rübchen und ausgebackenen Pureekartoffeln garniert, letztere an beiden Enden und das Gemüse je an einer Seite.

208. Hammelkeule, geschmort. Dieselbe wird geschmort wie im Abschnitt 8 angegeben und mit Brechbohnen und trockenen Kartoffeln, oder Karotten mit Butterkartoffeln, geschmorten Gurken mit Kartoffelpuree oder Schneidebohnen und Kartoffelpuree gegeben. Auch richtet man weiße Bohnen auf einer runden Schüssel an und giebt einen Kranz Schneidebohnen darum, reicht dann aber keine Kartoffeln dazu. Die Hammelkeule mit ihrer Jus maskiert und der Rest extra beigegeben.

209. Hammelblatt en ballon. Man schneidet das Hammelblatt so groß wie möglich, löst den Knochen bis zum ersten Gelenk aus ohne die Haut zu verletzen, spickt das Fleisch auf der einen Seite mit feinen Speckfäden, die man in Salz und gestoßenen Gewürzen gewälzt hat und schnürt das Blatt mittelst einer Dressiernadel und Bindfaden zu einer hübschen runden Form zusammen. Hierauf legt man es in ein passendes Geschirr, fügt einige Zwiebeln, Wurzelwerk, ein Lorbeerblatt, ein garniertes Bouquet, Salz und Gewürz hinzu, gießt etwas Bouillon oder Wasser auf und läßt das Blatt 2½ bis 3 Stunden gar dämpfen und zuletzt in der kurz eingekochten Fleisch-brühe recht schön glacieren. Das Blatt wird nun in dünne Quer-scheiben geschnitten und in seiner vorigen Gestalt wieder angerichtet. Die Brühe entfettet man, rührt sie mit etwas Jus oder Bouillon los, gießt sie durch ein Sieb und macht sie mit ein paar Löffeln brauner Sauce oder Kartoffelmehl sämig.

210. Westphälischer oder Prager Schinken. Ein oder zwei, je nach der Personenzahl, Westphälische oder Prager Schinken von 4 bis 4½ Kilogr. wird am Abend vorher lang eingewässert, am andern Morgen mit frischem Wasser aufgesetzt, sowie etwas Wurzel-werk, Lorbeerblatt und Pfefferkörnern und langsam weich ziehen lassen, wozu 3 bis 4 Stunden erforderlich. Jetzt herausgenommen und er-kalten lassen. Nachdem dies geschehen, wird die obere Haut entfernt und mit der Fettseite nach unten in ein längliches Geschirr gelegt. Der Schinken, nachdem er sauber beschnitten, darauf gelegt. ½ Flasche Madeira sowie ½ Flasche Rotwein darunter gegossen, oben mit Zucker leicht bestäubt und fest zugedeckt im Ofen 1½ bis 2 Stunden dünsten lassen, worauf man zuletzt den Deckel entfernt und den Schinken hübsche Farbe nehmen läßt. Der Fond wird, nachdem er entfettet, mit einer kräftigen Sauce Espagnole verkocht und der Schinken damit, nachdem er angerichtet, maskiert und extra beigegeben, sowie entweder mit verschiedenem Gemüse, oder glasierten Zwiebeln, Maccaroni oder Sauerkraut, Erbspuree und kleinen runden Brat-kartoffeln garniert.

211. Schweinskarree mit Sauerkraut. Das Karree gebraten und behandelt wie im Abschnitt 8 angegeben ist. Alsdann Jus extra dazu gegeben sowie Sauerkraut und Kartoffelpuree oder nur Erbs-puree oder Weißbohnenpuree dazu gereicht.

212. Schweinsmürbebraten. In einem Geschirr macht man Butter braun, schiebt die Filets, nachdem sie gewaschen, zusammen und legt sie in die Butter, so daß die Hautseite nach unten kommt. Einige Zwiebeln, worin mehrere Nelken gesteckt sind, dazu gethan und im Ofen 1 bis 1¼ Stunde gebraten, indem man nach und nach 1 Weinflasche voll Schwachbier darunter gießt. Jetzt die Filets angerichtet, der Fond entfettet und mit einer einfachen Bratenjus oder braunen Sauce recht sämig verkocht. Nachdem sie nun durch ein Sieb gestrichen, werden die Filets damit maskiert und der Rest extra dazu gegeben. Nur mit trockenen Kartoffeln, oder wie zum Schweinskarree mit Sauerkraut und Püree, sonst Erbs- oder Weißbohnenpüree zu Tisch gegeben.

213. Kasseler Rippespeer. Dasselbe gebraten wie im Abschnitt 8 angegeben und dazu Sauerkraut, Erbspüree, Bohnen oder Maronenpüree nebst Kartoffelpüree dazu gereicht.

214. Schweinsrippenbraten, gefüllt. Wird ganz so bereitet wie im Abschnitt 8 angegeben.

215. Wildschweinsrücken, krustiert. Ein Wildschweinsrücken wird von der feinen Haut, welche auf dem Fett sitzt, befreit, mit Salz bestäubt in ein längliches Geschirr gelegt, mit Wurzelwerk, Lorbeerblatt und Gewürz nebst Bouillonfett und Nachbouillon, sowie einer Flasche Rotwein und etwas Essig überstreut und begossen, so, daß er bedeckt ist und hierin weich gedünstet. ½ Stunde vorher, bevor er weich ist, schmeckt man die Braise von Salz ab und läßt ihn nun die angegebene Zeit damit durchdünsten. Jetzt herausgenommen und kalt gestellt. Währenddessen hat man in einer Kasserolle circa 125 Gr. Butter dünn werden lassen, giebt das nötige geriebene Schwarzbrot dazu, etwas Zimmtzucker, einige gehäufte Eßlöffel feinen Zucker und soviel Rotwein, daß es sich warm zu einem leichten Teig zusammenarbeiten läßt, löst die Filets an jeder Seite vom Rücken ab, bestreicht diese mit Eigelb und legt von der Brotmasse 1 cm dick gleichmäßig auf, tranchiert die Filets und legt sie gleichmäßig auf den Knochen wieder auf, bestreut das Ganze leicht mit Zucker, legt den Rücken in ein Geschirr, giebt etwas Fond darunter und stellt ihn in den Ofen, so, daß er binnen ½ Stunde gut heiß durchwärmt, alsdann auf einer langen Schüssel angerichtet und eine heiße Kirsch- oder Himbeersauce, woran ein Schuß Jamaika-Rum (siehe Saucen) kommt, an der Seite längs gefüllt, doch nicht darüber und der Rest extra beigegeben. Auch kann man kleine runde Bratkartoffeln dazu reichen, doch ist dies Geschmackssache.

216. Wildschweinskeule, krustiert. Wird ebenso gar gemacht wie der Rücken, alsdann die obere Hälfte abgelöst, krustiert, geschnitten und nachdem die Keule zusammengelegt, angewärmt. Ebenfalls eine von den vorstehenden Saucen dazugereicht. Oder die Keule gebraten, wenn gar, mit geriebenem Semmel überstreut und im Ofen Farbe nehmen lassen, alsdann tranchiert und mit der losgerührten fertigen Jus zu Tisch gegeben. Sehr gut schmecken hierzu Schmorkohl und trockene Kartoffeln.

217. Wildschweinsblatt mit der Kruste. Ein oder zwei Wildschweinsblätter werden ausgelöst, das heißt von unten der Länge nach aufgeschnitten und der Knochen, ohne die obere Fläche zu verletzen, herausgelöst, alsdann der Länge nach fest zusammengerollt und bandeliert. Nun in der Weise weich gedünstet, wie beim Wildschweinsrücken angegeben, aber ohne Rotwein und scharf säuerlich von Essig und von Salz abgeschmeckt. Wenn weich, kalt gestellt, alsdann das Band abgelöst, von unten egal geschnitten, mit Eigelb überpinselt und fingerdick mit der groben Brotmasse gleichmäßig eingehüllt, so daß jedes wie ein langes Brot aussieht. Jetzt geschnitten, indem man das Messer jedesmal in kochendes Wasser steckt, auf einer langen Schüssel angerichtet, mit Zucker bestäubt, etwas von der Bouillon darunter gefüllt und im Ofen heiß werden lassen. Eine Obstsauce (siehe Wildschweinsrücken) dazu gereicht.

218. Geräucherte Bratwurst mit Sauerkraut und Puree. Ein oder zwei Bratwürste werden, nachdem sie 8 bis 14 Tage im Rauch gehängt, 10 Minuten in heißes Wasser gelegt, alsdann das Band abgelöst, gleichmäßig gestrichen und trocken in einer Pfanne warm gestellt, sodaß sie beim Anrichten heiß sind, doch darf nicht zuviel Fett austreiben. Beim Anrichten in 3 cm lange, schräge Stücke geschnitten und im Kranze um das angerichtete Sauerkraut gelegt, sowie Kartoffelpuree extra dazu gereicht.

219. Bratwurst mit Erbspuree. Die Wurst behandelt wie im Vorhergehenden angegeben und im Kranze aufrechtstehend auf dem Erbspuree angerichtet. In der Mitte eine Grube gemacht und geröstete

Zwiebeln hineingefüllt. Dieselben werden bereitet, indem man in Würfel $1/2$ cm groß geschnittenen Speck unter fortwährendem Hin- und Herrühren in der Pfanne gelblich werden läßt, giebt alsdann gut soviel in ebenso große Würfel geschnittene Zwiebeln dazu und röstet dies unter fortwährendem Rühren hellbraun, indem man die äußeren immer nach der Mitte hinein rührt, damit es recht gleichmäßig Farbe bekommt, schüttet es schnell in eine Kasserolle um, setzt diese rasch in kaltes Wasser, und wenn die Suppe fort geholt wird, au - bain-marie gestellt, damit es wieder heiß wird. Statt der Bratwurst kann man auch gepökelte Schweinsrippen extra dazu geben, nachdem dieselben lang in Wasser weich gekocht sind.

220. Spickgans mit weißen Bohnen. Eine schön ge- räucherte Spickbrust wird vom Knochen abgelöst und in schöne Scheiben tranchiert, alsdann auf einer langen Schüssel mit Manschette angerichtet und weiße Bohnen als Gemüse extra dazu gereicht.

221. Rotwildrücken, Keule oder Fricandeaux. Dasselbe hergerichtet und gebraten wie im Abschnitt 8 angegeben, alsdann wie folgt gegeben:

222. Rotwildrücken mit Gemüsen à la Jardinière.

223. Rotwildrücken mit Sauerkraut, Steinpilzen und Bratkartoffeln. Die Bratkartoffeln an jeder Seite, das Sauerkraut im Kranze auf einer runden Schüssel extra angerichtet und die Stein- pilze in die Mitte gethan.

224. Rotwildrücken mit Kaviar und Bratkartoffeln. Die Kartoffeln an jeder Seite, der Kaviar extra auf einer Glas- oder Porzellanschale angerichtet und mit krauser Petersilie und Citronen- sechstel (halbiert) garniert.

225. Rotwild mit jungen Erbsen und Bratkartoffeln.

226. Rotwild mit Blumenkohl und Bratkartoffeln.

227. Rotwild mit Brech= oder Stangenspargel nebst Bratkartoffeln.

228. Rotwild mit Teltower Rübchen, Maronen und trockenen Kartoffeln. Die Rübchen auf einer runden Schüssel und die Maronen im Kranze darum angerichtet. Die trockenen Kartoffeln auf einer runden Schüssel extra.

229. Damwildrücken, Keule oder Fricandeaux. Die Bereitungsart ist dieselbe wie beim Rotwild.

230. Damwildziemer, krustiert. Hierzu schneidet man in der Breite des Rückens und 1 Finger breit unterhalb des runden Knochens, welcher in der Keule sitzt und von der Schaufel begrenzt wird, quer beide Keulen durch, sodaß an dem Hinterziemer ⅔ der Keule daran bleibt, löst das Fleisch an jeder Seite vorsichtig vom Knochen ab, rollt es der Länge nach fest zusammen und bandeliert es. Jetzt gewaschen und in ein Geschirr mit Salz, Essig, Wurzelwerk, Lorbeerblatt, Gewürz und Wasser angesetzt und darin, nachdem es scharf von Salz und Essig abgeschmeckt ist, weich gekocht und jetzt so in dem Fond 4 bis 6 Tage in den Keller gestellt, damit es recht durchzieht. An dem Tage, wo es gebraucht werden soll, wird es vorsichtig herausgehoben, einen Moment in einer Pfanne in die Bratröhre gestellt, daß der Fond abschmilzt, unten egal geschnitten, nachdem das Band entfernt ist und nachdem es mit Eigelb bestrichen, vollendet und zu Tisch gegeben, wie es bei den Wildschweinsblättern angegeben ist. Zu bemerken ist noch, daß hierzu ein recht feister Schaufler genommen werden muß. Hat man nur bis 12 Personen, so hat man an einer Seite des Ziemers genug, im Notfall kann man auch an jeder Seite noch 2 bis 3 Finger breit vom Rücken mit daran schneiden.

231. Hirsch= oder Wildfleisch=Rouladen, sauer eingekocht. Entweder die Blätter, Brust oder der Hals werden ausgeknöchelt, zusammengewickelt und bandeliert. Jetzt ebenso gar gemacht wie das Vorhergehende. Nachdem dies geschehen und es kalt ist, wird das Fleisch herausgehoben, das Band entfernt und davon 1 cm dicke Scheiben geschnitten, welche in ein Geschirr nebeneinander einrangiert werden. Jetzt der Fond entfettet, mit der nötigen Gelatine versetzt, welches man durch Probe feststellt und das Ganze mit 6 bis 10 frischen Eiweiß geklärt, auf einer Serviette, welche auf den Stuhlbeinen festgebunden wird, geschüttet und recht klar durchlaufen lassen, indem man so oft mit dem untergesetzten Geschirr wechselt und wieder oben zugießt, bis es ganz klar durchläuft. Nachdem dies geschehen, füllt man es nach und nach über die Rouladen und läßt es alsdann ſtarr werden, doch darf der Aspic nur eben gelieren.

232. Rehrücken oder =Keule. Die Bereitung iſt dieſelbe wie beim Rotwild angegeben, außerdem giebt man es noch als:

233. Rehrücken oder =Keule mit Rotkohl, Pureekartoffeln und geſchmorten Äpfeln.

234. Reh mit Schmorkohl und trockenen Kartoffeln.

235. Reh mit Sauerkraut und Erbspuree.

236. Reh mit Schneidebohnen und Pureekartoffeln.

237. Haſe mit Rotkohl, Äpfeln und Kartoffelpuree.

238. Haſe mit Schmorkohl und trockenen Kartoffeln.

239. Haſe mit Maronenpuree.

240. Haſe mit Teltower Rübchen und trockenen Kar= toffeln. Bei allen dieſen Gerichten wird der Haſe gebraten, wie im Abſchnitt 8 angegeben und mit ſeiner Jus ohne Sahne zu Tiſch gegeben. Gemüſe und Kartoffeln, jedes für ſich angerichtet, dazu gereicht.

241. Haſenpfeffer. Ein alter Haſe wird ſauber ausgenommen und gewaſchen, das Blut mit etwas Eſſig verrührt zurückgeſtellt. Jetzt der Haſe in ſchöne Stücke geteilt und in eine mit Speckbarden ausgelegte Kaſſerolle gelegt, nebſt Herz und Leber; mit Wurzelwerk, Lorbeerblatt, Gewürz, Zwiebeln, Nachbouillon, $\frac{1}{2}$ Flaſche Rotwein und Salz $\frac{3}{4}$ weich gedünſtet, die Stücke in ein anderes Geſchirr ſauber einrangiert. Der Fond entfettet, Mehl in brauner Butter paſſiert, mit dem Fond abgerührt, ſchwach von Salz abgeſchmeckt und zu einer ſehmigen Sauce verkocht, welche von Schaum und Fett befreit, mit 1 Glas Madeira, etwas Citronenſaft und Cayennepfeffer gewürzt, mit etwas von dem Blut legiert und durch ein feines Sieb über die Haſenſtücke geſtrichen wird, einige kleine Champignons ſowie kleine Perlzwiebeln dazu gethan und das Fleiſch hierin recht weich geſchmort. Jetzt endgiltig nachgeſchmeckt und entweder in einer runden Schüſſel recht erhaben angerichtet und mit Croutons garniert, oder in einem Blätterteig oder Reisrand.

242. Kaninchen. Die Bereitungsart ist dieselbe wie beim Hasen. Sehr zu empfehlen ist, daß dieselben 24 Stunden vor dem Gebrauche, nachdem sie ausgeweidet und das Fell abgestreift ist, in saure Milch gelegt werden.

243. Krammetsvögel. Man giebt dieselben als erstes Fleisch-gericht, indem man dieselben brät wie im Abschnitt 8 angegeben, ohne geröstete Semmel darüber zu thun, und maskiert sie mit ihrer Jus und giebt extra welche dazu. So kommen sie als:

244. Krammetsvögel mit Rotkohl, Äpfeln und Puree-kartoffeln.

245. Krammetsvögel mit Schmorkohl und trockenen Kartoffeln.

246. Rebhuhn mit Rotkohl, Äpfeln und Pureekartoffeln.

247. Rebhuhn mit Schmorkohl und trockenen Kartoffeln.

248. Rebhuhn mit Sauerkraut und Pureekartoffeln. Bei allen diesen wird das Rebhuhn gebraten, wie im Abschnitt 8 an-gegeben, Gemüse sowie Kartoffeln extra dazu gereicht.

249. Haselhühner. Dieselben werden ebenso bereitet wie das Rebhuhn.

250. Schnepfen mit Trüffeln. Vier recht feiste Schnepfen werden sauber gemacht wie zum Braten, ausgenommen, der Magen entfernt und das Eingeweide mit dem Abfall von 12 bis 14 schön rund geschälten Trüffeln, zwei Zwiebeln, $\frac{1}{2}$ soviel Speck wie Ein-geweide, $\frac{1}{3}$ Theelöffel Schnittlauch und ebensoviel Estragon fein gewiegt, von Salz abgeschmeckt, leicht auf der Maschine gedünstet und in die Schnepfen verteilt, zugenäht, dressiert, mit Speck überbunden und eine Stunde im Ofen gebraten. Alsdann auf einer runden Schüssel, nachdem sie tranchiert, mit dem Kopfende nach außen, an-gerichtet, die Trüffeln, welche mit etwas Rotwein und Madeira heiß gemacht sind, in der Mitte und dazwischen angerichtet. Die Jus entfettet und mit dem Trüffelfond und brauner Sauce zu einer kräftigen Jus verkocht, mit etwas Glace versetzt und die Schnepfen damit maskiert und der Rest extra beigegeben.

251. Wachteln mit Leipziger Allerlei. Die Wachteln gebraten wie im Abſchnitt 8 angegeben und auf einer runden Schüſſel, im Kranze mit dem Kopfende nach außen, angerichtet. In der Mitte das Gemüſe, welches nur mit Butter, etwas gehackter Peterſilie und Salz durchgeſchwenkt wird, recht erhaben angerichtet und die Wachteln mit einer kräftigen braunen Sauce, welche mit der Bratenjus ſowie einem Stück Glace verſetzt iſt, maskiert und der Reſt extra beigegeben.

252. Faſan mit Sauerkraut und Puree. Zwei Faſanen werden wie im Abſchnitt 8 angegeben fertiggeſtellt und ½ Stunde gebraten, alsdann zu dem Sauerkraut gelegt, feſt zugedeckt und vollends darin weich dünſten laſſen. Jetzt die Faſanen tranchiert und auf einer langen, bordierten Schüſſel angerichtet, kräftige braune Sauce mit der Jus losgerührt, nachdem dieſelbe entfettet. Das Kraut im Kranze um die Faſanen angerichtet, nachdem es wie im Abſchnitt 6 angegeben fertiggeſtellt iſt. Die Faſanen mit der Jus maskiert und der Reſt derſelben extra beigegeben, ſowie Kartoffelpuree extra dazu gereicht, doch kann man letzteres auch fortlaſſen.

253. Faſan mit Trüffeln gefüllt. 2 Stück Faſanen werden fertiggeſtellt wie im Abſchnitt 8 angegeben, und zurück geſtellt. Währenddeſſen werden die Lebern mit dem Abfall von 12—16 ſchönen rohen, rund dreſſierten Perigord-Trüffeln, einem Stück Butter, halb ſoviel Speck, etwas Paſtetenpulver, 2 kleinen Zwiebeln, einigen kleinen rohen Champignons und etwas Madeira nebſt einer Priſe Salz fein-gewiegt, in einer Kaſſerolle auf dem Feuer kurz eingedünſtet, nachdem die rohen Trüffeln dazwiſchen gethan ſind und in die Faſanen verteilt, zugenäht und eine Stunde in ſchöner Farbe gebraten. Die Faſanen tranchiert, das Gefüllte als Sockel darunter dreſſiert, die Faſanen recht erhaben darüber angerichtet, mit einer Trüffelsauce, welche mit der entfetteten Jus verſetzt iſt, maskiert und der Reſt extra beigegeben. Hierzu nimmt man eine lange Schüſſel mit buntem Rand.

254. Faſanen mit einem Ragout Moscovite. Die Faſanen hübſch dreſſiert und geſpickt, indem man an jeder Seite der Bruſt 2 Reihen dünnen, nicht zu langen Speck recht gleichmäßig, vom Flügel angefangen, lang ſpickt, und eine Stunde in ſchöner Farbe gebraten. Alsdann ein Ragout zuſammen geſetzt von Kalbsmilch, Hahnenkämmen, Champignons, Trüffeln und Farcelößchen (ſiehe

Abschnitt 3 Nr. 150) und dies mit dem nötigen Teil einer Sauce Moscovite, welche mit der entfetteten Fasanenjus versetzt ist, zusammen gesetzt, auf einer bordierten langen Schüssel angerichtet, die Fasanen tranchiert und erhaben darüber gelegt und mit dem anderen Teil der Sauce maskiert und der Rest extra beigegeben.

255. Fasanen mit einem Trüffelragout. Wird ganz bereitet wie das vorhergehende, nur statt der Sauce Moscovite eine Trüffelsauce, ohne in Scheiben geschnittene Trüffeln, mit dem Ragout versetzt und die Fasanen damit maskiert und der Rest extra beigegeben.

256. Puter à la Monglas. Ein schöner Puter wird sauber flammiert, gespielt, ausgenommen und gewaschen, jetzt der Brustknochen herausgebrochen und der Puter schön dressiert. Alsdann in ein Geschirr mit Wurzelwerk, Lorbeerblatt, Gewürz, Salz, Bouillonfett und Wasser angesetzt und darin weich braisieren lassen. Jetzt der Puter ausgehoben, abtropfen und erkalten lassen. Währenddessen setzt man von Milchfleisch, Champignons, Trüffeln, Ochsenzunge und der ausgelösten, in 2 cm große Stücke geschnittenen Puterbrust, sowie Farceklößchen ein Ragout zusammen, passiert Mehl in Butter, rührt es mit dem Fond von Puter, Champignons und Trüffeln ab und läßt es zu einer dicken sehmigen Sauce kochen, legiert dieselbe mit 5 bis 6 gelben Eiern, sowie dem Saft einer halben Citrone ab, und passiert sie durch ein feines Sieb zu dem Ragout; von Salz abgeschmeckt und in dem Puter recht erhaben angerichtet, sodaß er seine ursprüngliche Form wieder erhält, die Oberfläche etwas glatt gestrichen, mit Parmesankäse bestreut, kleine Butterstückchen darüber gepflückt und im Ofen in schöner Farbe übergebacken und durchgewärmt. Auf einer langen Schüssel angerichtet, vom Band, womit er dressiert, befreit, etwas heiße Krebsbutter über die Brust geträufelt, etwas Sauce, welche man zurückgelassen und bis zu einer holländischen Sauce verdünnt hat, darunter gefüllt und der Rest extra beigegeben.

257. Puter mit Trüffeln gefüllt. Ein schöner, junger, frisch abgeschlachteter noch warmer Puter wird sauber gemacht wie zum Braten. Vorne zugenäht und mit circa 1½ Kilogr. rohen Trüffeln, welche sauber abgeschält, die Schale mit ½ Kilogr. Speck, sowie feinen Kräutern feingewiegt und mit etwas Salz und den abgeschälten

Trüffeln in eine gut schließende Kasserolle gethan und 20 Minuten gedünstet. Wenn erkaltet in den noch warmen Puter gethan, zugenäht, dressiert und 6 bis 8 Tage in einem luftigen, kühlen und trockenen Flur aufgehängt. Am Tage des Gebrauchs eine gute Stunde im Ofen gebraten, hübsch tranchiert und eine kräftige Trüffelsauce dazu gereicht.

258. Puter, grilliert. Ein Puter oder eine Puthenne wird wie zum Braten fertig gemacht und mit Wurzelwerk, Gewürz, Lorbeerblatt, Salz und Wasser weich gekocht. Wenn erkaltet, die Brüste abgelöst und jede in 1/2 cm dicke schräge Scheiben geschnitten, egal zugestutzt, mit Salz und Pfeffer besprengt, in Ei und Semmel umgekehrt und in hellbrauner Butter in der Pfanne von beiden Seiten goldbraun gebraten. Jetzt zugedeckt zurück auf die Ecke der Maschine gestellt. Beim Anrichten auf einer runden Schüssel im Kranze au miraton angerichtet und mit Jus maskiert. So wird er gegeben als:

259. Puter, grilliert, mit jungen Erbsen und Croutons oder Omelettes.

260. Puter, grilliert, mit Brechbohnen und trockenen Kartoffeln.

261. Puter, grilliert, mit Schneidebohnen und Puree.

262. Puter, grilliert, mit Blumenkohl und Sauce.

263. Puthenne. Die Bereitung ist dieselbe, wie im Vorhergehenden.

264. Kapaun und Poularden. Ebenso wie beim Puter angegeben, sowie auch ein weißes Ragout à la Monglas oder mit brauner Sauce versetzt dazu gegeben.

265. Junge Hühner. Junge Hühner erscheinen meistens als erstes Fleischgericht nur zu jungen Erbsen mit Croutons oder Omelette garniert. Man kann sie auch noch geben als:

266. Junge Hühner mit frischen Champignons. Von 4 Stück nicht zu kleinen jungen Hühnern werden, nachdem dieselben flammiert und sauber gespielt sind, die Keulen und Brüste abgelöst. Jetzt letztere in einer Kasserolle, nachdem sie gepfeffert und gesalzen sind, in Butter und etwas Provenceöl weich gedünstet. Nachdem man nun frisch gestobte Champignons auf einer runden Schüssel mit buntem Rand angerichtet, werden die Hühnerstückchen im Kranze darum arrangiert und dieselben mit einer kräftigen Demi-Glace, welche mit dem entfetteten Hühnerfond eingedämpft ist, glasiert und maskiert.

267. Junge Hühner mit Reis und holländischer Sauce. Die Hühner in der Braise (siehe Puter grilliert) gar gemacht. Währenddessen 250 bis 375 Gr. Reis abblanchiert (circa 20 Minuten lang), alsdann auf einem Durchschlag abtropfen lassen und in eine fest verschließbare, mit Butter ausgestrichene Kasserolle gethan, das nötige Salz darüber gestreut und an der Seite noch schwach 10 bis 15 Minuten dünsten lassen, mit der Gabel leicht durcheinander gehoben und als Sockel auf eine lange Schüssel dressiert; die Hühnchen von der Haut befreit, darüber angerichtet, mit einer holländischen Sauce, welche von der Hühnerbouillon hergestellt wird, maskiert und der Rest derselben extra beigegeben.

268. Junge Hühner mit Reis auf andere Art. Die jungen Hühner in der Braise (siehe Nr. 258) gar gemacht, herausgenommen und nachdem sie endressiert sind, in einem anderen Geschirr, worin etwas Bouillon gethan ist, warm zurück gestellt. Währenddessen hat man Mehl in Butter passiert, giebt die Geflügelbouillon durch ein Sieb dazu, rührt dieselbe ab und läßt sie aus Schaum und Fett kochen, legiert sie mit 4 gelben Eiern, einem Stück frischer Butter, sowie etwas Champignons- oder Morchelfond, wenn man letzteren hat, ab, giebt etwas Citronensaft dazu und schmeckt das Ganze von Salz ab. Auch hat man schönen Karolinenreis mehrere Male in lauwarmem Wasser gewässert, alsdann einmal abblanchiert, das Wasser rein abgegossen, 2 Zwiebeln, wovon in jede 2 Gewürznelken gesteckt sind, sowie etwas Salz dazu gethan, nebst soviel Geflügelbouillon, daß es ½ cm über dem Reis steht, und zugedeckt im Bratofen vorsichtig ½ Stunde vor dem Anrichten gar gedünstet, ohne daß er gerührt werden darf. Jetzt recht erhaben auf eine runde Schüssel geschüttet, die Hühner von der Haut befreit, nachdem sie halbiert sind, und im Kranze um den Reis angerichtet, mit der Sauce maskiert und der Rest extra beigegeben.

269. Junge Hühner mit einem Ragout Moscovite. Die jungen Hühner gebraten wie im Abschnitt 8 angegeben, alsdann en-

5*

dressiert, halbiert, die Beinchen abgestutzt und auf einer langen
Schüssel mit buntem Rand im Kranze, halb übereinander liegend,
angerichtet, das Ragout recht erhaben in die Mitte gefüllt. (Milch=
fleisch, Champignons, Farceklößchen, Krebsschwänze und Morcheln
mit einer Sauce Moscovite versetzt.) Die Hühner mit einem Teil
der Sauce Moskovite maskiert und der Rest extra beigegeben.

270. Junge Hühner im Reisrand. Die Hühner in der
Braise gar gemacht, endressiert, die Keulen und Brüste abgelöst, von
der Haut befreit, zugestutzt und eine kräftige Tomatensauce, welche mit
der Hühnerbouillon kurz gekocht ist und worin eine gute Hand voll
junger, kleiner Champignons sowie kleiner Perlzwiebeln gethan ist,
darüber gegeben und heiß gestellt. Währenddessen hat man 250 Gr.
Reis einmal abblanchiert, setzt denselben mit einem eigroßen Stück
Butter (40 Gr.), etwas Salz und soviel Wasser, daß er gut bedeckt
ist, auf und läßt ihn weich und dick, aber recht körnig kochen, von
Salz abgeschmeckt. Eine Randform mit Butter weiß ausgestrichen,
der Reis fest hineingefüllt und gestoßen, 10 Minuten in den Warm=
spind gestellt, auf eine runde Schüssel gestürzt, mit Ei bestrichen, mit
Parmesankäse bestreut, die Schüssel auf ein Salzblech gestellt und im
Ofen Farbe gegeben. Nachdem letztere nun sauber gemacht, werden
die Hühner recht erhaben darin angerichtet und etwas Sauce extra
beigegeben. Auf diese Weise giebt man und richtet dieselben mit
nachfolgender Sauce versetzt an.

271. Junge Hühner mit Austernsauce.

272. Junge Hühner mit Krebssauce.

273. Junge Hühner mit Trüffelsauce.

274. Junge Hühner mit grüner Kräutersauce. Alle vor=
stehenden Gerichte giebt man im Reisrand, oder ohne diesen in einer
Schüssel mit buntem Rand; auch nur auf einer runden tiefen
Schüssel angerichtet und mit Croutons, welche hahnenkammartig ge=
schnitten, garniert.

275. Junge Tauben giebt man als:

276. Junge Tauben, geschmort, mit jungen Erbsen.

277. Junge Tauben, geschmort, mit frischen Morcheln.

278. Junge Tauben, geschmort, mit Brechspargel. Die jungen Tauben geschmort wie im Abschnitt 8 angegeben ist, d. h. in einer Kasserolle mit brauner Butter erst von einer Seite, dann von der anderen Farbe gegeben, auf den Rücken gelegt, mit Salz überstäubt und noch in den Ofen gestellt, so daß sie im Ganzen 1 Stunde schmoren. Die Jus entfettet, losgerührt und die Tauben mit einem Teil derselben maskiert und der Rest extra beigegeben, sowie das betreffende Gemüse extra dazu gereicht.

279. Gans, gefüllt mit Maronen. Eine schöne, fette, junge Gans, 7½ bis 9 Kilogr. schwer, wird ausgenommen und fertig gemacht wie zum Braten, alsdann 1¼ bis 1½ Kilogr. Maronen von der äußeren und der dünnen Schale befreit, gewaschen und nachdem sie abgetrocknet in die Gans gethan, diese am Kopfende und am Bauche zugenäht und alsdann in schöner Facon dressiert. Jetzt in eine Pfanne gethan, Salz darüber gestreut, etwas Wasser darunter und 2½ bis 3 Stunden in schöner Farbe gebraten. Nun in ein anderes Geschirr gelegt, die Jus entfettet, das Fett über die Gans gethan und diese mit Papier zugedeckt. Die Jus fertig gemacht und von Salz und Zucker abgeschmeckt. Jetzt die Maronen aus der Gans vorsichtig herausgeholt und in eine Kasserolle gethan, etwas von der Jus darüber gefüllt, und falls sie noch nicht ordentlich weich sind, damit schmoren lassen; alsdann von Salz und Zucker nachgeschmeckt. Beim Anrichten auf einer langen Schüssel mit gewöhnlichem Rand angerichtet, die Gans hübsch darüber tranchiert, mit der Jus maskiert und der Rest extra beigegeben.

280. Gans mit Teltower Rübchen und trockenen Kartoffeln. Die Gans fertig gemacht und dressiert wie zum Braten und 2½ bis 3 Stunden gebraten, ohne sie vorher zu füllen. Die Jus von Salz und Zucker abgeschmeckt. Die Rübchen und trockenen Kartoffeln auf je einer runden Schüssel extra dazu gereicht. Auf diese Weise giebt man die Gans:

281. Gans mit Maronenpuree.

282. Gans mit Wirsingkohl und Bratkartoffeln. Hierbei wird die Jus nur von Salz abgeschmeckt. Der Kohl auf einer runden Schüssel angerichtet und ein doppelter Kranz von runden Bratkartoffeln darum gelegt.

283. Gans mit Weißkohl und Kartoffeln. Ebenso bereitet wie im Vorhergehenden. Weißkohl und Kartoffeln zusammen gekocht (siehe Abschnitt 6) und auf einer runden Schüssel extra angerichtet.

284. Zahme Ente. Wird ebenso bereitet wie die Gans. Natürlich aber nur so lange, wie im Abschnitt 8 angegeben, gebraten.

285. Wilde Ente mit Wirsingkohl und Bratkartoffeln. Die Enten gebraten und fertiggestellt, wie im Abschnitt 8 angegeben. Auf einer langen Schüssel die Brüste ohne Gerippe, jede halbe Brust 2 bis 3 mal schräge durchgeteilt, angerichtet, mit Jus maskiert und der Rest extra beigegeben. Der Kohl, wie schon früher angegeben, dazu gereicht.

286. Wilde Enten mit Weißkohl und Kartoffeln.

287. Wilde Enten mit Schmorkohl und trockenen Kartoffeln.

288. Wilde Enten mit Olivensauce. Die Wildenten werden, nachdem sie gebraten sind, von der Haut befreit, tranchiert und auf einer langen Schüssel angerichtet. Währenddessen hat man die Jus entfettet, mit einer Sauce Espagnole losgerührt, durchgestrichen, 20 bis 25 Stück von den Steinen abgedrehte Oliven dazu gethan und noch einige Augenblicke damit durchziehen lassen. Nun die Wildenten damit maskiert und der Rest extra beigegeben.

289. Wildenten oder Kriechenten mit Trüffelsauce. Die Wildenten gebraten wie im Vorhergehenden angegeben und erstere in der Weise angerichtet, daß jede halbe Brust schräge einmal durchgeteilt und im Kranze auf einer runden Schüssel mit buntem Rand angerichtet wird; bei den Kriechenten bleiben die Brüstchen ganz, sonst ebenso angerichtet, alsdann die entfettete Jus zu einer kräftigen Trüffelsauce gestrichen, die Sauce in die Mitte gefüllt und die Brüstchen mit einem Rest derselben maskiert, recht heiß zu Tisch gegeben.

290. Gänseleber mit Ragout financière. Eine schöne Gänseleber wird da, wo die Galle gesessen hat, halb durchgeteilt, gewaschen und zwischen einem Tuch abgetrocknet und etwas flach gedrückt.

Jetzt mit Salz, heller Geflügelbouillon und einem Glas Madeira, nebst Lorbeerblatt, Gewürz und Wurzelwerk in ein fest verschließbares Geschirr gethan und circa 1 Stunde leicht gedünstet. Währenddessen hat man ein Ragout zusammengesetzt von kleinen Stücken Kalbsmilch, welche in der Braise gar gemacht, kleinen Geflügellebern und -Magen, kleinen Champignons und Trüffeln und mit der nötigen Sauce financière versetzt, dasselbe auf einer langen Schüssel mit gewöhnlichem oder buntem Rand angerichtet, die Leber hübsch tranchiert darüber und mit dem anderen Teil der Sauce maskiert und der Rest extra beigegeben.

291. Gänseleber mit Trüffel= und Champignonsragout. Die Leber fertig, gar gemacht und angerichtet wie die vorhergehende, nur daß statt des vorhergehenden Ragouts ein solches von Champignons und Trüffeln in dicken Scheiben zu gleichen Teilen mit einer kräftigen Sauce Espagnole versetzt, darunter angerichtet und die Leber mit dem anderen Teil der Sauce maskiert und der Rest extra beigegeben wird. Auch kann man 2 hübsche Silberspieße, woran man oben einen großen weißen Champignon, in der Mitte eine recht schwarze Perigord= Trüffel und zu unterst eine recht hübsche, bunt abgedrehte runde Karotte gesteckt hat, schräge zwischen die Leber stecken.

V. Abschnitt.

Kartoffeln jeglicher Art.

***

292. Kartoffeln à la maître d'hôtel. Nachdem man Butter mit etwas Petersilie, Schnittlauch und Estragon passiert hat, giebt man 1 Holzlöffel (35 Gr.) Mehl dazu und passiert dies nochmals. Hierauf Bouillon oder Nachbouillon hinzugethan, glatt geschlagen und zu einer dünnen, sehmigen Sauce gekocht. Von Salz abgeschmeckt, die Kartoffelscheiben hineingethan, darin heiß werden lassen und nochmals nachgeschmeckt.

293. Schinken-Kartoffeln. Etwas gehackte Zwiebeln werden in Butter geschwitzt, dann ein Holzlöffel (35 Gr.) Mehl dazu und wenn es nun wieder geschwitzt, wird es mit Bouillon oder Wasser abgerührt. Sobald es nun einige Minuten gekocht hat, thut man etwas gestoßenen Pfeffer, einige Eßlöffel voll saurer Sahne und zuletzt eine tüchtige Portion fein gehackten, gekochten oder rohen Schinken, (auch Pökelfleisch) hinzu. In diese ziemlich dicke Sauce giebt man dem Quantum nach ebensoviel in Scheiben geschnittene Pellkartoffeln hinzu und richtet die nun fertigen Kartoffeln sogleich, entweder in eine glatte Mehlspeisenform, oder eine Schüssel an, streut geriebenen Parmesankäse darüber und läßt es entweder im heißen Ofen, oder vermittelst einer glühenden Schaufel oben braun werden. (Die Form mit Butter ausgestrichen und mit Semmel ausgestreut.) An die jungen Pellkartoffeln kommt ein Petersilienstrauß, etwas Salz und Kümmel beim Kochen.

294. Saure Kartoffeln. Ganz fein geschnittener Speck wird hellbraun ausgebraten und sofort durch einen Durchschlag in eine Kasserolle gegossen. Jetzt in dem ausgebratenen Fett fein gehackte

Zwiebeln langsam gar, aber nicht braun geschwitzt; dann ein Holzlöffel (35 Gr.) Mehl darin passiert und mit Bratenjus, Bouillon, Wasser, Essig und Salz zu einer mäßig dicken Sauce eingekocht, mit Sirup, Honig, Zucker oder Essigpflaumensauce gefärbt, und in Scheiben geschnittene Pellkartoffeln heiß hineingethan.

295. Heringskartoffeln. Gut ausgewässerter Hering wird in Würfel geschnitten wie zum Heringssalat. Wenn die Zeit drängt, schneidet man den Hering erst aus Haut und Gräten und wässert ihn dann ein. Jetzt fein hachierte Zwiebeln in Butter geschwitzt, 1 Holzlöffel (35 Gr.) Mehl dazu, dann mit Bouillon und süßer Sahne abgerührt, etwas Pfeffer und der Hering dazu, letzterer darf aber nicht darin kochen. Nachdem nun frisch gekochte Pellkartoffeln heiß in Scheiben geschnitten dazu gethan sind, wird das Ganze recht crèmeartig gehalten, deshalb recht reichlich Sauce gemacht. (Diese können auch in der Form au gratin gebacken werden.)

296. Ausgebackene Pureekartoffeln. Die Kartoffeln werden nicht zu weich gekocht, dann abgegossen und mit 4 gelben Eiern, einer guten Hand voll Parmesankäse und einem Stück Butter tüchtig gestobt, von Salz und Pfeffer abgeschmeckt und durchgestrichen. Dann wie kleine Zwieback aufgerollt, abgeschnitten und rund geformt, die Hälfte oben in Birnenform gedreht, 2 mal in Ei und Semmel paniert, in Ausbackfett gebacken und auf Löschpapier entfettet.

297. Gestobte Kartoffeln. Die Kartoffeln werden rund geschält, dann weich gekocht und abgegossen, mit Nachbouillon, oder wenn keine vorhanden, mit dem Kartoffelwasser, einem ordentlichen Stück Butter und Petersilie gestobt, von Salz abgeschmeckt.

298. Butterkartoffeln. Runde Kartoffeln werden weich gekocht, trocken abgegossen, mit einem Stück Butter und Petersilie gestobt, so daß sie recht kraus werden.

299. Bratkartoffeln zu Grünkohl. Nachdem die Bratkartoffeln in 1 cm große Karreestücke ☐ von Pellkartoffeln geschnitten sind, werden sie in brauner Butter auf der Maschine angebraten, Salz, Zucker und etwas Jus darüber gethan, dann im Kranz um den Grünkohl rangiert.

300. Kartoffelpastete. Von gekochten Pellkartoffeln wird der dritte Teil in Scheiben geschnitten und in eine ausgestrichene Form gethan, die anderen zwei Drittel mittelst einer Reibe gerieben. Alsdann auf die Kartoffeln in der Form 4 Stück aus den Gräten ausgelöste, gut gewässerte und in Würfel geschnittene Heringe gestreut. Jetzt 190 Gramm Butter zu Schaum gerührt, 6 Eidotter nebst den geriebenen Kartoffeln und einem Weinglas saurer Sahne dazu gethan, alles tüchtig verrührt, und der Schnee der 6 Eiweiß dazu. Jetzt soviel in die Form gethan auf die Heringe, bis es 1 Finger breit vom Rand voll ist, Parmesankäse darüber gestreut und eine gute halbe Stunde im Ofen gebacken.

301. Bechamellekartoffeln. Große Zwiebeln werden halbiert und mit der Schnittseite nach unten in feine Scheiben geschnitten. Diese nun in einer Kasserolle mit Butter passiert, doch so, daß sie weiß bleiben, 1 Holzlöffel (35 Gr.) Mehl darin passiert und mit Milch zu einer sehmigen Sauce verrührt, welche man tüchtig durchkochen läßt und in eine größere Kasserolle durchstreicht, von Salz und Pfeffer abgeschmeckt. Hierin nun recht heiße Pellkartoffeln in Scheiben geschnitten, durchziehen lassen und recht sehmig und crême-artig gehalten, dann endgiltig von Salz und Pfeffer abgeschmeckt.

302. Bratkartoffeln. Runde oder länglichrunde Kartoffeln werden recht glatt abgeschält, gewaschen, auf einem Tuch abgetrocknet, in einer Pfanne in gelbbrauner Butter im Ofen gebraten (ungefähr $\frac{1}{2}$ Stunde). Kurz bevor sie weich sind mit Salz überstäubt und noch einen Augenblick im Ofen stehen lassen.

303. Gewöhnliche Bratkartoffeln. In einer Pfanne lasse man Butter braun werden, gebe etwas in Scheiben geschnittene Zwiebeln hinein und soviel in Scheiben geschnittene heiße Pellkartoffeln als man braucht, streut das nötige Salz darüber und brät sie unter häufigem Rühren in schöner Farbe. Wenn letzteres geschehen, werden sie zusammengeschoben, zurück gestellt, fest zugedeckt und nach 10 Min. von Salz nachgeschmeckt.

304. Kartoffelpuree oder Pureekartoffeln. Salzkartoffeln werden, wenn sie weich sind, trocken abgegossen, schnell durch ein grobes Haarsieb gestrichen, in einer Kasserolle glatt gerührt und mit

kochender Milch) zu einem leichten Puree verrührt, mit einem ordentlichen Stück Butter, welches aber bei jungen Kartoffeln erst kurz
vor dem Anrichten daran kommt, versetzt und zuletzt von Salz abgeschmeckt.

305. Roh ausgebackene Kartoffeln. (Pommes frites).

Lange Kartoffeln geschält und mit einem Buntmesser messerrückendicke
Scheiben geschnitten, in Fett hellbraun gebacken, auf Löschpapier gefüllt und entfettet, mit Salz vermengt und möglichst gleich zu Tisch
gegeben.

306. Äpfeln und Kartoffeln.

Gewöhnliche Salzkartoffeln
werden abgekocht und abgegossen, nun etwas kraus gestobt. Ebensoviel in Vierteln geschnittene Äpfel weich gekocht und mit einem
Schaumlöffel dazu gethan. Jetzt Speck in kleine Würfel geschnitten,
goldgelb ausgebraten und nebst dem Dünnen ebenfalls dazu gethan,
leicht durcheinander gestobt, doch nicht, daß es dünn auseinander
treibt und von Salz und Zucker abschmeckt. (Zu Hammelkotelettes,
Fricadellen, Schweinsfilet, grilliertem Rindfleisch gegeben.)

307. Mohrrüben und Kartoffeln.

Gewöhnliche Salz-
kartoffeln werden abgekocht und das Wasser in ein anderes Geschirr
abgegossen. Gut 2/3 soviel Mohrrüben werden roh, nachdem sie geputzt und gewaschen sind, in 4 cm lange dicke Filets geschnitten und
in Wasser weich gekocht. Jetzt die Kartoffeln etwas gestobt, daß sie
kraus werden, aber ziemlich heil bleiben, die Mohrrüben mit einem
Schaumlöffel dazu gefüllt, ein Stück Butter, gehackte Petersilie und
etwas Kartoffelwasser oder Bouillon dazu gethan, 1/4 Stunde zugedeckt
stehen lassen, etwas geschwenkt und leicht durcheinander gerührt, einmal aufstoßen lassen und von Salz abgeschmeckt. Sie müssen schön
gebunden sein, aber beim Anrichten nicht auseinander treiben. (Zu
gehackten Kalbskotelettes, Kalbskotelettes, Fricadellen und gebackener
Leber gegeben.)

308. Bratkartoffeln.

(Eine andere Art zu Grünkohl.) Kleine
rohe, rund ausgebohrte Kartoffeln werden in Salzwasser beinahe gar
gekocht, alsdann in einer Pfanne mit brauner Butter leicht angebraten
etwas geriebene Semmel darüber gestäubt, sowie etwas Zucker.

309. Kartoffeln à la Française oder Kartoffelbeignets.
Von derselben Masse, wie bei den ausgebackenen Pureekartoffeln an=
gegeben, rollt man eine 1 cm dicke Platte auf ein mit Mehl be=
stäubtes Brett aus, macht das Ganze mit dem Messer oben bunt und
sticht mit einem glatten Ausstecher 4 cm im Durchmesser runde
Platten aus, brät sie von oben in brauner Butter goldbraun, läßt
die Pfanne einen Augenblick zurückgesetzt stehen, kehrt sie dann vor=
sichtig um, brät sie von unten leicht an und richtet sie bei dem be=
treffenden Fleisch an. Zu Beignets werden sie in Ei und Semmel
paniert, in Fett ausgebacken und nach der Suppe als Gericht für sich
gegeben.

310. Kartoffelsockel. Salzkartoffeln werden, nachdem sie gar
sind, abgegossen und durch ein Sieb gestrichen, alsdann tüchtig glatt
zusammen geknetet und entweder länglich oder rund geformt, oder
auch rund als Rand, welcher 3 cm breit ausgestochen wird. Die
Sockel werden selten höher als gut 1½ bis 2 cm geformt, oben mit
dem Messer bunt gemacht, auf ein gebuttertes Blech gelegt und im
Ofen übergetrocknet, doch ohne daß sie Farbe bekommen. Sie haben
hauptsächlich den Zweck, daß das Fleisch hoch zu liegen kommt und
nicht in dem darum angerichteten Gemüse, Puree oder Ragout ver=
schwindet.

311. Kohlrabi und Kartoffeln. Dieses Gericht wird ebenso
bereitet wie Mohrrüben und Kartoffeln, nur statt der Mohrrüben
werden junge Kohlrabi in dicke Filets geschnitten und dazu gethan.

312. Kartoffeln zum Garnieren der Fische. Rund geschälte
Kartoffeln in 2 cm Größe, oder 4 cm lang und 2 cm dick geschälte
Kartoffeln werden in Salzwasser weich gekocht und nachdem sie ab=
gegossen wie angegeben verwendet.

VI. Abschnitt.

Gemüse.

---

313. Stangenspargel. Hierzu sucht man den schönsten und dicksten Spargel aus, putzt und wäscht ihn, bindet denselben in dicke Bunde, setzt ihn 1 Stunde vor dem Anrichten in kaltem Salzwasser und mit einem guten Stück Butter auf und läßt ihn weich kochen. Eine holländische Spargelsauce (siehe Saucen) dazu gegeben.

314. Brechspargel. Der Spargel geputzt, in ½ fingerlange Stücke geschnitten, soweit als er weich und zart ist, mit kaltem Wasser aufgesetzt und weich kochen lassen, entweder mit holländischer Sauce oder gestobt, indem man Butter, Petersilie und Mehl passiert, mit dem Wasser abrührt, recht sehmig kochen läßt und von Salz abgeschmeckt über den Spargel thut.

315. Morcheln. Die Morcheln werden durchgeschnitten, vom Stengel befreit und sehr sauber gewaschen, 6 mal. Nun mit einem Stück Butter 10 Minuten kochen lassen, ohne Wasser dazu zu gießen. Alsdann werden Butter, Zwiebeln, Petersilie und etwas Mehl in eine Kasserolle gethan, passiert, mit Morchelwasser und etwas Glace eingekocht, über die Morcheln gethan und von Salz abgeschmeckt.

316. Morcheln und Brechspargel, gestobt. Morcheln und Brechspargel zu gleichen Teilen werden jedes für sich weich gekocht, alsdann Mehl in Butter passiert, mit dem Wasser halb und halb oder mit Bouillon abgerührt, etwas gehackte Petersilie daran gethan und zu einer nicht zu dünnen Sauce gekocht, von Salz abgeschmeckt und über die vereinigten Morcheln und Spargel gethan, leicht geschwenkt, einmal aufstoßen lassen und von Salz nachgeschmeckt.

317. Karotten und Brechspargel, gestobt. Die Karotten und Spargel jedes für sich weich gekocht und wie die vorhergehenden vollendet.

318. Karotten, Spargel und Morcheln, gestobt. Jedes Gemüse für sich weich gekocht, zu 3 gleichen Teilen. Jetzt Butter und Mehl passiert, mit dem Morchel- und Spargelwasser oder Bouillon abgerührt, etwas Petersilie daran gethan und wie das Vorstehende vollendet.

319. Karotten. Kleine Karotten werden dressiert, mit kochendem Wasser aufgesetzt und weich gekocht. Dann Butter mit Petersilie passiert, etwas Mehl dazu und wieder passiert, alsdann das Karottenwasser dazu, die Sauce gut einkochen lassen und von Salz und Zucker abgeschmeckt. Jetzt über die Karotten gethan, einmal aufkochen lassen und nochmals nachgeschmeckt.

320. Brechbohnen. Die Bohnen werden von den Seitenfasern befreit, in 4 cm lange Stücke gebrochen und in kochendem Wasser weich gekocht. Jetzt Butter mit Petersilie und einem Holzlöffel (35 Gr.) Mehl passiert, mit dem Wasser oder Bouillon abgerührt, gesalzen und gepfeffert und ziemlich dick eingekocht über die Bohnen gethan, nochmals damit aufkochen lassen und endgültig nachgeschmeckt. (Nach Belieben kann man auch etwas Bohnenkraut an die Sauce thun.)

321. Schneidebohnen. Die Schneidebohnen werden ebenfalls so zubereitet wie die Brechbohnen, nur daß sie fein geschnitten werden.

322. Junge Erbsen. Junge Erbsen werden sauber gewaschen und in kochendem Wasser mit einem Stückchen Butter 10 Minuten gekocht. Jetzt Butter, Petersilie und ein Holzlöffel (30 Gr.) Mehl passiert, das Wasser von den Erbsen hinzugethan und die Sauce nun gut dick eingekocht. Dann über die Erbsen gethan und einmal aufkochen lassen. Von Salz und Zucker abgeschmeckt. Croutons △ von Semmel in Butter gebraten, Zucker darüber gestäubt und um die Erbsen garniert, oder kleine, dünne Eierkuchen gebacken, aufgerollt und in schräge Vierecke geschnitten im Kranze darum angerichtet.

323. Teltower Rübchen. Die Rüben werden trocken geputzt, sodann mit heißem Wasser tüchtig gewaschen und in kochender Bouillon oder Wasser mit etwas Kouleur weich gekocht. Dann schwitzt man etwas Mehl in brauner Butter, thut die Bouillon der Rüben hinzu, schmeckt es von Salz und Zucker ab und läßt es mit den Rüben aufkochen.

324. Spinat. Man kocht den Spinat, nachdem er verlesen und tüchtig gewaschen, in Salzwasser weich, schüttet ihn auf ein Sieb und kühlt ihn mit kaltem Wasser ab. Nachdem er tüchtig ausgedrückt, wird er durch ein Haarsieb gestrichen. Sodann thut man ein gutes Stück Butter in eine Kasserolle, giebt etwas Mehl, gute Bouillon und etwas Glace dazu, thut den Spinat hinein, rührt selbigen heiß, schmeckt ihn von Salz ab und gießt etwas Bratenjus darüber, damit er keine Haut setzt.

325. Sauerampferpuree. Einige Hände voll zarten, jungen Sauerampfer, etwas Schnittlauch und Estragon, läßt man mit einem tüchtigen Stück Butter, ohne alle andere Flüssigkeit, unter fortwährendem Rühren gar und kurz eindämpfen und streicht es durch ein feines Sieb. In dieses Puree rührt man einige Anrichtelöffel voll recht kräftiger brauner Coulissauce, oder noch besser ein Stückchen Tafelbouillon, Salz, ein Stäubchen Zucker und kurz vor dem Anrichten noch ein Stückchen Butter, sodaß das Ganze ein mäßig dünnes Puree oder eine dicke Sauce bildet.

326. Kohlrabi. Der Kohlrabi wird, nachdem er geschält, in Viertel und diese in dicke Scheiben geschnitten, gut gewaschen, kalt aufgesetzt und weich gekocht. Dann werden Zwiebeln und Butter nebst Mehl und Petersilie passiert, das Kohlrabiwasser dazu gethan, gut eingekocht über den Kohlrabi gegossen, nochmals aufkochen lassen und von Salz abgeschmeckt.

327. Blumenkohl. Der Blumenkohl wird sauber geputzt, doch darf man die Stengel nicht zu weit abschneiden, weil die Röschen dann auseinander fallen würden. Nachdem er gewaschen, wird er in Salzwasser mit einem eigroßen (40 Gr.) Stück Butter weich gekocht; Mehl und Butter weiß abgerührt, von dem Kohlwasser dazu und zu einer Sauce gekocht, welche mit 4 gelben Eiern ablegiert, nochmals

aufgekocht wird. Von Salz abgeschmeckt und wenn der Kohl an=
gerichtet ist, mit der Sauce überfüllt und der Rest extra dazu ge=
geben.

328. Blumenkohl au gratin. Nachdem der Blumenkohl
weich gekocht und auf einem Sieb abgetropft ist, wird er recht erhaben
auf einer runden Schüssel angerichtet, mit dicker Blumenkohlsauce
übergossen, mit Parmesankäse überstreut, etwas Butter darüber gefüllt
und im Back= oder Bratofen recht schön übergebacken.

329. Sauerkraut. Das Kraut wird mit einem ordentlichen
Stück Butter und Wasser weich gekocht. Butter und Zwiebeln nebst
einem Holzlöffel (35 Gr.) Mehl passiert, mit dem Wasser und
etwas Milch abgerührt und recht dick einkochen lassen, alsdann mit
dem Kraut vermengt und von Salz abgeschmeckt.

330. Schmorkohl. Weißkohl wird fein geschnitten wie Rot=
kohl; alsdann Zwiebeln in Butter passiert, der Kohl hineingewaschen,
nebst etwas Salz und Kümmel, und soviel Wasser darauf gegossen,
daß er knapp bedeckt ist. Nun weich und ganz kurz eingekocht. Jetzt
ein Eßlöffel Mehl darüber gestäubt, von Essig, Zucker und Salz ab=
geschmeckt und noch soweit eingedämpft, bis er nicht mehr auseinander
treibt. (Zu Hammelkeule, Hasen, Enten 2c. gegeben.)

331. Weißkohl und Kartoffeln. Nachdem der Kohl in
Sechszehntel geschnitten, die Strünke herausgeschnitten und ersterer
gewaschen, wird er in Salzwasser 10 Minuten gekocht und auf ein
Sieb geschüttet. Dann Mehl in Butter passiert, mit Nachbouillon
abgerührt, zu einer dünnen Sauce gekocht, ein wenig Salz, eine
kleine Hand voll Kümmel dazu, der Kohl hineingethan und zuletzt
noch ½ Stunde lang abgekochte, trockene Kartoffeln mit kochen lassen,
kurz eingeschmort und von Salz und Pfeffer abgeschmeckt.

332. Weißkohlkopf, farciert. Ein schöner, fester, weißer
Kohlkopf wird von den losen äußeren Blättern und dem Strunk
befreit, indem man denselben unten rund herum mit einem Messer
herausschneidet, doch so, daß der Kopf sonst ganz bleibt. Jetzt läßt
man ihn langsam ½ Stunde in Salzwasser kochen, hebt ihn heraus
und legt ihn auf ein vierfach zusammengelegtes Tuch zum Abtropfen.
Nun mit dem oberen Teil nach unten gelegt und vorsichtig herunter=

gedrückt, so daß er flach wie eine runde Scheibe auf dem Tuch liegt, die dicken Narben noch möglichst herausgeschnitten und in die Mitte ein runder Kloß von ziemlich fester Kalbfleischfarce (wie sie im Abschnitt 17 Nr. 945 angegeben; doch ohne Leber) gefüllt, oben 3 bis 4 Stück mit abgekochte äußere Kohlblätter darüber gelegt, das Ganze vorsichtig umgekehrt, daß der obere Teil wieder nach oben kommt, der Kopf schön geformt, mit dünnem Bindfaden von allen Seiten umbunden, eine Kasserolle am Boden mit Speck ausgelegt, der Kopf hineingethan, Bouillon oder Nachbouillon dabei gegossen, so daß er beinahe bedeckt ist, ein Lorbeerblatt, einige Pfefferkörner dazu und etwas Salz, dann 1 bis 2 Stunden, je nach Größe, damit ziehen lassen. Beim Anrichten der Kopf in Achtel oder Sechszehntel geteilt, doch nicht ganz durchgeschnitten, der Fond entfettet und mit einer braunen Sauce kurz gekocht, von Salz und einer Prise Pfeffer abgeschmeckt. Jetzt der Kopf damit maskiert und der Rest extra beigegeben. Auch kann man Kartoffelpuree dazu reichen.

333. Wirsingkohl. Der Kohl in 4 Teile geschnitten und die Strünke schräge abgeschnitten, jetzt ersterer gewaschen und in Salzwasser so lange gekocht, bis sich die Blätter von den Rippchen abstreifen lassen. Hierauf wird er auf ein Sieb geschüttet, mit Wasser abgekühlt und von den Rippen abgestreift. Jetzt gehackte Zwiebeln in Butter passiert, ein Holzlöffel (35 Gr.) Mehl dazu passiert und mit heller Bratenjus abgerührt, zu einer sehmigen Sauce gekocht, der abgestreifte Kohl mit etwas Pfeffer und Salz hineingethan; auf der Maschine aufkochen lassen und im Bratofen kurz gehen lassen, dann von Salz und pikant von Pfeffer abgeschmeckt. Beim Anrichten mit einem doppelten Kranz runder Bratkartoffeln (siehe runde Bratkartoffeln) garniert.

334. Rotkohl. Rotkohl wird fein geschnitten und gewaschen. Währenddessen werden Zwiebeln in Butter passiert, der Rotkohl hineingethan, etwas Salz, trockener Kümmel und soviel kaltes Wasser, daß er knapp bedeckt ist, darauf gethan und sehr weich und kurz einkochen lassen. Dann auf einen Durchschlag, worunter eine Pfanne steht, geschüttet. Jetzt Butter und ein Holzlöffel (35 Gr.) Mehl passiert, das Kohlwasser, ein Schuß Essig, ½ Flasche Rotwein, ⅛ Flasche Kirschsaft und 2 gehäufte Eßlöffel Zucker dazu gegeben,

und zu einer dicken sehmigen Sauce eingekocht, der Kohl hineingethan, aufgekocht und im Ofen kurz und weich eingedämpft. Jetzt von Salz und Zucker abgeschmeckt und mit im Kranze herumgelegten rotgeschmorten Äpfeln garniert. Hierzu werden die Äpfel halbiert, das Kernhaus herausgebohrt und mit einem Buntmesser abgeschält. Dann in eine Kasserolle mit Rotwein, Kirschsaft und Zucker rot, weich und kurz eingeschmort auf der Maschine.

335. Grünkohl. Nachdem Zwiebeln in Butter passiert, wird der Kohl einige Male ordentlich gewaschen und feingewiegt dazu gethan, etwas Gänsekeulenbrühe ohne Fett darauf gefüllt und hiermit kurz und weich eingedämpft. Dann von Salz und Pfeffer abgeschmeckt, eine Prise Zucker dazu und ein Theelöffel Mehl darüber gestäubt. Die Gänsekeulen, welche man, nachdem sie weich sind, kalt gestellt hat, werden in drei Teile geteilt, an jede Keule eine Manschette gesteckt, auf einer Schüssel mit Manschette angerichtet und dazu gegeben. (Siehe auch Bratkartoffeln dazu, wie im fünften Abschnitt angegeben.)

336. Rosenkohl. Man befreit die kleinen Kohlköpfchen von den äußeren losen Blättern, wäscht sie gut, läßt sie in siedendem Salzwasser einmal aufkochen, kühlt sie in frischem Wasser ab, und schüttet sie zum Abtropfen auf ein Sieb. Inzwischen verkocht man etwas gute Bouillon mit einer hellbraunen Mehlschwitze, dünstet den Rosenkohl, nachdem die losen Blättchen nochmals entfernt sind, darin vollends weich, doch so, daß alle Köpfchen fest beisammen bleiben, würzt ihn mit Salz und weißem Pfeffer und giebt ihn zu Koteletten, gepökelter Zunge, gedämpfter Ente, Bratwürstchen und dergleichen.

337. Kerbelrüben. Dieselben werden tüchtig gewaschen und mit kochendem Wasser so lange gesiedet, bis sich die Haut abziehen läßt. Jetzt abgegossen, abgekühlt, die Haut abgezogen, etwas Mehl in Butter passiert, mit Bouillon abgerührt, die Rüben hineingethan und darin weich und kurz stoben lassen. Von Salz und Zucker abgeschmeckt. Diese Rüben werden im Herbst gesäet, keimen im Frühjahr und sterben im Juli schon wieder ab, dürfen aber vor Oktober nicht benutzt werden, da sie dann erst ihren richtigen Geschmack haben. Am besten sind dieselben im Dezember und Januar.

338. Schwarzwurzel als Gemüse. Etwas Mehl mit kaltem Waſſer glatt gerührt und mit etwas Eſſig und Waſſer verlängert. Die Schwarzwurzel abgeſchabt, in 3 Finger breite Stücke geſchnitten, gewaſchen und 2 Stunden in das vorſtehende Mehlwaſſer gelegt. Jetzt mit Bouillon, einem Stückchen Butter, etwas Eſſig und Zucker weich gekocht. Alsdann mit einer weißen Mehlſchwitze verdickt und von Salz abgeſchmeckt.

339. Artiſchockenböden. Die Artiſchocken (am beſten ſind die Kugelartiſchocken, weil ſie den fleiſchigſten Boden haben) werden von dem Bart und Blättern befreit, weshalb man ſie ſo lange in geſalzenem, geſäuertem Waſſer kocht, bis ſich dieſe leicht entfernen laſſen. Nun abgedreht und abgeputzt, mit Citronenſaft eingerieben und mit Bouillon, einem Stück Butter, Salz und Citronenſaft weich gekocht. Mit einer holländiſchen, ſpaniſchen oder Champignonſauce zu Tiſch gegeben. Auch kann man die Böden mit Champignons, Tomatenpuree, Erbſen oder Geflügelpuree füllen und mit holländiſcher oder ſpaniſcher Sauce extra zu Tiſch geben.

340. Cardy mit Ochſenmarkcroutons. Man wählt nur den Cardy von wachsähnlicher Farbe und gelblich weißen Rippen. Dieſe werden in fingerlange, gleiche Stücke geſchnitten und in kochendem Waſſer mit Salz, Eſſig und einigen Brotſcheiben ſo lange gekocht, bis ſich eine feine, faſerige Haut abſtreifen läßt. Sie werden dann auf ein Tuch gelegt, die faſerige Haut mit grobem Salz und einem Tuche abgeſtreift und abgerieben und dann in friſches Waſſer gelegt. Wenn nun alle ſo beendet ſind, werden ſie auf beiden Enden egal zugeſchnitten und in einer Fett-Braiſe mit Citronenſaft und Salz weich gekocht. Kurz vor dem Anrichten werden ſie auf ein Sieb gelegt, damit das Fett abfließt, gehäuft auf einer langen Schüſſel aufdreſſiert, mit einer ſehr kräftigen Sauce Espagnole leicht übergoſſen und mit Markſtückchen belegt zur Tafel gegeben. 250 Gr. ($\frac{1}{2}$ Pfund) Ochſenmark werden in gleich große, ovale runde Stückchen geſchnitten, in kaltes Waſſer gelegt und ſo an der Seite des Feuers lauwarm gewäſſert, damit ſie ſchön weiß werden; dieſelben werden nun in eine andere Kaſſerolle gethan, mit einfacher Fleiſchbrühe übergoſſen, geſalzen und einige Minuten langſam gekocht. Dieſe Markſtückchen

6*

werden nun über geröstete Brotkrüstchen gelegt, diese glasiert und
der Cardy damit garniert.

341. Geschmorte Gurken. Nachdem die Gurken geschält, in
4 oder 6 Streifen geschnitten und die Kerne entfernt sind, werden
sie in 5 cm lange und 3 cm breite Stückchen geschnitten, und die
scharfen Ecken und Kanten etwas abgerundet. Dann wird Butter
goldbraun gemacht, die Gurken hineingeschüttet, halb Bouillon, halb
Bratenjus darauf gefüllt, ein Eßlöffel Essig sowie etwas Pfeffer
und Kouleur dazu gethan und nun die Gurken weich und ziemlich
kurz eingeschmort. Zuletzt mit ganz wenig Kartoffelmehl sehmig
gemacht, so daß es eine hellbraune, mäßig dicke aber nicht breiige
Sauce wird. Es ist gut, wenn man das Kartoffelmehl 10 Minuten
lang mit kochen läßt, weil es dann nicht mehr nachdickt, wobei man
aber sehr acht geben muß, daß die Gurken sich nicht ansetzen.

Beim Schälen der Gurken muß man sich an beiden Enden der
Gurken versichern, daß selbige nicht bitter sind, sollten solche sich
etwa finden, so müssen sie fortgethan werden.

342. Linsen. Die Linsen werden, nachdem sie gewaschen,
lang in weichem Wasser aufgesetzt, weich gekocht und auf einen
Durchschlag geschüttet. Alsdann läßt man Zwiebeln in Butter
passieren, thut einen Holzlöffel (35 Gr.) Mehl hinzu und läßt es
wieder passieren. Nun gießt man gute Bratenjus zu und läßt es zu
einer mitteldicken Sauce einkochen. Jetzt schüttet man die Linsen
hinein, läßt sie damit aufkochen und schmeckt sie von Salz und schwach
von Pfeffer ab.

343. Linsenpuree. Wird ebenso bereitet wie das weiße
Bohnenpuree (Nr. 345), nur der Pfeffer fortgelassen.

344. Weiße Bohnen. Die Bohnen werden lang in weichem
Wasser aufgesetzt und weich ziehen lassen. Alsdann Zwiebeln in
Butter passiert, etwas Mehl dazu passiert und nachdem gute Bratenjus dazu, zu einer dicken Sauce gekocht, von Salz und Pfeffer abgeschmeckt und nochmals mit den Bohnen aufkochen lassen.

345. Puree von weißen Bohnen. Butter und gehackte
Zwiebeln passiert, die Bohnen in weichem Wasser gewaschen und
dazu gethan, mit etwas gelber Wurzel, Sellerie, Porre, Petersilien-

wurzel und weichem Wasser aufgesetzt und weich und kurz einkochen lassen. Nachdem sie nun durch ein feines Sieb gestrichen, werden sie mit einem ordentlichen Stück Butter, etwas Fleischextrakt und wenn nötig etwas Bouillon, zu einem sehr dick fließenden Puree verarbeitet, von Salz und einer Prise Pfeffer abgeschmeckt, etwas Jus oben über gefüllt, daß es keine Haut setzen kann und au-bain-marie bis zum Anrichten warm gestellt.

346. Puree von gelben und grünen Erbsen. Dieselben werden ebenso bereitet wie das vorhergehende Bohnenpuree, nur mit dem Unterschiede, daß es nicht von Pfeffer abgeschmeckt wird.

347. Maronen. Die Maronen werden von der äußeren harten Schale befreit, alsdann in kochendes Wasser geschüttet, ungefähr eine Minute ziehen lassen und dann die zweite Schale abgezogen. Jetzt Butter braun werden lassen, die Maronen hinein gethan, etwas Bouillon und angeschlagene Jus darauf gethan und hierin weich und kurz einkochen lassen. Die Brühe verdickt, von Salz und Zucker abgeschmeckt und bis zum Anrichten au-bain-marie warm gestellt.

348. Maronenpuree. Die Maronen werden ebenso behandelt wie die vorhergehenden bis zum kurz Einkochen. Jetzt durch ein feines Sieb gestrichen, mit einem ordentlichen Stück Butter, etwas süßer Sahne und der nötigen Bouillon zu einem feinen Puree verarbeitet, von Salz und etwas Zucker abgeschmeckt, mit Jus überfüllt und au-bain-marie warm gestellt.

349. Tomaten, gestobt zur Garnitur. Die Tomaten oder Liebesäpfel werden von den Stengeln befreit, sauber abgewischt in ein flaches Geschirr gelegt, etwas Butter, etwas Salz, sowie Bouillon, so daß sie knapp halb bedeckt sind, darunter gethan, und im Ofen gar gemacht, doch so, daß sie keine Farbe annehmen und nicht zerfallen.

350. Zwiebeln, glasiert. Schöne, gleichmäßig-große Zwiebeln, in der Größe einer Wallnuß werden vorsichtig von der Schale befreit und in kochendem Wasser 5 bis 6 Minuten abblanchiert. Jetzt auf einem Durchschlag abtropfen lassen, alsdann in ein flaches Geschirr gethan, indem sie neben einander liegen können, ein Stück Butter darüber gepflückt, etwas Bouillon darunter gethan, etwas Salz und Zucker darüber gestäubt und im Ofen weich und kurz schmoren lassen, zuletzt etwas fertige Bratenjus darunter gefüllt, so daß die Zwiebeln recht weich, ganz bleiben und schön glänzend aussehen.

351. Zwiebelpuree. Butter dünn werden lassen, reichlich in feine Scheiben geschnittene Zwiebeln dazu gethan und dann gar geschwitzt, aber so, daß sie weiß bleiben. Dann 2 gute Holzlöffel (35 Gr.) Mehl dazu passiert und mit süßer Sahne (1 Ltr.) abgerührt, tüchtig eingekocht, durch ein grobes Sieb gestrichen und von Salz und Pfeffer abgeschmeckt.

352. Rote Rüben. Die Rüben, nachdem sie tüchtig gewaschen, mit Salz und kaltem Wasser aufgesetzt und weich kochen lassen, dann mit kaltem Wasser abgekühlt, abgeputzt und in Scheiben geschnitten. Mit in Filets geschnittenem Meerrettig und trockenem Kümmel in einen Topf rangiert. Dann knapp ³/₄ Ltr. Essig und gut ³/₄ Ltr. Wasser mit 9 gehäuften Eßlöffeln Zucker und ¹/₄ Flasche Kirschsaft aufgekocht, wenn es kalt ist über die Rüben gegossen, zugebunden und an einem kühlen trockenen Orte aufbewahrt.

353. Bairische Steinpilze. Die eingemachten Steinpilze werden in ihrem Wasser aufgekocht, ist es zu wenig, so gießt man soviel Bouillon zu, daß sie bedeckt sind. Alsdann werden Zwiebeln und Petersilie in Butter passiert, etwas Mehl dazu und wieder passiert. Nun das Wasser von den Steinpilzen sowie etwas Glace dazu und einkochen lassen. Jetzt von Salz und Pfeffer etwas pikant abgeschmeckt, auf die Steinpilze gethan und zusammen aufkochen lassen.

354. Pfeffer= oder Pfifferlinge. Dieselben werden ebenso bereitet wie die Steinpilze.

355. Champignons, gestobt. Dieselben werden ebenfalls so bereitet wie die Steinpilze, nur werden die größeren Champignons noch ein= oder zweimal quer durchgeteilt.

356. Champignons à la Crême. Die Champignons werden, nachdem sie geputzt und gewaschen, mit Butter und etwas Citronensaft 10 Minuten gedämpft; der Fond mit süßer Sahne eingekocht bis derselbe dick wird; mit frischer Butter legiert, und nach Geschmack etwas Citronensaft, Cayennepfeffer und gehackte Petersilie daran gethan.

357. Champignonspuree. Gerade so zubereitet, wie schon im zweiten Abschnitt angegeben.

358. Große Bohnen. Werden ebenso bereitet wie weiße Bohnen, nur mit dem Unterschiede, daß man etwas grüne feingewiegte Petersilie daran thut.

359. Maccaroni au Bechamelle. Die Maccaroni, nachdem sie in 4 cm lange Stücke gebrochen, in kochendem Salzwasser weich gekocht und trocken in eine mit Butter ausgestrichene und mit Semmel ausgestreute Form abwechselnd mit gehacktem, gekochtem Schinken eingerichtet. Bechamellesauce (ordentlich mit Zwiebeln und Schinken gekocht) darüber gegossen, mit Parmesankäse bestreut, Butter darauf gepflückt und im Ofen in schöner Farbe übergebacken.

360. Maccaroni à la Hollandaise. Die Maccaroni werden gebrochen und in Salzwasser weich gekocht. Die Sauce wird folgendermaßen bereitet. Butter dünn werden lassen, ein Holzlöffel (35 Gr.) Mehl dazu passiert, etwas Glace, Wasser und Nachbouillon dazu und wenn sie nun ziemlich dick eingekocht ist, 2 gute Eßlöffel Parmesankäse daran, mit 4 gelben Eiern (woran vorher eine halbe Citrone gedrückt ist) ablegiert und von Salz abgeschmeckt. Alsdann werden die Maccaroni in eine Kasserolle gethan, die Sauce darüber gegossen und nochmals nachgeschmeckt. Jetzt auf einer Schüssel angerichtet, mit Parmesankäse bestreut und kleinen Stückchen Butter belegt, auf ein Salzblech gestellt und in einem heißen Ofen Farbe nehmen lassen.

361. Maccaroni mit Tomatensauce. Maccaroni werden in kleine Stücke gebrochen und in Salzwasser weich gekocht. Alsdann in eine Kasserolle gethan und ungefähr 2 gehäufte Eßlöffel Parmesankäse, ein eigroßes Stück (40 Gr.) Butter, etwas Salz und Pfeffer dazu gethan. Dann wird folgende Sauce gekocht: Butter braun werden lassen, etwas Glace, die nötige, gute, fertige Bratenjus und eine kleine Flasche Tomatenpuree dazu gethan, gut ein- und durchkochen lassen, von Salz abgeschmeckt, durch ein Sieb über die Maccaroni gethan und nochmals nachgeschmeckt.

362. Maccaroni=Croquetten. Die Maccaroni werden in kleine Stücke gebrochen und in Salzwasser weich gekocht; abgegossen und abtropfen lassen. Alsdann wird eine Sauce gekocht, indem man

Butter braun macht, etwas Mehl dazu passiert und mit guter
Bouillon abrührt; wenn es kocht etwas Glace, Weißwein, 2 ge=
häufte Eßlöffel Parmesankäse und 7 bis 8 Blätter (16 Gr.) Gelatine
dazu giebt und alles gut einkochen läßt. Jetzt mit 4 gelben Eiern
ablegiert, nochmals aufkochen lassen und von Salz abgeschmeckt. (Man
kann auch etwas Tomatenpuree dazu thun.) Dann die Sauce über
die Maccaroni gegossen und damit aufkochen lassen, in eine kleine mit
Öl ausgestrichene Pfanne gethan, ein mit Öl bestrichenes Papier
darauf gelegt und auf Eis erstarren lassen. Kurz vor dem Anrichten
schneidet man längliche, viereckige Stücke davon, paniert sie zweimal
in Ei und geriebener Semmel, backt sie in Schmalz hellbraun, legt
sie auf Löschpapier und stellt sie bis zum Gebrauch warm. (Zu
Hammelkeule und Kalbsbraten gegeben.)

VII. Abschnitt.

Entremets oder Zwischengerichte.

----

363. Irisch stew. Aus einer Hammelkeule werden die Fricandeaue aus Fett, Haut und Sehnen gelöst und alsdann in Wallnuß große Würfel geschnitten. Jetzt eine gut verschließbare Kasserolle mit Butter ausgestrichen, in diese eine Lage in Scheiben geschnittener Zwiebeln, auf diese eine Lage von dem Hammelfleisch, auf dieses eine ordentliche Schicht Weißkohl in Achtel und nochmal quer durchgeschnitten, etwas Salz und Pfeffer darüber gestreut und hierauf in Viertel geschnittene Salzkartoffeln, dann, wenn mehr Personen, hierauf nochmal Fleisch, Kohl und Kartoffeln, etwas Salz und Pfeffer darüber und 2½ bis 3 Stunden stoben lassen, indem man soviel Bouillon oder Nachbouillon aufgießt, daß es knapp bedeckt ist. Wenn kurz, etwas durcheinander geschwenkt, 3 Eßlöffel helle fertige Jus dazu gegossen zum Binden und von Salz und Pfeffer nachgeschmeckt. (Eignet sich auch vorzüglich als Jagdfrühstück zu geben.)

364. Hammelkotelettes à la Saubise. Die Hammelkotelettes werden einfach gebraten. Das Zwiebelpuree wird folgendermaßen bereitet: Butter dünn werden lassen und reichlich in feine Scheiben geschnittene Zwiebeln dazu gethan, gar geschwitzt, aber so, daß sie weiß bleiben. Jetzt zwei gute Holzlöffel (35 Gr.) Mehl dazu passiert, mit süßer Sahne (1 Ltr.) abgerührt und tüchtig eingekocht. Dann durch ein grobes Sieb gestrichen und von Salz und Pfeffer abgeschmeckt. Nun auf eine runde Schüssel ein bunter Rand aufgesetzt, auf einem runden Kartoffelsockel die Kotelettes im Kranz angerichtet, das Puree in die Mitte gethan, die Kotelettes mit der Jus maskiert und etwas extra dazu gegeben.

365. Hammel- oder Lammkotelettes à l'Italienne. Die
Kotelettes schön dressiert und von oben sautiert. Währenddessen rührt
man 63 Gr. (⅛ Pfund) Chester- und 63 Gr. Parmesankäse mit
2 gelben Eiern und circa 30 Gr. Butter nebst einer Prise Cayenne-
pfeffer ordentlich durcheinander und glatt, streicht dies etwas erhaben
auf die sautierte Seite der Kotelettes, bestreut diese mit Parmesankäse und rangiert sie in eine mit Butter weiß ausgestrichene Pfanne.
Alsdann circa 5 Minuten vor dem Anrichten im Ofen in schöner
Farbe gebraten und im Kranze um Maccaroni mit holländischer
Sauce angerichtet.

366. Taubenfricassee im Reisrand mit holländischer Sauce.
Der Reis wird in Wasser abblanchiert; dann mit Wasser und einem
Stück Butter weich und dick gekocht und von Salz abgeschmeckt.
Jetzt in eine Randform, welche vorher mit Butter ausgestrichen,
gefüllt, auf eine runde Schüssel gestürzt, mit Eigelb bestrichen, mit
Parmesankäse bestreut und im Ofen übergebacken. Die Tauben
werden flammiert, gespielt und ausgenommen; die Herzen, Lebern und
Magen aufgehoben; dann erstere sauber gewaschen und dressiert.
Nun werden sie mit kaltem Wasser aufgesetzt, und wenn sie kochen, der
Schaum abgenommen, alsdann Wurzelwerk, Pfefferkörner und ein
Lorbeerblatt dazu und 1¼ Stunde kochen lassen. Nachdem sie nun
weich, werden sie herausgenommen und kalt gestellt. Alsdann die Brüste
und Keulen abgelöst, die Haut abgezogen und mit Champignons, Krebsschwänzen, Farceklößchen, Eierklößchen, Morcheln, auch den Herzen, Lebern
und Magen, welche vorher in Wasser weich gekocht sind, in eine Kasserolle
gethan und kurz vor dem Anrichten die holländische Sauce darüber
gegeben, nachdem sie auf folgende Art bereitet ist: Butter und Mehl
werden passiert, dann mit der kurz eingekochten Taubenbouillon und
Weißwein abgerührt, mit gelben Eiern abgeliert, mit Citronensaft
geschärft und von Salz abgeschmeckt. Nachdem nun das Fricassee
zusammengesetzt und abgeschmeckt ist, wird es in der Mitte des Reis-
randes angerichtet und etwas Sauce extra dazu gegeben. Zur Abwechslung richtet man das Fricassee auch auf einer runden Schüssel an und
garniert Blätterteig-Fleurons darum. Alsdann loser Reis extra beigegeben.

367. Vol au vents von Tauben. Von gut bereitetem Blätter-
teig rollt man eine gut ½ cm dicke Platte aus, schneidet daraus vier

tellergroße Scheiben und legt diese gleichmäßig rund auf ein oder
zwei Bleche, sticht sie alsdann in der Mitte aus, so daß davon
2½ cm breite Ränder entstehen. Jetzt rollt man den zurückgebliebenen
Blätterteig halb so dick (¼ cm) aus, sticht hiervon einen teller-
großen Boden aus, bestreicht ihn am Rande mit Eigelb und legt
gleichmäßig einen von den ausgestochenen Rändern darauf. Nun ebenfalls noch ein Boden ausgestochen, welcher aber rund herum oder im
Durchmesser 1 cm kleiner sein muß, wie der vorige, bestreicht ihn
mit Eigelb, sticht mit buntem Ausstecher 3 cm große Scheibchen
aus und belegt die Platte im Kranze damit, sowie eins in die Mitte,
die Zwischenräume füllt man mit kleinen ausgestochenen Halbmonden
aus und bestreicht das Ganze nochmal mit Eigelb, alsdann im Ofen
in hübscher Farbe gebacken, dies ist alsdann der Deckel. Jetzt die
Ränder in der Mitte rund herum mit Eigelb bestrichen, doch so, daß
es nicht über den Rand treibt, und im Ofen dreiviertel gar gebacken,
alsdann herausgenommen, auf den Bodenrand Eigelb gestrichen, eine
schnurdicke egale Wulst von Blätterteig gerollt und darauf herumgelegt, diese oben wieder mit Eigelb bestrichen und einen von den
Rändern darauf gesetzt, auf diesen wieder eine Wulst von Blätterteig
und so fort gefahren, bis der am besten aussehende Rand oben aufgesetzt ist. Jetzt an den Seiten der ganze vol au vent mit Eigelb
bestrichen und im Ofen nachgebacken, bis er vollständig gar ist.
Nachdem er nun kurz vor dem Anrichten angewärmt ist, wird das
Fricassee, welches eben so hergestellt ist, wie das vorhergehende, darin
angerichtet und der Deckel darauf gelegt. Der Rest der Sauce alsdann extra dazu gereicht.

368. Feldhühnerbrüstchen à la Richelieu. Von den Feld-
hühnern werden, nachdem sie gerupft, flammiert und ausgenommen,
die Brüste abgelöst, die obere Haut entfernt und nachdem sie von der
unrechten Seite leicht geklopft, sautiert und kalt gestellt. Die Keulen
werden ausgeknöchelt und nebst dem Fleische von zwei alten Rebhühnern eine Hühnerfarce davon bereitet. Während dessen hat man
Champignons und Trüffeln in kleine Würfel geschnitten und in Glace
steif gekocht und kalt gestellt. Jetzt nimmt man je ein Hühnerbrüstchen, dressiert es hübsch gleichmäßig, legt ein Häufchen Ragout
in die Mitte, streicht erhaben die Hühnerfarce darüber, bestreut sie

mit Parmesankäse und backt sie im Ofen in lichtbrauner Farbe. Nachdem sie nun auf einer runden Schüssel angerichtet, wird eine kräftige Jus, welche mit der Bouillon, worin die Gerippe ausgekocht sind, kurz und dick gekocht ist, darunter gefüllt und der Rest extra dazu gegeben.

369. Soufflé de Volaille aux Trüffes. Nachdem das Fleisch von zwei alten Hühnern mit 125 Gr. Butter im Reibstein fein gestoßen und durchgestrichen, wird es in Eis gepackt und mit circa $1/2$ Ltr. Schlagsahne bis zum Stehen fest aufgerührt, $1/8$ Ltr. geschlagene Sahne darunter gehoben und nachdem eine Probe gemacht, von Salz und Pfeffer abgeschmeckt. Jetzt eine Schleiffsteinform mit Butter weiß ausgestrichen und am Boden mit einem Kranze recht schwarzer Trüffelscheiben ausgelegt. Die Farce hineingethan, mit einer gebutterten Papierscheibe bedeckt und 1 Stunde au-bain-marie auf der Maschine ziehen lassen. Beim Anrichten gestürzt, einen Augenblick die Form darüber stülpen lassen, mit dem Teil einer kräftigen Trüffelsauce maskiert und der Rest extra dazu gereicht.

370. Auflauf von Wildgeflügel mit einer Trüffel= oder Sauce Espagnole. Wird ebenso bereitet wie im Vorhergehenden angegeben. Zu den Soufflés von zahmem Geflügel kann man auch eine Krebs-, Hummer- oder Sardellen-Sauce reichen.

371. Auflauf von Fasan auf andere Art. Ein Fasan wird gebraten und erkalten lassen. Jetzt das Fleisch abgesucht und feingewiegt. Die Knochen fein gestoßen und mit Geflügelbouillon, womit man die entfettete Jus losgerührt hat, ausgekocht. Nun nimmt man eine Sauce Espagnole und kocht sie mit der Geflügelbouillon dick und kurz ein, giebt das feingewiegte Fleisch dazu und nachdem es aufgestoßen, durch ein Haarsieb (nicht zu feines) gestrichen. Nachdem es abgekühlt mit einem eigroßen Stück (40 Gr.) Butter, dem nötigen Salz und 6 gelben Eiern eine gute halbe Stunde gerührt, mit dem steifgeschlagenen Schnee der 6 Eiweiß versetzt, in eine gut ausgestrichene Soufflé-Form gefüllt und $1/2$ bis $3/4$ Std. au-bain-marie im Ofen gebacken, doch muß es nach dieser Zeit gleich gegessen werden. Diesen Soufflé kann man auch nach der Suppe in kleine gebutterte Coquillen, Crustaden oder Papierkästchen gefüllt geben, man backt sie dann eine Viertelstunde.

372. Hasenkuchen. Ein schöner großer Hase wird abgestreift, sauber ausgenommen, gewaschen und wieder abgetrocknet, alsdann das Fleisch abgesucht und durch eine Maschine gedreht nebst ³/₄ soviel Speck als es Fleisch ist. Nachdem es ausgesehnt in einen Reibstein gethan, ein eigroßes Stück (40 Gr.) Butter dünn werden lassen, eine Hand voll eingeweichter, ausgedrückter Semmel dazu gegeben und auf der Maschine so lange gerührt, bis es sich von der Kasserolle und Löffel löst, dann 3 bis 4 gelbe Eier nach und nach dazu gethan, auf einen Deckel ausgeleert und wenn kalt zu dem Fleisch gethan, sowie etwas gehackte Zwiebeln, Champignons, ¹/₂ Theelöffel Pastetenpulver, (in größeren Delikateßgeschäften zu haben) etwas Pfeffer und dem nötigen Salz dazu sowie ¹/₂ Glas Madeira und doppelt soviel braune Sauce, und alles tüchtig durcheinandergestoßen und gerieben. Jetzt durch ein Drahtsieb gestrichen und Probe gemacht, ob die Farce hält, alsdann 2 gehäufte Eßlöffel würflich geschnittene Trüffeln, ebensoviel würflich geschnittene Ochsenzunge sowie auch gekochter und würflich geschnittener Speck darunter gehoben, eine Stürz-Kasserolle gut mit Butter ausgestrichen und mit einem sehr sauber gemachten Schweinsnetz ausgelegt, hat man dieses nicht, muß man Speckbarden nehmen, die Farce hineingefüllt, die Kasserolle auf einem zusammengelegten Tuch nieder gestoßen, damit die Masse gut zusammen geht, mit dem Netz oder Speck überdeckt und au-bain-marie in dem mittelheißen Ofen 1¹/₄ bis 1¹/₂ Stunde gebacken. Nachdem er nun auf eine runde Schüssel gestürzt, läßt man mit Löschpapier das ausfließende Fett aufsaugen, macht die Schüssel sauber und giebt nachfolgende Sauce darüber und extra dabei. Nachdem die Hasenknochen und Abfälle tüchtig ausgekocht und die Brühe entfettet, giebt man sie durch ein feines Sieb zu der nötigen braunen Sauce, 1 Glas Madeira und ebensoviel Rotwein dazu, und unter fortwährendem Rühren kurz und dick eingekocht, alsdann von Salz abgeschmeckt und wie angegeben verwendet.

373. Pain von Krammetsvögeln. 10 bis 12 Krammetsvögel werden gebraten und nachdem die Magen entfernt, im Reibstein fein gestoßen. Jetzt die entfettete Jus mit brauner, kräftiger Sauce losgerührt, mit den zerstoßenen Krammetsvögeln tüchtig verrührt und durch ein Sieb gestrichen. Nachdem man es nun in eine Kasserolle gethan hat, läßt man es unter fortwährendem Rühren zu einem steifen Puree kochen, giebt, wenn es abgekühlt, nach und nach 8 bis 10 gelbe Eier und den festen Schnee von 4 Eiern dazu, füllt es in eine gut mit Butter weiß ausgestrichene Schleifstein= oder Randform, worin man am Boden einen Kranz recht schwarzer, in Scheiben geschnittener Perigord=Trüffeln gelegt hat, bis ½ cm vom Rand voll, und läßt es ½ Stunde vor dem Anrichten au-bain-marie auf der Maschine gar werden, stürzt es vorsichtig und maskiert es mit einem zurückgelassenen Rest von der Sauce, welche man mit noch etwas Glace versetzt hat, recht egal.

374. Rebhühner = Salmis. Die Rebhühner gar gemacht, wie im nächsten Recept angegeben. Wenn erkaltet, die Brüste abgelöst, die Haut entfernt, etwas eingekerbt und in eine Pfanne rangiert zurückgestellt. Jetzt von Semmel Scheiben geschnitten, in der Form der Brüstchen, von beiden Seiten in Butter goldgelb gebraten und heiß gestellt. Das Fleisch von den Gerippen und Keulen abgesucht, fein gewiegt und mit etwas Madeira, einem Stückchen Butter und der nötigen Sauce zu einem Puree und heiß gerührt. Nachdem die Sauce nun wie im Nachstehenden angegeben, bereitet ist, wird sie über die Brüstchen gethan und diese heiß gestellt. Alsdann auf einer Schüssel mit buntem Rand angerichtet, Brüstchen und Semmelscheiben abwechselnd im Kranze, das Puree in der Mitte und erstere mit einem Teil der Sauce maskiert und der Rest extra beigegeben.

375. Wildenten=Salmis. Die Enten werden, nachdem sie sauber gemacht und dressiert sind, mit etwas Bratenfett, Wurzelwerk, Gewürz, einer Handvoll in Würfel geschnittenem Schinken, angeschlagener Jus, Salz, Zwiebeln und Lorbeerblatt in der Bratröhre gar gemacht, herausgenommen und kalt gestellt. Der Fond durchgegossen und ebenfalls kalt gestellt. Jetzt die Brüste von den Enten losgelöst, etwas eingekerbt, schräg halb durchgeteilt und in eine Pfanne einrangiert. Das Fleisch von den Knochen und Keulen abgesucht, fein gewiegt, mit etwas Sauce und Madeira nebst einem Stückchen Butter zum Puree und heiß gerührt au-bain-marie gestellt. Nachdem nun Butter braun gemacht und Mehl darin hellbraun passiert, wird der entfettete und aufgekochte Fond dazu gethan und zu einer dünnen Sauce abgerührt, welche mit ½ Flasche Rotwein und ⅛ Flasche Madeira unter fortwährendem Rühren bis zur gehörigen

Dicke eingekocht und von Salz abgeschmeckt wird. Jetzt über die Brüste gethan und diese darin heiß gestellt. Währenddessen hat man Croutons in Dreiecke und hartgekochte, halbierte Eier warm gestellt, Oliven von den Steinen gedreht und mit etwas Sauce heiß gestellt. Nun die Brüste im Kranze auf einer runden Schüssel angerichtet, Eier und Croutons darum garniert, das Puree in der Mitte recht erhaben angerichtet, die Oliven über die Brüste gefüllt, und der Rest der Sauce extra dazu gegeben.

376. Fasanen=Salmis. 1 oder 2 alte Fasanen werden in ein Geschirr mit Wurzelwerk, Lorbeerblatt, Gewürz, Zwiebeln, Braten=fett und angeschlagener Jus nebst würflich geschnittenem Schinken gethan und in der Bratröhre gar und weich geschmort; alsdann herausgenommen und kalt gestellt. Der Fond durchgegossen und in Eis gepackt. Nachdem die Fasanen kalt sind, werden die Brüste ab=gelöst, die Haut abgezogen, jede halbe Brust in 3 bis 4 Stücke tranchiert und in eine Pfanne einrangiert. Das Fleisch von den Keulen und Brustknochen abgesucht, fein gewiegt und mit einem Teil der Sauce zu einem Puree verrührt und zurückgestellt. Jetzt die Sauce, wie in dem Vorhergehenden angegeben fertiggestellt, über die Bruststücke gethan und ordentlich damit durchziehen lassen. Während=dessen hat man auf eine runde Schüssel einen bunten Rand gesetzt, befestigt in der Mitte einen 5 cm hohen ausgebackenen runden Brot=crouton aufrecht stehend, richtet das Puree recht erhaben darum an, legt die Brüste mit den Spitzen nach der Mitte darüber, zwischen den Brüsten ein nicht zu kleiner als Hahnenkamm dressierter Semmelcrouton auf=recht gesteckt. Jetzt mit einem Teil der Sauce maskiert und der Rest extra beigegeben und oben in der Mitte auf dem Brotcrouton ein schöner, in Papierkrause gesteckter Fasanenkopf mit einem Silberspieß befestigt.

377. Schnepfen=Salmis. Die Schnepfen wie zum Braten fertig gemacht und jede mit einer Speckscheibe überbunden, wie die Fasanen weich gedämpft und kalt gestellt. Jetzt die Brüste und Keulen ab=gelöst und in eine Pfanne rangiert. Die Knochen feingestoßen, mit einer dicken braunen Sauce, woran etwas Madeira, versetzt, einen Augenblick heiß gerührt und durch ein Sieb gestrichen. Das Ein=geweide zu Schnepfenbrötchen angefertigt, wie beim Schnepfenbraten

angegeben ist. Nachdem die Sauce nun wie bei den Wildenten angegeben, fertig gestellt ist, wird sie über die Brüste und Keulen
gethan und diese darin heiß werden lassen. Jetzt die Schnepfen im
Kranze auf einer runden Schüssel mit buntem Rand, die Keulen unten,
die Brüste darüber, angerichtet, abwechselnd ein Schnepfenkopf und zwei
zusammengelegte Brötchen ⚏ dazwischen gelegt, das heiße Puree
in die Mitte gethan und mit einem Teil der Sauce maskiert und der
Rest extra gegeben. Ganz hübsch macht es sich auch, wenn man
einen Kopf vor dem Rupfen zurück läßt und diesen, wie bei den
Fasanen angegeben, in der Mitte der Schüssel auf einem Crouton
befestigt.

378. Krammetsvögel-Salmis.
Die Krammetsvögel fertig
gemacht und gebraten, wie es beim Braten angegeben ist. Wenn
kalt, die Brüste vorsichtig abgelöst, so daß sie zusammen bleiben und
in ein Geschirr einrangiert. Die Knochen mit dem Eingeweide
außer Kopf und Magen, welch' letztere beiden zurückgestellt werden,
recht fein gestoßen, mit dicker brauner Sauce, etwas Rotwein nebst
Madeira verrührt und nachdem es einen Augenblick heiß gerührt,
durchgestrichen. Die Jus von den Krammetsvögeln entfettet und mit
angeschlagener Jus losgerührt. Butter braun werden lassen, Mehl
hinein passiert und mit der losgerührten Jus, etwas Rotwein und
Madeira abgerührt, aus Fett und Schaum gekocht, abgeschmeckt und
über die Brüstchen gethan. Runde Semmelcroutons in der Größe
der Brüstchen ausgestochen und von beiden Seiten in Butter goldbraun gebraten. Jetzt etwas Puree auf die Croutons gethan, die
Brüstchen darüber gelegt und die Köpfe mit dem Schnabel darunter
gesteckt. Währenddessen hat man das Puree heiß gerührt und in
der Mitte einer runden Schüssel mit buntem Rand angerichtet, die
Croutons heiß mit den Brüsten im Kranze, mit den Köpfen nach
oben, darum angerichtet, mit einem Teil der Sauce maskiert und den
Rest extra beigegeben.

379. Kaltes Salmis oder Chaud-froid von Rebhühnern.
Die nötige Anzahl junger Rebhühner wird gebraten und kalt gestellt.
Die Jus entfettet und nachdem sie mit einer braunen Sauce losgerührt, mit etwas Madeira und soviel Aspic, daß es geliert, zu
einer dickfließenden glänzenden Sauce verkocht und kalt gerührt, so

daß sie anfängt zu erstarren. Wärenddessen hat man die Brüste
und Keulen der Rebhühner abgelöst, die Haut abgezogen, sowie die
Beinchen abgestutzt und zieht nun schnell die Fleischstücke durch die
Sauce, so daß sie gänzlich davon eingehüllt sind. Erhaben auf einer
runden Schüssel angerichtet und die nachgebliebene Sauce darüber
maskiert. Wenn es ganz erkaltet, Aspiccroutons darum und zwischen
jeden ein Sträußchen krauser Petersilie garniert, sowie oben in der
Mitte einige Verzierungen von recht schwarzen Trüffeln angebracht.
(Statt der Aspiccroutons kann man das Salmis auch in einem
Aspicrand anrichten.)

**380. Kaltes Salmis von Fasan, Wildente und anderem
Wildgeflügel.** Wird ebenfalls auf die vorstehende Art bereitet, nur
daß von dem größeren Geflügel die Brüste und Keulen in kleinere
Stücke geteilt werden.

381. Kaltes Salmis von jungen Hühnern. Dasselbe
wird im großen Ganzen ebenso bereitet wie Wildgeflügel, nur daß
man statt der braunen eine weiße holländische Geflügelsauce nimmt,
etwas Glace sowie den nötigen Aspic dazu thut und das Ganze vollendet wie bei den Rebhühnern angegeben ist. Obenauf nimmt man
statt der Trüffeln ein schönes Salatherzchen und giebt hart gekochte
Eier in Viertel und nochmals quer durchgeteilt im Kranze darum,
zwischen jede Spitze ein kleines Häufchen Kapern legend. Auf diese
Weise wird es von jeglichem zahmen Geflügel bereitet.

382. Junge Hühner à la Richelieu. Werden gerade so
behandelt wie bei den Rebhühnern angegeben.

383. Fasanenbrüste à la Royale. Von den Fasanen werden
die Brüste und von diesen die Haut abgelöst, dann fein gespickt, in
klarer Butter, das Gespickte nach unten, in ein Geschirr eingerichtet,
gesalzen und zugedeckt bei Seite gestellt. Die Filets mignons werden
mit Trüffelscheiben eingelegt und ebenso in klarer Butter, den vorhergehenden gleich eingeordnet. Von den Carcassen, welche fein gestoßen
werden, wird eine Essenz bereitet, indem man sie mit Bouillon aus-
kocht. Jetzt wird Butter und Mehl passiert, der Fond dazu gethan
und zu einer sehmigen Sauce eingekocht, mit 5 gelben Eiern ablegiert und ein Teil davon über eine Obertasse ($^2/_{10}$ Liter) Trüffeln,

ebenſoviel Champignons, Hahnennieren, Hahnenkämmen und den in
Stücke geſchnittenen, in Waſſer fünf Minuten gekochten Lebern der
Faſanen gegoſſen, einmal aufkochen laſſen und unter öfterem Umrühren bis zum Gebrauch au-bain-marie geſtellt. Nachdem es nun
auf einer Schüſſel mit Rand angerichtet, wird das Ragout in die
Mitte und die im Ofen gar gemachten Faſanenbrüſte und Filets
mignons im Kranze herum oder oben darüber gelegt, indem man
auf den Flügelknöchelchen kleine Manſchetten befeſtigt. Jetzt mit einem
Teil der Sauce maskiert, der Reſt extra dazu gegeben.

384. Rehkotelettes aux truffes. Ein Rehrücken wird abgehäutet, ausgeſchnitten und Kotelettes davon dreſſiert. Nachdem man
nun eine Pfanne mit Butter weiß ausgeſtrichen, etwas Salz und
Pfeffer hinein geſtäubt hat, werden die Kotelettes hineingelegt, mit
Salz und Pfeffer beſtäubt, mit Butter überſtrichen, ein mit Butter
beſtrichenes Papier darüber gedeckt und kurz vorm Anrichten im Ofen
gar gemacht. Dann dieſelben auf einer Schüſſel mit buntem Rand
im Kranze auf einem runden Kartoffelſockel angerichtet. Währenddeſſen hat man in Scheiben geſchnittene Trüffeln in eine Kaſſerolle
gelegt, mit einem Teil der Trüffelſauce übergoſſen und warm geſtellt. Die Sauce iſt dieſelbe wie zum Cardy, nur hier wird der
Trüffelfond dazu gethan, die Trüffeln als Ragout in die Mitte gefüllt, die Kotelettes mit etwas Sauce maskiert und kleine Manſchetten
auf die Knöchelchen geſteckt.

385. Kalbsragout im Sauerkrautrand. Schöner, mürber
Kalbsbraten wird rundherum von der braunen Kruſte befreit und in
Meſſerrücken dicke, eine Mark große, viereckige Scheiben geſchnitten,
dazu ebenſoviel kleine oder halbierte Champignons. Währenddeſſen
hat man eine runde glatte Randform mit Butter weiß ausgeſtrichen
und füllt dieſe voll ziemlich ſteif gekochten Sauerkrauts (wie beim
Gemüſe angegeben). Jetzt das Ragout mit einer Sauce Moscovite
verſetzt, welche mit dem Champignonsfond und etwas Kalbsbratenjus
recht ſehmig eingekocht iſt. Der Sauerkrautrand auf eine runde
Schüſſel mit buntem Rand geſtürzt, das Ragout in die Mitte der
Form gefüllt, die Form vorſichtig abgehoben und die Schüſſel recht
heiß zu Tiſch gegeben.

386. Kalbssteaks mit Champignonspuree. Aus der Keule werden schöne, länglich runde, ½ cm dicke Steaks dressiert und diese recht hübsch mit feinem Speck gespickt oder nach Geschmack auch ungespickt in eine weiß mit Butter ausgestrichene Pfanne, welche am Boden mit Salz und Pfeffer ausgestäubt ist, rangiert, gesalzen und gepfeffert und mit Butter übergepinselt zurückgestellt. Währenddessen hat man etwas Glace mit einem Eßlöffel Bouillon aufgelöst und au-bain-marie heiß gestellt. Eine Viertelstunde vor dem Gebrauch werden die Steaks in einen recht heißen Ofen gestellt, schön glänzend gar gemacht, auf eine runde Schüssel mit buntem Rand und auf Kartoffelsockel angerichtet, recht schön mit der Glace überpinselt, in der Mitte ein schön bereitetes Champignonspuree, wie es im Abschnitt 2 angegeben, angerichtet und eine kräftige Jus extra beigegeben.

387. Kalbskotelettes mit Trüffelragout. Die Kalbskotelettes dressiert und nachdem sie leicht gesalzen und gepfeffert in einer Pfanne mit brauner Butter circa zwei Minuten von einer, eine Minute von der anderen Seite kurz vor dem Anrichten gebraten. Auf einer runden Schüssel mit buntem Rand und Kartoffelsockel angerichtet und ein Trüffelragout gemischt (wie bei nachfolgenden Wildkotelettes angegeben) in der Mitte angerichtet, die Kotelettes maskiert und auf die Knöchelchen kleine Rosetten von Papier gesteckt.

388. Damwildkotelettes mit gemischtem Ragout. Von einem Damwildrücken werden Kotelettes bereitet und wie im vorigen angegeben eingesetzt, gar gemacht und angerichtet. Jetzt hat man ein Ragout zusammengesetzt von halb Trüffeln, halb Champignons, versetzt dies mit einer kräftigen Sauce Espagnole, womit der Trüffel- und Champignonfond verkocht ist und richtet dies recht erhaben in der Mitte an. Etwas Sauce extra gegeben und die Kotelettes mit einem Rest derselben maskiert.

389. Rehkotelettes mit Champignons à la Moscovite. Die Kotelettes dressiert, in eine mit Butter weiß ausgestrichene Pfanne rangiert, unten und oben über etwas Salz und Pfeffer gestäubt, mit Butter überpinselt und mit einer gebutterten Papierscheibe bedeckt, zurückgestellt. 10 Minuten bis ¼ Stunde vor dem Anrichten im Bratofen sautiert. Angerichtet wie das Vorhergehende, nur in der Mitte ein Champignonsragout, welches mit einer Sauce

7*

Moscovite, nachdem diese mit dem Champignonsfond versetzt und eingekocht ist, zusammengesetzt wird, angerichtet und die Kotelettes mit
etwas Sauce maskiert.

390. Steaks von Rinderfilet mit Maccaroni. Die Scheiben
von einem Rinderfilet, welches sauber abgehäutet ist, werden fingerdick schräge abgeschnitten und zu gut ¾ cm dicken, runden Steaks
dressiert, kurz vor dem Anrichten gesalzen und gepfeffert und in
brauner Butter schnell von beiden Seiten gebraten, so daß sie innen
recht hübsch rosa bleiben; im Kranze auf einer runden Schüssel angerichtet. Maccaroni in Salzwasser weich gekocht, mit einer kräftigen
Sauce Espagnole, sowie ⅓ soviel wie Maccaroni in dicke Scheiben
geschnittenen Trüffeln versetzt und in der Mitte recht erhaben angerichtet. Die Steaks mit Sauce maskiert und etwas extra beigegeben.

391. Hummer mit Sauce. Meistens erhält man die Hummern
gekocht, ist dies nicht der Fall, so setzt man Salzwasser mit Zwiebeln
und einem Bund Petersilie auf, steckt die Hummern mit dem Kopf
zuerst hinein, wenn das Wasser kocht, und läßt sie, nachdem sie wieder
kochen, je nach Größe 25 Minuten bis 1 Stunde, wenn sie sehr groß
sind, kochen, nimmt sie heraus und stellt sie, nachdem man sie mit
einer Speckschwarte abgerieben, zum Abkühlen zurück. Jetzt sucht man
zuerst die Eier ab, wenn welche vorhanden, stößt diese mit etwas
Majonaise fein und streicht sie durch ein Sieb. Von den Hummern
jetzt die Beine sowie die Scheeren abgebrochen und letztere von beiden
Seiten abgestutzt. Die Hummern der Länge nach auseinandergerissen,
die Schwänze für sich, und alles recht erhaben auf einer Schüssel mit
Serviette, die Schale nach unten, angerichtet. Die Beine, egal ge-
stutzt, darum gelegt und zwischen jedes ein Sträußchen Petersilie.
Jetzt die durchgestrichenen Eier mit der nötigen Majonaise dick-
fließend verrührt, abgeschmeckt und extra dazu serviert.

392. Hummer auf andere Art. Von ziemlich festem Aspic
füllt man eine Aspicrandform voll und läßt ihn in Eis steif werden;
alsdann auf eine runde Schüssel gestürzt. Währenddessen hat man
gelbe Wurzeln, Sellerie und Blumenkohlröschen in Salzwasser weich
gekocht und kalt die Wurzeln und Sellerie in gleichmäßig große
Würfel, ¾ cm Durchmesser, zu gleichen Teilen geschnitten, jetzt alle
drei Teile mit Salz, Pfeffer, Öl und Essig abgeschmeckt und recht er-

haben in dem Aspicrand angerichtet. Nachdem nun zwei mittelgroße Hummern aus den Schalen gebrochen, Schwanz und Scheeren halbiert, das kleine Fleisch nach unten, die großen Stücke darüber mit der roten Seite nach oben, im Kranze auf dem Salat angerichtet sind, befestigt man eine Stearinfigur oder einen besteckten Silberspieß auf der Mitte der Schüssel und giebt eine Hummermajonaise, welche mit den Hummereiern hübsch rot gefärbt ist, dazu.

393. Hummerkotelettes. Zu einem Hummer von 1½ Kilogr. thut man, nachdem die Knochen und Schalen davon entfernt sind, 50 Gr. frische Butter, etwas Salz und Pfeffer, die Eier, welche vorher feingestoßen und durchgestrichen, sowie 2 gelbe Eier und stößt dies zusammen im Reibstein fein, formt nicht zu dicke (knapp ½ cm) Kotelettes daraus, steckt in jedes ein Stück Hummerbein, paniert sie zweimal in Ei und Semmel, backt sie in Fett aus und richtet sie, nachdem sie auf Löschpapier entfettet sind, um nachfolgendes Ragout an: Von einem nicht zu kleinen Hummer hat man das Fleisch abgesucht und in Scheiben geschnitten, währenddessen hat man eine gewöhnliche braune Sauce mit einigen Eßlöffeln Tomatenpuree, einem Weinglas Weißwein und einigen in Butter passierten Zwiebeln eingekocht, durchpassiert, von Salz und einer Prise Cayennepfeffer abgeschmeckt, das Hummerfleisch darin heiß werden lassen und in der Mitte der Kotelettes angerichtet.

394. Hummer-Pudding. Nachdem ein mittelgroßer Hummer ausgebrochen, wird das Fleisch großwürflich geschnitten, der Abfall sowie die Scheeren feingewiegt und beide Teile zurückgestellt. Die Schalen stößt man mit 250 Gr. Butter fein und läßt diese auf der Maschine mit ¾ Liter Bouillon 1 Stunde kochen. Nun die Butter abgefüllt und kalt gestellt. Die Brühe durch ein Sieb in eine Kasserolle gethan, ½ Liter Milch dazu gegeben und dies bis auf circa ¾ Liter eingekocht. Jetzt brennt man hierin 380 Gr. geriebene Semmel so lange ab, bis es sich von der Kasserolle und vom Löffel löst; alsdann erkalten lassen. Nachdem dies geschehen, giebt man 3 ganze Eier und 7 Eidotter, 200 Gr. dünn gemachte Hummerbutter, das würflich geschnittene sowie das feingewiegte Hummerfleisch, eine Prise Zucker, das nötige Salz und zuletzt den Schnee der 7 Eiweiß dazu. Nun in eine Puddingform gefüllt und zugedeckt 1¼ bis

1½ Stunde au-bain-marie auf der Maschine kochen lassen. Eine Hummersauce, wozu die nachgebliebene Hummerbutter verwandt ist, extra dazu gegeben, sowie der Pudding mit einem Teil derselben beim Anrichten maskiert.

395. Gänseleberpastete mit Aspic. Entweder erhält man dieselben in Blechbüchsen oder in kleinen Terrinen. Von derselben werden mit einem Eßlöffel, welchen man jedesmal in kochendes Wasser steckt, Portionsstücke abgestochen und wenn man keine Stearin-sockel hat, auf einer runden Schüssel mit feiner Manschette, im Kranze halb aufeinander liegend, angerichtet. In die Mitte ein Häufchen recht erhaben angerichteten, gehackten Aspics; Crouton von Aspic herumgelegt und zwischen jeden etwas krause Petersilie. Auch kann man unter dem gehackten Aspic einen Brotcrouton befestigen, worauf man einen Silberspieß steckt auf den nach oben eine schöne schwarze Perigordtrüffel, darunter einen recht weißen Champignon und als Abschluß eine schön ausgezackte, dicke, rote Wurzelscheibe, oder statt dieser in die Mitte einen Hahnenkamm nimmt. Auf diese Art können sämtliche kalte Pasteten angerichtet werden. (Aspic siehe Abschnitt 3 Nr. 162.)

396. Gänseleber sautiert mit Trüffelragout. Die Leber halb durchgeteilt, wo die Galle gesessen hat; sauber gewaschen und abgetrocknet. Alsdann in knapp 1 cm dicke Scheiben geteilt, möglichst egal zugeschnitten und in eine mit Butter weiß ausgestrichene und mit Salz und Pfeffer aus-gestäubte Pfanne oder Plafond einrangiert, mit Salz und Pfeffer über-stäubt, mit Butter überträufelt und mit einer Papierscheibe überdeckt, zurück-gestellt. Eine Viertelstunde vor dem Anrichten in den Bratofen ge-stellt und darin weich sautiert. Währenddessen hat man von Fisch-farce einen runden Sockel dressiert und gar gemacht, richtet diesen auf einer runden Schüssel mit buntem Rand an, die Gänseleber im Kranze darüber und in der Mitte 20 Stück geschälte, in dicke Scheiben ge-schnittene und mit einer Trüffelsauce versetzte Perigordtrüffeln an-gerichtet, sowie die Leber mit dem Rest der Sauce maskiert und etwas extra beigegeben.

397. Stangenspargel mit holländischer Sauce und Lachs oder Schinken und Kalbsmilch. Der Stangenspargel gekocht und vollendet wie beim Gemüse angegeben. Aufschnitt von geräuchertem

Rheinlachs oder Schinken extra dazu gereicht, sowie auf einer anderen runden Schüssel gebackene Kalbsmilch. Dieselbe wird abblanchiert, von den Sehnen befreit und mit fetter Bouillon, Wurzelwerk, Lorbeerblatt, Gewürz und etwas Salz gar gemacht, herausgenommen und kalt gestellt. Jetzt in ½ cm dicke schräge Scheiben geschnitten, leicht gesalzen und gepfeffert, in Ei und Semmel paniert und von beiden Seiten in brauner Butter goldbraun gebraten. Im Kranze extra auf einer Schüssel angerichtet und mit etwas Jus maskiert.

398. Blumenkohl mit Fischkotelettes. Der Blumenkohl wie beim Gemüse angegeben bereitet, mit Sauce maskiert und extra beigegeben. Die Fischkotelettes wie im Abschnitt 3 angegeben, fertig gestellt, auf einer runden Schüssel im Kranze angerichtet, mit Jus maskiert und etwas extra dazu gereicht.

399. Spinat mit Spiegeleiern und Hammelkotelettes. Der Spinat wie beim Gemüse angegeben, bereitet und in einer Base (wie bei den Wiener Würstchen angegeben) angerichtet. Die nötige Anzahl Spiegeleier gleichmäßig entfernt in eine Pfanne mit klarer Butter gethan, auf der Maschine fest werden lassen, einen Moment in den Bratofen gestellt, mit einem glatten Ausstecher egal ausgestochen und im Kranze auf dem Spinat angerichtet. Die Hammelkotelettes einfach gebraten und mit Jus maskiert auf einer runden Schüssel extra angerichtet. Man kann diesen Spinat auch statt in der Base in einem Blätterteig vol au vents anrichten ohne Deckel.

400. Wiener Würstchen oder Saucischen mit Erbspuree. Die Würstchen, welche man in jedem besseren Delitacesgeschäft erhält, läßt man 10 Minuten in kochendem Wasser ziehen. Vorher hat man von gewöhnlichem Randteig eine Base aufgesetzt, indem man von dem Randteig ein 7 cm breites und 1 cm dickes, so lang wie nötiges Band ausrollt, oben 2 cm gleichmäßig lange Zacken ausschneidet, diese von beiden Seiten oben und unten mit dem Kneiseisen ankneift, den Rand mit dem Kneiseisen in hoher Kante unter jeder Zacke leicht andrückt, an der unteren Schnittseite vom Rand Eigelb thut und den Rand aufrecht stehend, mit den Zacken nach oben und diese etwas auswärts biegend gleichmäßig rund am Boden der Schlüssel befestigt und zusammensetzt. Alsdann im Ofen oder Warmspind getrocknet, so daß er ganz hart wird. In diesen Rand giebt man ein nicht zu flüssiges Erbspuree (siehe Gemüse) bis 1 cm vom Rand, wo die Zacken anfangen und richtet die Würstchen, indem man sie schräg halbiert, mit der Schnittseite nach unten, aufrecht stehend im Kranze darauf an. Hat man Saucischen, so werden diese nicht halbiert, sondern nur an den Enden egal geschnitten.

401. Galantine von Puter. Ein schöner, fetter, junger Puter wird vorsichtig, sofort nachdem er geschlachtet ist, gerupft, flammiert, gespielt und nachdem er gewaschen, sauber abgetrocknet. Jetzt die Beine bis zum Knöchel, die Flügel bis an das erste Gelenk abgehauen, die Haut am Rücken längs aufgeschnitten und vorsichtig, ohne die äußere Haut zu beschädigen, das ganze Gerippe aus dem Fleische gelöst. Nun breitet man den Puter auf ein sauberes Tuch aus, schneidet vorsichtig alle Sehnen aus den Schlegeln oder Keulen, schneidet mit einem scharfen Messer von dem dickeren Fleisch ab und legt es dort hin, wo nichts oder wenig ist, so daß es so ziemlich allenthalben gleichmäßig dick verteilt ist. Nachdem dies soweit fertig, nimmt man 1 Kilogr. Kalbfleisch, 1 Kilogr. Schweinefleisch und, nachdem dies aus Haut und Sehnen gelöst, mit 1¼ Kilogr. würflich geschnittenem Speck durch die Maschine gedreht, im Reibstein tüchtig mit Salz und Pfeffer durchgerieben, einen gestrichenen Theelöffel voll Pastetenpulver daran gethan und nachdem der Puter innen mit Salz ausgestäubt, fingerdick von der Farce gleichmäßig hineingestrichen, der Länge nach fingerdicke Streifen von recht schwarzen Trüffeln, recht roter gekochter Ochsenzunge und Speck nebst abgezogenen recht grünen Pistazien darauf gelegt, leicht angedrückt, fingerdick Farce darauf, wieder mit Trüffeln u. s. w. belegt, Farce darauf u. s. w. bis der Puter voll genug ist, die Haut zusammengenommen und der Länge nach zu-genäht, von außen mit Citronensaft eingerieben, mit Speckbarden be-legt. Nachdem er auch von außen gesalzen ist, in eine geruchlose, mit Butter ausgestrichene Serviette fest eingerollt, an den Enden eingeschlagen und zusammengebunden, alsdann das Ganze netzartig überbunden und verschnürt, so daß der Puter eine gleichmäßig längliche, dicke Form erhält. In ein Geschirr gethan mit Wurzel-werk, Lorbeerblatt, Gewürz, dem zerhackten Gerippe, fetter Nachbouillon, 1 Flasche Weißwein, Salz und langsam hierinweich kochen lassen, wozu ungefähr 2½ bis 3 Stunden erforderlich; eine Dressiernadel hinein gesteckt und geht diese leicht wieder heraus, ohne den Puter aufzuheben, so wird er in seinen Fond zurückgestellt und bis zum andern Tag darin erkalten lassen. Jetzt herausgenommen und ausgewickelt, sauber unten und an den Seiten beschnitten, unten 2 Finger hoch ein Sockel abgeschnitten und das Obere darüber tranchiert. Währenddessen hat man nun die Brühe entfettet, mit der nötigen Gelatine versetzt, mit 6 bis 8 frischen Eiweiß geklärt, durch eine Serviette filtriert, (siehe Abschnitt 3 Nr. 162) wenn durchgelaufen, in Eis erkaltet und steif geworden, die Galantine damit garniert. Am schönsten macht sich dieselbe auf einem länglichen Stearinsockel, welcher auf eine lange Schüssel mit Serviette gestellt und um den Fuß ein Kranz von Brunnenkresse angerichtet. Die Galantine, nachdem sie tranchiert, mit Glace überpinselt, mit Croutons von Aspic oder gehacktem Aspic garniert, sowie dazwischen kleine Sträußchen Petersilie. Oben, wenn zum Büffet, einige hübsch besteckte Silberspieße darauf gesteckt.

402. Wildschweinskopf, garniert. Nachdem der Kopf am Genick bis zu den Schulterblättern abgeschnitten ist, läßt man ihn in der Schmiede absengen, löst das Fleisch am Genickknochen etwas los und bricht denselben aus. Jetzt löst man die Haut mit Fleisch rings um den Rüssel los und macht auf der Stirne einen kreuzweisen Einschnitt, um die Haut vor dem Platzen zu bewahren. Nun einige Stunden eingewässert, dann abgetrocknet und der ganze Kopf netzartig mit dickem Sackband überschnürt in einen großen Kessel gelegt, wo er bequem hineingeht. Dann das nötige Wurzelwerk, Lorbeerblatt, Pfefferkörner, 1 Flasche Rotwein, einige Zwiebeln, einige Wachholderbeeren, das nötige Wasser, daß er gut bedeckt ist und soviel Essig und Salz, daß es gut säuerlich und salzig schmeckt, dazu und nun den Kopf langsam weich kochen und alsdann darin erkalten lassen. Wenn dies geschehen, nimmt man den Kopf heraus, stellt ihn einen Augenblick in den Ofen, damit das etwa darauf sitzengebliebene Fett abschmilzt, entfernt das Band und trocknet den Kopf sauber ab. Jetzt die Augen mit glatt und geschmeidig gekneteten Schweineschmalz, woran etwas Citronensaft, ausgestrichen und eine Pupille, von der Schwarte zurechtgeschnitten, in die Mitte gedrückt. Alsdann ein passender Schild von dem Schmalz dressiert und auf der Stirne so angebracht, daß es oben

zwischen den Ohren anfängt und bis zum Maul heruntergeht; der
Schild muß so breit sein, daß er gerade zwischen die Ohren paßt
und nach unten schmaler wird. Jetzt einen Moment eine glühende
Schaufel darüber gehalten, daß er recht blank wird, und herum sowie
in der Mitte herunter kleine Tittelchen von rotgefärbtem Schmalz gespritzt,
ein Kranz von kleinen Lorbeerblättern darum gesteckt, auf den Rüssel
sowie auf das Genick eine kleine Rosette gespritzt und ebenfalls mit
kleinen Lorbeerblättern umsteckt; eine schöne Citrone im Maul angebracht, der Kopf auf einer Schüssel mit hübsch gelegter Serviette
angerichtet, ein Kranz von losen Blumen und Grünem darum
arrangiert und eine Cumberlandsauce extra dazu gereicht. Soll der
Kopf gleich tranchiert werden, schneidet man das Genick dicht hinter
den Ohren ab, teilt es quer durch, schneidet jede Hälfte in Scheiben,
legt es wieder zusammen, legt unter der Serviette einen schräge geschnittenen Brotcrouton mit der hohen Seite am Kopf fest, richtet
das Geschnittene darauf an, garniert es mit gehacktem Aspic und mit
Petersilie, legt aber die Blumen alsdann nur bis zu den Ohren
vorne herum.

403. Wildschweinskopf, farciert. Ein Wildschweinskopf
wird abgesengt, gewaschen und abgetrocknet, wie im Vorhergehenden
angegeben ist. Jetzt vollständig alle Knochen herausgeschnitten, indem man unten am Kiefer längs schneidet und das Kopfgerippe
herauslöst, ohne indessen die Kopfschwarte zu beschädigen, innen, wenn
vorhanden, alles Drüsenartige herausgeschnitten und von innen mit
Salz und 50 Gr. Salpeter eingerieben. Währenddessen hat man die
Fetthaut von einer Keule vorsichtig abgelöst, so daß sie heil bleibt,
das Fleisch von der Keule, vom Hals und Kopfknochen abgesucht und
ebenfalls mit Salz und 83 Gr. Salpeter eingerieben, in den Kopf
gelegt, zusammen geschlagen, in ein irdenes Geschirr gelegt, etwas
beschwert und unter öfterem Umwenden 5 bis 6 Tage, so daß der
Kopf und das Fleisch innen tüchtig rot werden, an einem kühlen
Ort aufbewahrt. Jetzt die bessere Hälfte von dem Fleisch in 5 cm
große, viereckige Stücke geschnitten, ebenfalls 1 Kilogr. in halb so
große Würfel geschnittenen Speck, 160 Gr. abgebrühte Pistazien,
$1\frac{1}{4}$ Kilogr. abgeschälte und in 4 Teile geschnittene Perigordtrüffeln,
sowie eine große, halb weich gekochte und abgeschälte, in große

Würfel geschnittene Ochsenzunge dazu und das Ganze mit etwas Pastetenpulver untermengt, zugedeckt bei Seite gestellt. Währenddessen hat
man das zurückgelassene Wildschweinfleisch mit ebensoviel Speck fein
durchgedreht, mit etwas Pastetenpulver und Gewürz abgeschmeckt, zu
den zurückgestellten Ingredienzen gethan und gehörig das Ganze
miteinander gebunden und vermischt. Nun näht man die Kopfhaut
der Länge nach zusammen, das Maul sowie die Augen zu; sodann
wird die zurückgestellte Haut von der Keule, welche in der Größe der
hinteren Oeffnung zu einer Scheibe zugeschnitten ist, halb darüber
genäht, die andere Hälfte zurückgeklappt und in diese Oeffnung das
Ganze hinein gefüllt und gepreßt, indem Jemand den Kopf aufrecht
stehend hält. Jetzt dies ebenfalls zugenäht, egale Facon gegeben, in
eine Serviette gewickelt, netzartig umschnürt und in einem Geschirr,
wie der vorhergehende Wildschweinskopf, gekocht aber ohne Essig.
Es werden hierzu je nach der Größe 3 bis 6 Stunden erforderlich sein,
fängt der Kopf an zu schwimmen, so wird er weich. Jetzt steckt man
sicherheitshalber noch eine Dressiernadel durch, und geht diese leicht
herein und heraus, ohne den Kopf zu heben, so stellt man ihn zurück,
nimmt ihn nach einer Stunde heraus, bindet ihn recht fest nach und
legt ihn in die Brühe zurück, worin man ihn erkalten läßt. Jetzt
herausgenommen, in ein passendes Holz- oder irdenes Geschirr
gelegt, nachdem die Bandelage sowie das Tuch entfernt sind, die
Brühe durchgegossen und soweit eingekocht, daß der Kopf gut bedeckt
ist. Beim Gebrauch herausgenommen, einen Moment in den Ofen
geschoben, daß das Fett abschmilzt, sauber abgewischt, angerichtet und
tranchiert wie der vorhergehende, zuletzt 2 bis 3 hübsche Silberspieße,
woran je eine schöne große Perigordtrüffel steckt, der Länge nach
darauf festgesteckt. Auf diese Weise bereitet, kann der Kopf einige
Monate in seinem Sude stehen, man muß alsdann aber die Wild-
knochen, circa 16 Stück Kalbsfüße oder im Verhältniß Gelatine,
sowie einige Rinds- und Kalbsknochen mitkochen und den Kopf, nachdem er an einen kühlen, trockenen Ort gestellt, vollständig mit aus-
gelassenem Schweinefett zugießen.

VIII. Abschnitt.

Braten.

————

404. Krammetsvögel. Nachdem die Krammetsvögel gerupft und sauber nachgespielt sind, werden sie auf folgende Art dressiert: Man zieht den unteren Teil des Schnabels mit den beiden Röhren bis zur Brust ab, bohrt die Augen heraus und zieht die Kopfhaut ab. Dann nimmt man sie in die Hand, mit der Brust nach unten, das Kopfende auf sich gerichtet, nimmt nun das linke Bein, biegt die Krallen von unten nach innen und hakt sie nach außen über, nun das rechte Bein ebenfalls nach innen herein gebogen und übergehakt, dann der Vogel herumgedreht, so daß die Brust wieder nach oben kommt, steckt das rechte Bein durch's linke, holt den Kopf unter den rechten Flügel durch und steckt das linke Bein, welches man nach rechts übergeholt hat, durch die Augenhöhlen. Jetzt steckt man mehrere auf einen langen Spieß und flammiert sie. Eine Stunde in brauner Butter im Ofen gebraten, so daß sie ziemlich hell bleiben. Doch richtet sich dies je nach dem Geschmack. Beim Anrichten mit gerösteter Semmel überfüllt und mit Apfelmus zu Tisch gegeben.

405. Schnepfe. Die Schnepfe wird gerupft, flammiert und ausgenommen, das Eingeweide auf ein Brett gethan, dann die Schnepfe auf folgende Art dressiert: Die Beine wie bei dem Krammetsvogel nach innen gebogen und die Krallen nach außen übergehakt. Der untere Teil des Schnabels wird mit den Röhren abgezogen, die Augen herausgebohrt, die Beine eingeschoben und dann der Schnabel durch die eingeschobenen Keulen gesteckt. Nun wird die Schnepfe mit einer Speckscheibe, welche man mit Salz eingesprengt hat, belegt, so daß die Brust gut bedeckt ist, und mit Bindfaden fest umwickelt. Dann in brauner Butter 1 Stunde in ganz hellbrauner Farbe gebraten. Nun wird das Eingeweide, wovon der Magen und die Galle entfernt sind, ganz fein gewiegt. Auf ungefähr 3 feingewiegte Eingeweide kommen gut 2 Eßlöffel zerlassener Butter, 1 gehäufter Eßlöffel geriebener Semmel, hiermit durchgemengt und von Salz abgeschmeckt. Dieses wird auf französische Brot= oder Semmelscheiben D, welche halbrund geschnitten werden, nicht zu dick aufgestrichen und in Butter um= gekehrt, dann auf dem Feuer von unten Farbe gegeben und zum An= richten im Ofen einmal weiß überschäumen lassen. Wenn die Schnepfe angerichtet ist, werden diese Brötchen rund herumgelegt, dann wird die Schnepfe mit Sauce maskiert, welche man bereitet, indem man den Bratensatz mit fertiger Jus nebst dem Abfall (Hals, Rück= grat) losrührt, durchpassiert und von Salz abschmeckt. Der Rest der Sauce extra dazu gegeben.

406. Rebhuhn oder Feldhuhn. Das Rebhuhn wird ge= rupft, flammiert, nachgespielt und ausgenommen, nachdem man das Rückblut entfernt hat, gewaschen, dressiert und 1 Stunde in brauner Butter im Ofen gebraten, doch nicht zuviel Farbe gegeben. Die Jus wie die vorhergehende bereitet.

407. Auerhahn. Ein junger Auerhahn oder eine Henne wird wie das Rebhuhn bis zum Braten fertig gestellt und alsdann 1 bis 1¼ Stunde im Ofen gebraten.

408. Birkhuhn. Das Birkhuhn wird ebenso bereitet wie der Auerhahn.

409. Haselhuhn. Die Bereitungsart ist dieselbe wie beim Rebhuhn.

410. Schneehuhn. Wird ebenfalls so bereitet wie das Rebhuhn.

411. Fasan. Der Fasan wird ebenfalls gerupft und flammiert, an der Seite ausgenommen. Der Darm mit der hinteren Oeffnung ausgelöst und der Fasan daselbst gewaschen, aber nicht im inneren Teil, alsdann dressiert. 1 bis 1¼ Stunde im Ofen in goldgelber Farbe gebraten. Mit Kopf und Schwanz garniert zu Tisch gegeben.

412. Perlhuhn. Das Perlhuhn wird beim Braten und An= richten ebenso behandelt wie der Fasan. Man wählt aber hierzu nur

junge Tiere, welche recht ſchön gemäſtet ſein müſſen, am beſten mit
Hirſe, Mais oder Weizen. Alsdann iſt das Fleiſch eines des zarteſten,
welches man beim Geflügel antrifft.

413. Puter oder Puthenne. Derſelbe wird meiſtens im
Kropf gefüllt, zu welchem Zweck man die vordere Haut recht lang
läßt, näht den abgehauenen Hals in der Oeffnung in der Weiſe feſt,
daß das dünne Ende in den inneren Körper hinein kommt und das
andere vorne abſchließt und verhindert ſo, daß die Farce (welche im
Abſchnitt 17 angegeben iſt) in den inneren Körper eindringen kann.
Nun gewaſchen, dreſſiert, die Farce hinein gefüllt, der Kropf zugenäht,
aber nicht zu feſt, damit er beim Braten nicht platzt, und 1 bis
1¼ Stunde im Ofen gebraten. Dreſſur wie bei den Vorhergehenden.

414. Kapaun und Poularden. Ebenſo bereitet wie der
Faſan, wird aber nur 1 Stunde gebraten.

415. Junger Hahn oder Henne. Selbige werden im Ofen
1 Stunde gebraten oder auf der Maſchine von allen Seiten an-
geſchmort. Auch werden ſie wie Rebhühner ausgenommen, gewaſchen
und dreſſiert.

416. Tauben. Werden wie die Vorhergehenden behandelt.
Können aber wie auch beim Puter angegeben, gefüllt werden, meiſtens
mit Semmelfarce, welche im Abſchnitt 17 angegeben iſt.

417. Holzhäher. Derſelbe wird ſonſt zu Küchenzwecken nicht
gebraucht, man kann aber zur Abwechſelung eine wohlſchmeckende
Suppe davon kochen, indem man ſie behandelt wie bei der Tauben-
ſuppe angegeben und zuletzt einen Theelöffel Glace oder Fleiſchextrakt
dazu giebt.

418. Gans. Die Gans muß recht gemäſtet ſein, darf aber
am Tage vor dem Schlachten kein Futter mehr erhalten. Dieſelbe
wird am Hals, wie jedes andere Geflügel ausgenommen, dann
ſchneidet man vom Bruſtknochen gerade herunter bis zur Oeffnung,
löſt den Darm los und nimmt ſie aus, läßt aber von den hinteren
Fettpolſtern etwas darin. Nachdem man ſie nun gewaſchen, näht
man die Kropfhaut am Oberkörper zwiſchen den Flügeln zu, füllt die
Gans mit dem Gefüllten, wie im Abſchnitt 17 Nr. 954 angegeben,

näht die Oeffnung von oben nach unten zu, dressiert die Gans und brät sie 2½ bis 3 Stunden recht goldbraun im Ofen. Die Jus süß abgeschmeckt, das Gefüllte extra oder als Sockel angerichtet, die Gans darüber tranchiert, mit der Jus maskiert und Heringssalat, sowie der Rest der Jus extra dazu gereicht.

419. Zahme Ente. Dieselben werden ganz so behandelt wie die Gans, nur läßt man dieselben höchstens 1¼ bis 1½ Stunden im Ofen braten. Auch giebt man dieselben ungefüllt zum Gemüse z. B. Teltower Rübchen, Maronen, Schmorkohl, auch zu Wirsingkohl und Weißkohl und Kartoffeln, zu letzteren Beiden wird die Jus aber nicht süß abgeschmeckt.

420. Wildente oder Kriechente. Die Wildenten werden, so lange sie noch sehr jung, von der Haut befreit und mit Speckbarden umbunden, haben sie aber schon Korn gefressen, welches anfangs August der Fall, so können sie ohne Speck mit der Haut gebraten werden, weil sie dann nicht mehr thranig schmecken. Nun Butter braun gemacht, einige Zwiebeln, Lorbeerblatt und Gewürzkörner dazu, die Enten hineingelegt und 1 bis 1¼ Stunde in schöner Farbe gebraten, dann herausgenommen und angerichtet. Der Bratensatz entfettet, mit fertiger Bratenjus losgerührt, durch ein Sieb gestrichen und von Salz abgeschmeckt. Hiermit die Enten maskiert und der Rest extra beigegeben. Sehr gut schmeckt warmer Kartoffelsalat und blaues Pflaumenkompot dazu.

421. Bekassinen oder Sumpfschnepfe. Die Bereitungsart ist dieselbe wie bei der Schnepfe.

422. Wachteln. Dieselben werden wie die Rebhühner bereitet, man umwickelt sie vielfach wie auch die Rebhühner mit Weinblatt und Speckbarde und brät sie in klarer Butter, behandelt sie sonst aber ganz wie die schon früher beschriebenen Rebhühner.

423. Lerchen. Dieselben flammiert und dressiert wie die Krammetsvögel, aber ausgenommen und eine Stunde in klarer Butter im Ofen gebraten, aber so, daß die Brust nicht zu dunkelbraun, sondern ziemlich hell bleibt.

424. Hasen oder Kaninchen. Von dem Hasen wird, nachdem er aufgebrochen und ausgeweidet, das Fell abgezogen, die Blätter abgelöst und einen Finger breit unter dem Rücken die Haut und Rippen abgeschnitten. Der Rücken im Halsgelenk abgestutzt und an den Keulen abgeschnitten, abgehäutet und gespickt. Die Keulen zwei Finger breit hinter dem obersten Gelenk abgestutzt und die Sehne im Gelenk durchschnitten, alsdann der untere Knochen am Schwanz eingeschnitten, damit man den Darm vorsichtig herauslösen kann. Nun ebenfalls abgehäutet und gespickt. ³/₄ Stunde vor dem Anrichten die Keulen leicht gewaschen, in die Bratpfanne gelegt, leicht Salz darüber gestäubt, Bratenfett darunter und Butter obenauf gepflückt und im Ofen gebraten, eine viertel Stunde später der Rücken gewaschen, mit Salz bestäubt, Butter darauf gepflückt, zu den Keulen gelegt und nun ebenfalls in schöner Farbe gebraten, so daß die Keulen ³/₄ und der Rücken ¹/₂ Stunde gebraten wird. Mit einer guten Sahnenjus und Apfelmus zu Tisch gegeben. Die Kaninchen ebenso behandelt, nur vorher gespickt 2 Tage in saure Milch gelegt.

425. Rehrücken. Derselbe wird abgehäutet, bis einen Fingerbreit unter dem Fleisch die Rippen und Haut egal abgestutzt, gespickt, fünf Minuten bevor er in den Ofen kommt in Wasser gelegt und sauber gewaschen, leicht abgetrocknet, in eine Pfanne gelegt, Bratenfett darunter und Salz darüber gestäubt und knapp ¹/₂ Stunde bis eine gute halbe Stunde in einem ziemlich heißen Ofen gebraten unter häufigem Begießen, indem man einen Anrichtslöffel Wasser darunter gießt, jedesmal wenn das Fett klar ist. Es empfiehlt sich, vorne einen kleinen Spieß in den Rücken zu stecken, um das Krummziehen zu verhüten.

426. Rehkeule. Selbige wird tüchtig geklopft, abgehäutet, der Beinknochen 4 cm vom oberen Gelenk abgehauen und bis 1 cm vom Gelenk das Fleisch sauber abgeputzt, die Sehnen im Gelenk durchschnitten, damit die Keule beim Braten ihr gutes Aussehen behält, gewaschen, Bratenfett darunter, Salz übergestäubt und 1 bis 1¹/₄ Stunde im Ofen gebraten.

427. Damwildrücken. Derselbe wird fertig gemacht wie der Rehrücken und gut ¹/₂ Stunde bis ³/₄ Stunde, wenn er groß ist, gebraten.

428. Damwildkeule. Ebenso behandelt wie die Rehkeule, doch löst man auch die einzelnen Fricandeau aus, häutet diese ab, spickt sie, wäscht und bestreut diese mit Salz und brät die drei größeren knapp eine halbe Stunde, das kleine nur eine viertel Stunde.

429. Rotwildrücken. Wird fertig gemacht wie der Reh-rücken, nur mit dem Unterschiede, daß vorne am Kopfende das lose Fleisch bis zu der Sehne, welche direkt auf dem unteren Rückenfleisch sitzt, fortgeschnitten und letztere mit abgehäutet wird. $^3/_4$ bis 1 Stunde gebraten.

430. Rotwildkeule. Fertig gemacht wie die vorhergehenden Keulen. Die Bratzeit ist für eine Keule von einem Rotwildkalb oder schwachem Spießer $1^1/_2$ bis $1^3/_4$ Stunden, mittlere $1^3/_4$ bis $2^1/_4$ Stunden, stärkere Keulen $2^1/_2$ bis 3 Stunden. Doch löst man meistens die Fricandeau heraus und brät diese dann $^3/_4$ bis 1 Stunde.

431. Gemsrücken. Die Bereitungsart ist dieselbe wie beim Rehrücken. Bratzeit knapp $^3/_4$ bis 1 Stunde je nach Alter und Größe.

432. Gemskeule. Selbige wird gespickt und wie eine Reh-keule gebraten. Eine andere Methode ist folgende. Nachdem die Keule gespickt ist, wird sie in ein Geschirr gelegt mit einigen halbierten Zwiebeln, Lorbeerblättern, Wachholderbeeren, Thymian, Pastinak, Gewürz und einigen Nelken nebst dem Saft einer Citrone, mit heißem Essig übergossen, so, daß sie bedeckt ist, und 4 Tage stehen lassen. Beim Gebrauch herausgenommen, abgespült, in einer Bratpfanne mit einer Flasche Rotwein, saurer Sahne ($^1/_2$ Liter) und Bratenfett circa 1 Stunde gebraten, wenn nötig Bouillon nachgefüllt, worin man die Abfälle vom Braten ausgekocht hat. Jetzt die Sauce ent-fettet und verdickt, von Salz, einer Prise Zucker und dem Saft einer halben bitteren Pomeranze abgeschmeckt und dazu gereicht.

433. Wildschweinsrücken. Derselbe entweder wie Wildrücken gespickt oder nur die Haut von dem Fett abgezogen und nachdem er gewaschen, ein Spieß vorne in das Rückgrat gesteckt, damit er sich beim Braten nicht krumm zieht. Nun mit Zwiebeln, Lorbeerblatt, Ge-würz, Wurzelwerk, Bratenfett und einer halben Flasche Rotwein $^3/_4$ bis 1 Stunde (wenn es ein Frischling ist) gebraten. Die Sauce entfettet, mit fertiger Bratenjus losgerührt und eingeschmort, so daß sie dick genug ist, durchgestrichen und von Salz abgeschmeckt.

434. Wildschweinskeule. Dieselbe wird wie die Gemskeule in eine Essig=Marinade eingelegt, alsdann wie der vorbeschriebene Rücken gebraten und weich geschmort. Zu bemerken ist noch, daß alles Fleisch zum Braten, außer dem Wasser=Wildgeflügel, welches möglichst frisch verwandt wird, im Sommer 6 bis 8 Tage vor dem Gebrauch geschossen oder geschlachtet werden muß, im Winter 8 bis 12 Tage.

435. Zahme Schweinskeule. Dieselbe mit Zwiebeln, Lorbeer= blatt, Gewürz, Bratenfett und Wasser in den Ofen gestellt, nachdem sie mit Salz bestäubt ist, und 1½ bis 2 Stunden gebraten. Nachdem die Sauce entfettet, wird sie losgerührt, mit den Zwiebeln durch= gestrichen, mit Mehl sehmig gemacht und von Salz abgeschmeckt.

436. Schweinskarree. Hierunter versteht man die eine Seite eines Schweinsrückens von den Keulen bis zum Blatt. Dieses wird leicht mit Salz bestäubt, wie das Vorhergehende eingesetzt und 1½ bis 2 Stunden gebraten; herausgenommen, unten die Knochen entfernt, in eine andere Pfanne gelegt, gleichmäßig mit gestoßener Semmel überstreut, etwas Wasser darunter gegossen und im Ofen schöne Farbe nehmen lassen. Die Sauce dann in der anderen Pfanne so behandelt wie bei der Keule, das Karree aber nicht damit maskiert, sondern etwas unter gefüllt und der Rest extra beigegeben.

437. Hammelrücken. Derselbe kann wie der Rehrücken be= handelt und auch gespickt gebraten werden (³/₄ Stunde), oder auf englische Art, indem man die feine Haut von dem Fett abzieht, vorne am Kopfende an beiden Seiten die Sehnen fortschneidet, den Rücken sauber wäscht, recht trocken reibt, mit Salz überstäubt, einen Spieß hineinsteckt, daß er sich nicht krumm ziehen kann, in eine Pfanne legt, mit heißem klaren Fett übergießt und in einem glühend heißen Ofen knapp ½ Stunde scharf brät. Jetzt steckt man vorne am Halsende einen kleinen Finger lang eine Dressiernadel auf eine Minute hinein, zieht diese schnell heraus und hält sie gegen die Lippen, ist dieselbe recht heiß, so ist er gut. Nun mit der Pfanne in das offene Fenster gestellt und ungefähr ein Drittel abkühlen lassen. Wenn tranchiert, noch=

mals recht heiß gestellt und angerichtet. Der Rücken muß am Knochen
rosig aussehen, aber nicht blutig sein.

438. Hammelkeule, geschmort. Nachdem die Hammelkeule
tüchtig geklopft und hergerichtet ist, wird dieselbe in einen länglichen
Kessel oder eine Kasserolle gethan und mit Lorbeerblatt, Gewürz, Wurzelwerk, Zwiebeln, Bratenfett und soviel Wasser, daß die Keule knapp
bedeckt ist, in den Ofen gestellt und 2 Stunden so schmoren lassen.
Jetzt mit dem ganzen Fond in eine Bratpfanne gethan und im Ofen
weiter geschmort, wobei man den Fond nun kürzer gehen läßt. Zu
bemerken ist, daß die Keule von vornherein alle Stunde umgekehrt
werden muß, so daß dieselbe eine Stunde mit der guten Seite nach
oben, die andere Stunde mit derselben nach unten liegt, damit die
Farbe gleichmäßig verteilt wird. Im Ganzen muß man $3\frac{1}{2}$ bis
4 Stunden hierzu rechnen. Die Keule kann aber auch gespickt und
wie Rehkeule gebraten werden.

439. Hammelkeule auf englische Art. Dieselbe wird geklopft, die feine Haut von dem Fett abgezogen, das Bein fertig zur
Manschette gemacht, mit Salz bestäubt, mit heißem, klaren Fett $\frac{3}{4}$
bis 1 Stunde gebraten und Probe mit der Dressiernadel gemacht.

440. Kalbsrücken. Ein Kalbsrücken wird sauber gewaschen,
abgehäutet und gespickt, an den Seiten behauen, ein Spieß hineingesteckt, mit Salz bestäubt, in eine Bratpfanne gethan, Bratenfett
darunter und in einem glühend heißen Ofen $\frac{3}{4}$ bis 1 Stunde gebraten, damit er ordentlich goldbraune Farbe bekommt.

441. Kalbskeule. Die Kalbskeule wird gewaschen, oben abgehäutet und gespickt und in der Pfanne mit Bratenfett und Salz gebraten. Eine Keule von 5 bis 8 Kilogr. wird $1\frac{1}{2}$ bis 2 Stunden,
eine solche von 8 bis 12 Kilogr. wird 2 bis $2\frac{1}{2}$ auch 3 Stunden
gebraten.

442. Kalbsfricandeaux. Man lege eine Keule so vor sich
hin, daß der Beinknochen auf einen zu liegt und zeigt, so hat man
nach der Seite, wo das Bein hinzeigt, die beiden besten Fricandeaux
sitzen. Beide gehen bis nach dem Knochen zu, welcher mitten durch
die Keule in der Verlängerung des Beinknochens liegt. Nun geht
das obere nach unten bis zur Hälfte, oben bis nach dem Knochen,

8*

wo die Keulen zusammen gesessen haben. Das untere Fricandeau, welches das beste und fleischigste ist, geht bis nach der Schaufel heran, das Fricandeau rechts von dem Mittelknochen heißt die Nuß, dieselbe geht durch bis nach unten und vorne bis zum Schaufelknochen. Beim Gebrauch wird dasselbe an der Seite, welche nach dem Mittelknochen heransitzt, etwas eingeschnitten und diese Seite nach unten gelegt. Oben in der Schaufel als Verlängerung der Nuß befindet sich das kleine Fricandeau, dasselbe liegt mit der einen Hälfte quer vor der Nuß, die andere Hälfte liegt unter der Spitze des oberen Fricandeaus. Sind diese nun so herausgeschnitten, so werden sie gewaschen, abgehäutet, gespickt, mit Salz überstäubt, Bratenfett in eine Pfanne gethan und nun die drei größeren ³/₄ bis 1 Stunde, das kleine ½ bis ³/₄ Stunde in schöner glänzender brauner Farbe gebraten.

443. Kalbsnierenbraten. Die eine Seite des Kalbsrückens vom Schlußbein bis 3 Rippen über der Niere wird sauber gewaschen und so trocken wie möglich gewischt, alsdann die Rippen auf die Hälfte herausgelöst und nach dem dicken Ende zu nach unten aufgerollt, somit dem ganzen Bratenstück ein länglich, viereckiges Ansehen gebend. Jetzt bandelliert, damit das Aufgerollte sich hält, mit Salz bestäubt, Bratenfett in eine Pfanne gethan, der Braten dazu und 1³/₄ bis 2¹/₂ Stunden gebraten.

444. Kalbsmilch. Recht schöne große Stücke Kalbsmilch werden eine Stunde in lauwarmem Wasser gewässert, alsdann lang in Wasser einmal aufgekocht und mit kaltem Wasser abgekühlt. Alsdann sauber abgezogen und dressiert, recht hübsch gespickt, eine Pfanne mit Butter ausgestrichen, die Kalbsmilch hinein rangiert, etwas in Scheiben geschnittenes Wurzelwerk, einige Pfefferkörner und ein kleines Lorbeerblatt dazu, etwas Bouillon darunter gegossen, mit Salz bestäubt und unter öfterem Begießen in schöner Farbe 20 bis 30 Minuten im Ofen gebraten. Beim Anrichten tranchiert und mit Glace überpinselt. Diese Kalbsmilch wird als Braten allein weniger, meistens als warme Beilage zu irgend einem Gemüse oder Puree verwandt.

445. Roastbeef. Ein schönes Roastbeef von einem jungen, fetten Ochsen im Gewichte von 8 bis 10 Kilogr., welches 8 bis

12 Tage gehangen hat, wird sauber abgewischt, in eine Pfanne mit klarem heißen Bratenfett gelegt, Salz darüber gestäubt und in einem recht heißen Ofen 2½ bis 3 Stunden gebraten. Man mache die Probe, indem man, wie beim Hammelrücken, die Dressiernadel eine Minute am Kopfende bis zur Hälfte in das Fleisch hineinsteckt; ist dieselbe so heiß, daß man es nicht an der Lippe aushalten kann, so ist das Fleisch gut. Dasselbe muß schön rosa, aber nicht blutig am Knochen sein.

446. Rinderfilet. Nachdem das Rinderfilet 8 Tage gehangen hat, wird es leicht geklopft, abgehäutet, und der Kopf, womit man das dicke Ende bezeichnet, daran gelassen und der Länge nach sauber gespickt. Jetzt zusammengeschoben, mit Salz bestäubt in eine Pfanne gelegt, Bratenfett darunter und in einem recht heißen Ofen knapp ½ bis ¾ Stunden je nach der Dicke und Größe des Filets gebraten. Wenn es gut ist, so muß beim Tranchieren ein thalergroßer rosa Fleck in der Mitte sein.

447. Casseler Rippspeer. Man bekommt dies Stück Fleisch nur in größeren Pökel- und Rauchwaarenhandlungen und ist das Fleisch sehr schön rosa und zart. Man brät es, wie beim Schweinskarree angegeben, 1½ bis 2 Stunden, bestreut es aber nicht mit Semmel, sondern giebt ihm so hübsche Farbe.

448. Schweinsrippenbraten, gefüllt. Ein Rippenbraten wird der Länge nach in der Mitte eingeknickt und zusammengeklappt, alsdann mit Äpfeln und Pflaumen, wie es im Abschnitt 17, Nr. 954 angegeben ist, gefüllt und rundherum die offenen Seiten zugenäht. In eine Bratpfanne mit Zwiebeln, Lorbeerblatt, Pfefferkörnern, etwas Bratenfett und Wasser gelegt und von beiden Seiten in glänzend brauner Farbe gebraten, wozu etwa 2 bis 2½ Stunden erforderlich. Die Jus entfettet, losgerührt, verdickt und von Salz und Zucker abgeschmeckt. Trockene Kartoffeln dazu gereicht.

IX. Abschnitt.

Saucen.

---

449. Senfsauce. Eine kleine Kasserolle halb voll fertiger Bratenjus, 1/8 Liter saure Sahne und 3 gehäufte Eßlöffel Senf zusammen aufgekocht. Jetzt von Salz, Essig und Zucker abgeschmeckt, so daß die Sauce scharf nach Senf, süßsäuerlich und nicht nüchtern schmeckt.

450. Chalottensauce. Die Chalotten werden dreimal in Scheiben durchgeschnitten und in Butter gar gedünstet. Jetzt etwas Glace, sowie die nötige gute Jus dazu, von Salz abgeschmeckt und mit Citronensaft geschärft.

451. Salatsauce. Von einem hartgekochten Ei wird das Gelbe durch ein Sieb in ein irdenes Geschirr gestrichen, ein rohes Eigelb und etwas Salz dazu und mit Öl dick gerührt. Ein gestrichener Theelöffel Senf und etwas Weinessig dazu und von Salz und Pfeffer abgeschmeckt.

452. Remoladensauce. Von 2 hart gekochten und 2 rohen Eiern wird das Gelbe durch ein Sieb in eine Schüssel gestrichen und mit Provenceöl dick aufgerührt. Jetzt Senf, Pfeffer, etwas Salz, Essig und etwas Weißwein dazu und nach Geschmack von Zucker abgeschmeckt, nachdem etwas gehackter Schnittlauch und Estragon dazu gethan.

453. Weiße Coulissauce. Ein eigroßes Stück Butter (40 Gr.) und ein guter Holzlöffel Mehl (35 Gr.) passiert, mit kochender Milch glatt abgerührt, zu einer dicken Sauce eingekocht und kalt gestellt. (Hauptsächlich wird sie zur Fischfarce benutzt.)

454. Meerrettigsauce. Butter und Mehl werden zusammen aufgerührt. Sodann mit Bouillon verrührt, 8 gehäufte Eßlöffel geriebenen Meerrettig dazu gethan, einmal aufkochen lassen, mit 3 bis 4 Eigelb ablegiert, nochmals aufkochen lassen und durchgestrichen, von Salz abgeschmeckt und mit Citronensaft geschärft.

455. Spargelsauce. 1¼ Holzlöffel Mehl (50 Gr.) in einem eigroßen Stück Butter (60 Gr.) passiert, mit Spargelwasser abgerührt und mit 4 Eigelb und 6 Tropfen Citronensaft legiert. Alsdann von Salz abgeschmeckt.

456. Einfache holländische Sauce. Butter und Mehl werden passiert, alsdann mit heller Bouillon abgerührt und ¼ Stunde kochen lassen. Währenddessen hat man 4 bis 6 Eigelb mit dem Saft von einer halben Citrone und etwas Wasser ordentlich durchgeschlagen, die Sauce hiermit ablegiert, noch einmal aufstoßen lassen unter fortwährendem Schlagen mit der Schneerute, von Salz abgeschmeckt und durchpassiert. Ein anderes Verfahren, ohne Mehl, ist folgendes: In eine Kasserolle giebt man 5 Eidotter, den Saft von einer viertel Citrone, 3 Eßlöffel Wasser oder leichte Bouillon und den dritten Teil von 250 Gr. Butter, stellt dies in ein bain-marie- oder Wasserbad und giebt unter fortwährendem Schlagen mit der Schneerute den Rest der Butter sowie weitere 4 bis 5 Eßlöffel Wasser oder Bouillon nach und nach dazu. Jetzt von Salz abgeschmeckt. Diese Sauce muß fortwährend geschlagen und nach dem Anrichten sogleich gegessen werden, da sie sehr leicht gerinnt. Will man dieselbe zum Stangenspargel geben, so verwendet man als zuzugebende Flüssigkeit das Spargelwasser. Im Ganzen rechnet man zum Anfertigen der Sauce 15 bis 20 Minuten.

457. Sauce à la maître d'hôtel. Fein gewiegter Schnittlauch, Estragon und Petersilie, von jedem ½ Theelöffel, werden in Butter passiert, Mehl dazu, mit Bouillon verkocht, etwas Sardellenbutter dazu, mit 4 Eigelb legiert, etwas Citronensaft daran und von Salz abgeschmeckt. Man giebt diese Sauce zu Klops, Hühnern à la Braise, auch zu Kartoffeln und dergleichen mehr.

458. Cumberlandsauce. Zwei kleine bittere Pomeranzen werden auf Zucker abgerieben, dann mit einem Messer dünn abgeschabt, damit nicht viel vom Zucker dazu kommt und fein gemacht.

Dann in eine Schüffel gethan, zwei Hafen Johannisbeergelee dazu, durchgeftrichen, mit Rotwein verdünnt und pikant von englischem Senf und Pomeranzenschale abgeschmeckt.

459. Sardellenfauce. Die Sardellen werden ausgegrätet und dann mit gut ebensoviel Butter im Reibstein fein geftoßen. Jetzt durch ein feines Sieb geftrichen und kalt geftellt. Butter und Mehl paffiert, Bouillon hinzu gethan, bis zur gehörigen Dicke einkochen laffen, die Sardellenbutter dazu und von Salz abgeschmeckt.

460. Bechamellefauce. Schinken wird in Würfel geschnitten und mit reichlich in Scheiben geschnittenen Zwiebeln in Butter paffiert, mit Mehl paffiert, mit Milch abgerührt und die Zwiebeln darin weich gekocht. Jetzt durchgeftrichen und von Salz und Pfeffer abgeschmeckt.

461. Fines herbes-Sauce. Fertige Jus mit in Scheiben geschnittenen Champignons, fein gewiegtem Schnittlauch und Eftragon nebft etwas Glace verkocht und von Salz abgeschmeckt.

462. Sauce St. Hubert. Man nimmt 2 Eigelb und rührt dieselben mit tropfenweis hinzu gegoffenem Öl mittelft eines Holzlöffels, bis fie dick und eben werden, hierauf thut man etwas Salz, Senf, Effig und Pfeffer hinzu, aber nur wenig von allem und rührt es alsdann wieder lange und sorgfältig. Hierauf nimmt man einen Eßlöffel voll süßer roher Sahne und 3 Eßlöffel Fruchtgelee, rührt schließlich noch einmal alles ordentlich zusammen und schmeckt es etwas pikant ab.

463. Pomeranzenfauce. Die Schale von 2 bis 3 kleinen Pomeranzen wird in Stücke geschnitten (ganz kleine) und mit Rotwein übergoffen zugedeckt bei Seite geftellt. Dann eine Stunde vor dem Anrichten der Rotwein mit der nötigen Jus oder braunen Sauce eingekocht und heiß geftellt. Nachdem nun die Schale mit Waffer ebenfalls weich gekocht, wird fie auf ein Sieb geschüttet und zu der Sauce gethan. Alsdann von Salz abgeschmeckt.

464. Cornichonssauce. Butter braun gemacht, fertige Bratenjus und etwas Glace dazu und soweit einkochen laffen, bis fie dick genug ift. Dann dicke, schräge Scheiben von Cornichons dazu geschnitten, nochmals aufkochen laffen und von Salz abgeschmeckt.

465. Sauce Espagnole oder spanische Sauce. Zwiebeln und in Würfel geschnittener Schinken in Butter passiert, daß es hellbraun ist, dann Mehl dazu passiert und mit braunem Fond, Braten- oder angeschlagener Jus abgerührt, ½ Weinglas Madeira und 2 Weingläser Rotwein dazu, aus Fett und Schaum klar gekocht bis sie sehmig genug ist. Dann durch ein feines Sieb gestrichen, nochmal aufkochen lassen, von Salz abgeschmeckt und mit Citronensaft geschärft.

466. Krebssauce für 10 bis 12 Personen. 30 mittelgroße Krebse werden in kochendes Wasser, worin man 2 Zwiebeln und ein kleines Bündel Petersilie nebst Salz gethan hat, geworfen und darin dreimal überkochen lassen auf hellem Feuer; in eine Schüssel geschüttet und erkalten lassen. Nun wie bei Krebssuppe angegeben ausgebrochen und die Krebsbutter bereitet. Eine halbe Stunde vor dem Anrichten wird die Butter abgenommen und in eine Kasserolle gethan, klar werden lassen, ein guter Holzlöffel Mehl (40 Gr.) schnell darin glatt gerührt, ½ Minute passiert, das kochende Krebswasser dazu und nachdem es zu einer recht sehmigen Sauce gekocht, von Salz abgeschmeckt, durchpassiert und au-bain-marie warm gestellt. Beim Anrichten die der Länge nach halbierten Krebsschwänze hineingethan.

467. Austernsauce. Die Austern werden aus ihren Schalen gebrochen, doch so, daß das Wasser nicht verloren geht, der Bart entfernt und die Austern auf dem Feuer steif gemacht. Jetzt Butter und Mehl passiert, mit dem Austernwasser und der nötigen Bouillon abgerührt, mit 4 bis 5 Eigelb ablegiert, durchpassiert und nachdem die Sauce nochmal heiß geschlagen ist, die Austern hineingethan und recht heiß verwandt.

468. Muschelsauce. Die Muscheln tüchtig gewaschen, in ein Geschirr gethan mit einigen Zwiebeln und etwas Salz und auf dem Feuer so lange geschwenkt, bis sich die Schalen öffnen. Jetzt in eine Schüssel ausgeschüttet und erkalten lassen. Nachdem sie aus der Schale gebrochen, werden die Muscheln vom Bart befreit (der Rand an der geöffneten Seite) und zurückgestellt. Jetzt Butter und Mehl passiert, mit dem Muschelwasser verrührt, aufgekocht, zu einer recht

sehmigen Sauce verrührt, mit 4 bis 5 Eidottern abgeliert, durch=
passiert, von Salz abgeschmeckt und die Muscheln hineingethan.

469. Kapernsauce. Butter und Mehl passiert, mit Fisch=
wasser oder Bouillon verrührt, mit 4 bis 6 Eidottern abgeliert, etwas
von dem Kapernessig dazu und ein guter Eßlöffel voll Kapern beim
Anrichten hineingethan, nachdem sie mit Salz gewürzt.

470. Champignonsauce. Butter und Mehl passiert, mit
dem Champignonswasser und Bouillon verrührt, mit 5 Eidottern ab=
legiert, durchpassiert, von Salz abgeschmeckt, mit Citronensaft im Ge=
schmack gehoben, und beim Anrichten die Champignons, wovon die
größeren halbiert werden, in die Sauce hineingethan.

471. Sauce Moscovite. $^1/_4$ bis $^1/_2$ Liter saure Sahne lasse
man ziemlich kurz einkochen und versetze diese mit der nötigen braunen,
einfachen Sauce oder fertigen Bratenjus (ausgeschlossen ist solche von
Gänsen und Enten) nebst einem ordentlichen Stück Butter und dem
betreffenden Fumet oder Fleischsaft, zu dem die Sauce serviert
werden soll.

472. Braune Béarnoisersauce. In eine Kasserolle gebe
man 8 bis 10 Stück Eigelb nebst einem Ei großen Stück Butter
(40 Gr.) und Fond, welchen man sich von Zwiebeln, Pfefferkörnern
und Estragonessig nebst etwas Wasser gekocht hat, setze dies au-bain-
marie und schlage nach und nach noch 250 Gr. Butter dazu, gebe etwas
fertige, braune, kräftige Sauce nebst einem Stück Liebig's Fleischextrakt
dazu und schmecke die Sauce von Salz ab, nachdem man sich von ihrer
gehörigen Dicke überzeugt hat. Dieselbe wird zu Fisch und Filet=
beefsteaks von Rind oder Wild gegeben.

473. Orangenmeerrettig. In frisch bereitetes Apfelmus,
welches noch heiß ist, schüttet man dem Quantum nach halb soviel
ganz fein geriebenen Meerrettig und wenn es erkaltet ist, streicht man
es durch ein feines Haarsieb. Jetzt verdünnt man es mit Apfelsinen=
saft und Weißwein und schmeckt es kräftig von Orangenzucker ab.
Das Ganze muß süßsäuerlich, stark nach Apfelsinen und Meerrettig
schmecken, einer dicken Sauce oder dünnem Puree gleichen und wird
kalt zu heißem Rauchfleisch gegeben.

474. Sahnenmeerrettig zu Karpfen à la Holstein. Auf ½ Liter geschlagene Sahne thut man gut halb soviel fein geriebenen Meerrettig, giebt eine Prise Salz daran und nach Belieben auch etwas Zucker. Nachdem es nun recht erhaben auf einem Teller angerichtet, wird ein Kranz geriebener Meerrettig darum garniert, oder das Ganze mit etwas Weißwein zur Sauce verdünnt und in einer Saucière extra beigegeben.

475. Meerrettigsauce. Butter und etwas Mehl passiert, mit heller Bouillon abgerührt, reichlich geriebener Meerrettig hinein und zu einer Sauce verrührt, welche mehr dünnes Puree wie Sauce ist. Einmal aufkochen lassen und von Salz abgeschmeckt. Zu gekochtem Rindfleisch mit Butterkartoffeln und Salzgurken gut schmeckend.

476. Trüffelsauce. Zwiebeln und in feine Würfel geschnittener Schinken werden in Butter passiert, 1 bis 2 Holzlöffel Mehl (40 bis 80 Gr.) dazu passiert, alsdann mit braunem Fond, Rotwein und Madeira abgerührt, und aus Schaum und Fett gekocht. Währenddessen sind die Trüffeln tüchtig mit Wasser abgebürstet und sauber gewaschen, mit Rotwein und Madeira weich gedünstet, und der Fond ebenfalls zu der Sauce gethan, nachdem kein Schaum und Fett mehr herauskommt und selbige durchgestrichen ist. Die Trüffeln fein abgeschält und in messerrückendicke Scheiben geschnitten dazu gethan. Alsdann von Salz abgeschmeckt und, nachdem eine kleine Messerspitze Cayennepfeffer dazu gethan, au-bain-marie warm gestellt.

477. Weiße Geflügelsauce. Butter und Mehl passiert, mit einer weißen Geflügelbouillon, einem Stückchen Glace nebst etwas Weißwein abgerührt und klar aus Schaum und Fett gekocht. Alsdann mit etwas Champignonsfond versetzt, durch ein feines Haarsieb gestrichen und von Salz abgeschmeckt.

478. Braune pikante Sauce. Einige Chalotten, etwas würflich geschnittener Schinken werden mit einem Tassenkopf (²/₁₀ Liter) halb Weinessig, halb Wasser nebst einem kleinen Lorbeerblatt und 6 bis 8 schwarzen Pfefferkörnern ausgekocht. Währenddessen hat man Mehl in Butter gelb geröstet, verrührt dies mit dem nötigen braunen Fond und kocht es klar aus Schaum und Fett. Nachdem es nun mit dem vorher gekochten Weinessigfond versetzt ist, wird es von Salz abgeschmeckt. Diese Sauce muß die gehörige Dicke haben und pikant, doch nicht zu scharf nach dem Weinessigfond schmecken.

479. Knoblauchsauce. Eine einfache, braune, kräftige Sauce wie oben beschrieben, beim Anrichten mit der nötigen Knoblauch= butter, welche man dadurch erhält, daß man 1 gehäuften Eßlöffel Knoblauch mit ebensoviel Butter durch ein Sieb streicht, versetzt. Alsdann von Salz abgeschmeckt.

480. Liebesapfelsauce. Eine kräftige, braune, einfache Sauce wird mit einem ordentlichen Stück Glace und dem nötigen Liebes= äpfelpuree versetzt und von Salz abgeschmeckt, das Puree darf jedoch nicht zu stark vorschmecken.

481. Sauce Financière. Eine gehackte Zwiebel, etwas würflich geschnittener roher Schinken, einiger Abfall von frischen Champignons und Trüffeln nebst einer kleinen gelben Wurzel, Porree, ½ Kopf Sellerie und ⅓ Petersilienwurzel, etwas Thymian und Brasilicum, nebst einigen ganzen Pfefferkörnern werden mit einer Flasche Weißwein und ⅓ Flasche Champagner in einer gut zugedeckten Kasserolle aus- und um die Hälfte eingekocht. Jetzt entfettet, mit einer einfachen braunen Sauce unter fortwährendem Rühren kurz und dick genug eingekocht und durch ein feines Haarsieb passiert. Von Salz abgeschmeckt und ⅓ soviel wie Sauce Trüffelscheiben, welche vorher weich gedünstet sind, hineingethan.

482. Diplomatensauce. Man koche sich eine weiße Geflügel= sauce, wie in Nr. 477 angegeben, ohne Weißwein und Champignons= fond und versetze diese mit 2 Eßlöffel Krebsbutter und 1 Eßlöffel Sardellenbutter. Das Ganze aber erst von Salz abgeschmeckt, wenn sich die Sardellenbutter aufgelöst hat.

483. Königinsauce. Während man eine, wie in Nr. 477 angegeben, weiße Geflügelsauce kocht, nimmt man das Brustfleisch von einem saftig gebratenen Kapaun und stößt dieses mit 10 Stück süßen Mandeln und einem Tassenkopf süßer Sahne (²/₁₀ Liter) im Reibstein fein, vermischt es mit der Sauce und streicht diese durch ein feines Sieb. Nachdem die Sauce heiß gerührt, ein Stück Glace dazu und beim Anrichten ein Stück frische Butter daran, alsdann von Salz abgeschmeckt.

484. Morchelnsauce. Die Morcheln sechsmal gewaschen, der Fuß ab- und erstere in Viertel geschnitten, alsdann mit einer Zwiebel, etwas großwürflich geschnittenem Schinken, einem Stückchen Butter und etwas Salz ¼ Stunde gedünstet. Jetzt Zwiebeln und Schinken entfernt, der Fond zu einer einfachen braunen Sauce gethan, kurz gekocht, die Morcheln hinein nebst einem Glas guten Weißwein, von Salz abgeschmeckt und mit Citronensaft im Geschmack gehoben.

485. Königssauce. Ein alter Fasan wird in der Braise gar gemacht. Jetzt Butter mit gehackten Zwiebeln und würflich geschnittenem Schinken nebst Mehl passiert, mit der entfetteten Fasanenbrühe abgerührt und aus Fett und Schaum gekocht. Ein Stück Glace sowie etwas Trüffelfond, welchen man dadurch erhält, daß man sechs sauber gemachte rohe Trüffeln in ¼ Liter Rheinwein weich dünstet, von Salz abschmeckt und die Trüffeln geschält und großwürflich geschnitten kurz vor dem Anrichten hineinthut.

486. Grüne Kräutersauce. Man bereitet sich eine weiße Geflügelsauce, wie in Nr. 477 angegeben. Währenddessen kocht man etwas würflich geschnittenen Schinken, 10 Stück Chalotten und 12 weiße Pfefferkörner mit ¼ Liter halb Weinessig, halb Wasser aus und kurz ein und giebt dies durch ein Sieb zu der Sauce. Auch nimmt man eine gute Hand voll junges Kerbelkraut sowie einige Estragonblätter, blanchiert diese ab, wiegt sie fein und streicht sie durch. Im letzten Augenblick die Sauce damit grün gefärbt.

487. Sauce Tortue. Etwas gehackte Zwiebeln, 125 Gramm würflich geschnittener Schinken, etwas Thymian, Majoran, ein Lorbeerblatt, etwas Petersilie, einige Gewürznelken, einige weiße Pfefferkörner, einige Abfälle von Champignons und Trüffeln werden mit einer halben Flasche Port- oder Marsalawein gut zugedeckt gedünstet. Alsdann durch ein feines Sieb zu einer kräftigen braunen Sauce gethan, 3 Eßlöffel Tomatenpuree, sowie ein Stück Glace und ein halbes Hühnerei großes Stück Sardellenbutter dazu und nachdem sie von Salz abgeschmeckt, eine Prise Cayennepfeffer daran gethan.

488. Toulouser Sauce. Man koche eine weiße Geflügelsauce, wie in Nr. 477 angegeben, aus Schaum und Fett, indem man einige Abfälle von rohen Trüffeln und Champignons dazu thut.

Wenn sie die gehörige Dicke hat, durchpassiert und ¼ soviel wie Sauce in Scheiben geschnittene Trüffeln und ebensoviel in Scheiben geschnittene Champignons dazu.

489. Weiße Sauce Béarnoise. In eine Kasserolle thut man 6 Eigelb und ein hühnereigroßes Stück Butter (40 Gr.). Vorher kocht man sich einen Fond von einigen in Scheiben geschnittenen Zwiebeln, einigen weißen und schwarzen Pfefferkörnern sowie $\frac{2}{10}$ Liter Essig und $\frac{1}{10}$ Liter Wasser, von diesem Fond gießt man kalt die Hälfte zu den Eiern, stellt es in ein bain-marie und schlägt es tüchtig. Wenn es anfängt, sich zu verdicken, giebt man nach und nach 160 bis 190 Gr. Butter unter fortwährendem Schlagen dazu, und wenn nötig, auch noch etwas von dem Fond, alsdann von Salz abgeschmeckt. Diese Sauce darf nicht stehen, sondern muß möglichst erst kurz vor dem Gebrauch abgeschlagen werden, da sie sehr leicht gerinnt.

490. Haushofmeistersauce. Etwas gehacktes Kerbelkraut, Estragon und Petersilie abblanchiert und zurückgestellt, nachdem man es auf ein Sieb geschüttet und mit kaltem Wasser abgekühlt hat. Währenddessen passiert man Zwiebeln und Schinken in Butter, zwei Holzlöffel Mehl (70 Gr.) dazu, verrührt dies mit kräftiger Kalbfleischbouillon, einem Stück Glace und läßt diese Sauce rein aus Schaum und Fett kochen. Mit 4 Eigelb legiert, durchpassiert, ein Stückchen Sardellenbutter, die feinen Kräuter, sowie der Saft einer halben Citrone und das nötige Salz daran.

491. Italienische Sauce. Etwas gehackte Petersilie, Chalotten, Champignons und Trüffeln mit einem $\frac{3}{4}$ Hühnerei großen Stück Butter und einem Tassenkopf ($\frac{2}{10}$ Liter) Weißwein weich und kurz gedünstet. Jetzt mit einer Sauce Espagnole eingekocht, daß sie dick genug und Fett und Schaum heraus ist, alsdann durchpassiert und von Salz abgeschmeckt.

492. Zwiebelsauce mit Kümmel. Butter und in feine Scheiben geschnittene Zwiebeln werden passiert, darin ein Holzlöffel Mehl (40 Gr.) ebenfalls passiert, mit Bouillon und etwas Glace abgerührt zu einer recht sehmigen Sauce und die Zwiebel darin weich gekocht. Jetzt durch ein Sieb gestrichen, glatt geschlagen, mit einem gehäuften Theelöffel trockenen Kümmel durchgekocht und von Salz abgeschmeckt.

493. Braune Speckſauce. Nachdem man 2 gehäufte Eßlöffel voll in kleine Würfel geſchnittenen Speck hellbraun geröſtet hat,
giebt man 2 gehäufte Eßlöffel voll in ebenſo große Würfel geſchnittene
Zwiebeln dazu; röſtet es einen Moment und alsdann mit einem Holzlöffel Mehl (35 Gr.) ſo lange paſſiert, bis es hellbraun iſt. Jetzt
thut man ſoviel Waſſer dazu, daß es eine dicke, ſehmige Sauce wird,
ſchmeckt dieſe von Salz ab, färbt ſie mit etwas Kouleur, damit ſie
hellbraun wird, und reicht ſie zu Pellkartoffeln.

494. Angeſchlagene Jus. In einer Pfanne läßt man Butter
oder Fett klar werden, giebt 2 Mohrrüben, 2 Peterſilienwurzeln,
1 Kopf Sellerie, 2 Stangen Porree und 3 bis 4 Zwiebeln, alles
ſauber gemacht und in dicke ſchräge Scheiben geſchnitten, dazu und
läßt dies auf der Maſchine etwas röſten. Jetzt giebt man Abfall-
fleiſch von Rind, Wild, Kalb und Geflügel, auch das von den Braten
Abgehäutete (was man gerade hat) oder vom Hals, Bein und Blatt-
ſpitze, überhaupt alles, was man zu anderen Zwecken ſchlecht verwenden kann, nachdem es in nicht zu kleine Stücke geteilt und ſauber
gewaſchen iſt, dazu, läßt es in einem Ofen unter öfterem Umrühren
Farbe nehmen und zuletzt kurz angehen, jedoch darf es nicht ſchwarz-
braun werden. Nun giebt man es in eine Kaſſerolle, gießt ſoviel
Waſſer darauf, daß es gut bedeckt iſt, nimmt das Fett und den Schaum
ab und läßt es, nachdem noch 1 Lorbeerblatt und einige Gewürzkörner dazu gethan ſind, tüchtig auskochen. Alsdann zum Losrühren
der Bratenjus, zu braunen Saucen und wo es noch weiter angegeben
iſt, verwandt.

495. Vanillenſauce. Knapp ¾ Liter ſüße Sahne oder Milch
wird mit ½ Stange Vanille aufgekocht. 110 Gr. Zucker und 4 Eigelb werden durcheinander gerührt, mit der Sahne durchgeſchlagen,
dann aufgekocht, durchgegoſſen und kalt geſchlagen.

496. Chokoladenſauce. Auf 190 Gr. Chokolade (geriebene)
gieße man ¾ Liter kochende ſüße Sahne und laſſe dies 10 Minuten
kochen, jetzt löſt man in einer Obertaſſe Milch (²/₁₀ Liter) 2 Kaffee-
löffel Reismehl auf und läßt dies daran, ſchüttet nun 125 Gr. Zucker
dazu und läßt es noch ¼ Stunde kochen. Gießt die Sauce durch

ein feines Haarsieb und stellt sie bis zum Anrichten au-bain-marie warm.

497. Rosinensauce. Große Rosinen werden abgekocht und ausgesteint. Dann eine kleine Kasserolle halb voll Jus mit einem Weinglas Rotwein gut einkochen lassen, die Rosinen dazu und · von Salz und Zucker abgeschmeckt.

498. Weinschaumsauce (Chaudeau). 2 ganze, 4 gelbe Eier, 190 Gr. Zucker zusammen verrührt, die Schale von 1 Citrone und der Saft von 1½ Citrone nebst ½ Flaschen Rheinwein oder Graves dazu. Tüchtig durchgeschlagen und auf dem Feuer einmal aufstoßen lassen, unter fortwährendem Schlagen mit der Schneerute.

499. Chokoladensauce zu Reis à la Rochow. ³/₄ Tafel Chokolade im Gewichte von ungefähr 190 Gr. wird gerieben und in einen Messingkessel durch ein Sieb gelassen. Dazu giebt man 4 gehäufte Eßlöffel Zucker, 2 ganze, 2 gelbe Eier und einen kleinen Tassenkopf (²/₁₀ Liter) süßer Sahne. Alles gut verrührt und auf gelindem Feuer einmal aufstoßen lassen, dann kalt geschlagen.

Nun giebt man ungefähr ½ Liter Schlagsahne dazu, welche aber nicht steif geschlagen, sondern nur schäumig und eben gequirlt wird, dazu den noch nötigen Zucker und stellt es bis zum Gebrauch in Eiswasser.

500. Apfelsinensauce. Die Apfelsinen werden geschält, die Schnitten mit Wasser und Zucker ausgekocht, dann durchgestrichen und mit Kartoffelmehl sehmig eingekocht. Mit Zucker sowie einer Prise Salz abgeschmeckt.

501. Kirschsauce. Kirschsaft mit etwas Wasser verdünnt, etwas Kartoffelmehl angesehmt, darin gar gekocht und nach Geschmack ein Schuß Jamaica-Rum dazu.

502. Kirschfleischsauce. ½ Kirschfleisch, ½ Kirschsaft, mit etwas Wasser verdünnt, etwas Kartoffelmehl angesehmt und gar kochen lassen, sowie ein kleiner Schuß Rum daran. (Hauptsächlich zu Hirsch- oder Wildschweinzimmer garniert.)

503. Himbeersauce. Wird ebenso bereitet, wie die Kirschsauce, ein Schuß Rum muß aber daran, da sie sonst zu weichlich schmeckt. (Zu Hirschzimmer garniert gegeben.)

504. Johannisbeersauce. Ebenso wie Kirschsauce, muß aber endgültig von Zucker abgeschmeckt werden. Ohne Rum.

505. Aprikosensauce. Aprikosenmarmelade um die Hälfte mit Weißwein verdünnt, etwas Kartoffelmehl angesehmt und darin gar kochen lassen, mit einem Schuß Rum, einer Prise Salz und von Zucker abgeschmeckt.

506. Punschsauce. An ³/₄ Liter Rotwein, woran ¹/₂ Weinglas Jamaika-Rum, gebe man die Schale einer halben Citrone, ¹/₂ Stange Zimmet, 4 Stück Nelken sowie den Saft von 2 Citronen. Nachdem man dies 5 Minuten gekocht, lasse man 2 gehäufte Theelöffel in ¹/₈ Liter Wasser glattgerührtes Kartoffelmehl daran, lasse es 10 Minuten ziehen, schmecke es von Zucker ab und gieße die Sauce durch ein Sieb.

X. Abschnitt.

Salats.

---

507. Kartoffelsalat. ⅓ Essig, ⅔ Wasser, etwas gehackte Zwiebeln nebst Pfeffer und Salz werden zusammen aufgekocht. Pellkartoffeln in Scheiben hineingeschnitten, Provenceöl dazu, tüchtig durchgeschwenkt und von Salz und Pfeffer abgeschmeckt.

508. Specksalat. 2 gehäufte Eßlöffel Zucker, 1 guter Schuß Essig und gut ⅛ Liter Wasser gut durcheinander gerührt, dann etwas Salz daran und der Kopfsalat damit durchgemengt; zuletzt einen guten Eßlöffel voll kleinwürflich geschnittenen und hellbraun ausgebratenen Speck lauwarm dazu.

509. Gurkensalat. Die Gurken werden dünn abgeschält, in Scheiben geschnitten oder gehobelt und zugedeckt bei Seite gestellt. Darauf werden sie eine halbe Stunde vor dem Anrichten gesalzen und 10 Minuten mit dem Salz stehen lassen. Dann werden sie ausgedrückt aber recht trocken. Kurz vor dem Anrichten werden sie mit gutem Öl, Essig, Salz, Pfeffer, feingewiegtem Schnittlauch und Estragon durchgemengt und sogleich zu Tisch gegeben.

510. Gemischter Salat. Scheiben ausgestochen von gekochten, kalten Pellkartoffeln, Sellerie und roten Rüben. Dann wird eine Salatsauce von 2 hartgekochten und 1 rohen Eigelb mit Provenceöl, gewöhnlichem Essig, Senf und Pfeffer gerührt. Von Zucker abgeschmeckt und diese Sauce mit Kartoffeln, Sellerie und Rüben zu gleichen Teilen vermengt.

511. Endivien, Kresse und Rapunzchenblätter=Salat. Wird gerade so bereitet wie Kopfsalat, nur kommen noch in

Scheiben geschnittene und ausgestochene Pellkartoffeln und rote Rüben dazu.

512. Heringssalat. Man schneidet Pellkartoffeln in Würfel, auch Kalbsbraten, gute Äpfel, Salzgurken, doch diese Würfel etwas kleiner und von letzterem dreiviertel so viel wie Kartoffeln und Braten; rote Rüben die Hälfte und zuletzt 2 ausgewässerte Heringe. Nun rührt man eine Sauce von Apfelmus, Provenceöl, Essig, Senf, Pfeffer und etwas Wasser, thut den Hering zuerst hinein, dann das andere, rührt es vorsichtig durcheinander, schmeckt es nochmals nach und richtet es in einer Salatschüssel an. (Mit harten Eiern, Kaviar, gerollten Sardellen, ausgekernten Oliven und Salatherzchen nebst gewiegtem Aspic und ausgebrochenen Krebsschwänzen garniert.)

513. Gemischter Heringssalat. Pellkartoffeln, Salzgurken und Hering großwürflich geschnitten zu gleichen Teilen und mit einer Remoladensauce vermengt.

514. Italienischer Salat. Wird bereitet wie Heringssalat, nur daß statt der Würfel feine Filets geschnitten werden. Man kann statt der vorhergehenden Sauce zu diesen beiden Salats die gewöhnliche Salatsauce nehmen, ohne Schnittlauch und Estragon, etwas süßlich abgeschmeckt.

515. Spargelsalat. Spargel wird geputzt, zu Brechspargel geschnitten und in Salzwasser weich gekocht, auf ein Sieb geschüttet und abtropfen lassen. Dann mit einer ziemlich dicken, etwas süßsäuerlich abgeschmeckten Remoladensauce vermengt.

516. Gemischter Salat auf andere Art. Diesen Salat bereitet man nur allein von in Scheiben geschnittenen ausgestochenen Pellkartoffeln und Sellerie, oder auch zusammen von in Scheiben ausgestochenen Pellkartoffeln, Sellerie, gelben Wurzeln und roten Rüben, welche erst alle in Salzwasser weich gekocht werden, sie werden dann mit einer etwas süßsäuerlich abgeschmeckten Remoladensauce vermengt.

517. Salat auf russische Art. Weich gekochtes Ochsenmaul, guter Kalbsbraten ohne Haut und Sehnen, sowie weich gekochter und erkalteter Fisch, von jedem ungefähr 200 Gr., werden großwürflich geschnitten, ebenfalls zwei ausgewässerte und ausgegrätete Heringe in Würfel dazu, sowie 3 gehäufte Eßlöffel würflich geschnittene Pfeffer-

gurken, 2 gehäufte Eßlöffel Kapern und 3 gehäufte Eßlöffel Perlzwiebeln; alles dieses mit einer Majonaisesauce oder nur mit Öl,
Essig, Pfeffer und Salz vermengt. Recht erhaben auf einer Salatschüssel angerichtet, oben mit Cervelatwurstscheiben und in Scheiben
geschnittener einmarinirter Neunaugen belegt; auf jede Cervelatwurst-
scheibe eine aufgerollte, halbe Sardelle gelegt, sowie ein Kranz von
abwechselnd gelegten Mixed Pickles und einmarinierten, recht weißen
Champignons unten herum garniert.

518. Kalter Kartoffelsalat. Pellkartoffeln werden weich gekocht, kalt werden lassen, abgepellt, in Scheiben geschnitten und ausgestochen, dann mit einer süßsäuerlichen Remoladensauce wie zum
Spargelsalat vermengt.

519. Kalter Kartoffelsalat auf andere Art. Pellkartoffeln werden
weich gekocht, abgepellt und in Scheiben in ein Geschirr geschnitten.
Nun lauwarm mit etwas Wasser, Essig, Öl, feingewiegten Zwiebeln
und Zucker vermengt und süßsäuerlich abgeschmeckt.

520. Kopfsalat. Hierzu nimmt man die festen guten Salat-
köpfe, befreit sie von den äußeren losen Blättern, teilt sie in der
Mitte durch, schneidet die Strünke schräge heraus, wäscht sie, thut sie
in ein Geschirr und vermischt sie mit einer Salatsauce, welche auf
folgende Art bereitet wird: Man streicht ein hartgekochtes gelbes Ei
durch ein Sieb in ein Geschirr, thut ein rohes gelbes Ei und etwas
Salz dazu, rührt es so einen Augenblick mit einem Holzlöffel und
giebt dann tropfenweis Provenceöl dazu, bis es dick genug ist, dann
½ Theelöffel Senf, etwas Essig, von Salz und Pfeffer abgeschmeckt.

521. Rapunzchenwurzelsalat. Die Wurzeln werden ge-
waschen, dann kalt mit Salzwasser aufgesetzt und weich gekocht, das
Wasser abgegossen, die Wurzeln mit kaltem Wasser abgekühlt, die äußere
Haut abgeputzt und auch so in Scheiben geschnitten wie rote Rüben.
Jetzt mit einer Salatsauce wie zum Kopfsalat vermischt.

522. Salat von Sellerie. Der Sellerie wird geputzt, in
Salzwasser weich gekocht und erkalten lassen. Nun geschält, in dicke
Scheiben geschnitten, mit dem Ausstecher ausgestochen und mit einer
Sauce wie zum Kartoffelsalat vermengt zu Tische gegeben.

523. Krautsalat von Rot= oder Weißkohl. Eine Partie Kohlköpfe wird fein geschnitten, wie zu Rotkohl, gewaschen, ab= blanchiert und abgegossen. Nun warm mit Salz, Essig und Öl durchgemengt und einige Stunden stehen lassen. Beim Anrichten mit dem noch nötigen Salz, Öl, Essig, gestoßenem Pfeffer und einer Prise Zucker richtig abgeschmeckt zur Tafel gegeben.

524. Salat auf andere Art. Endivien= und Rapünzchen= blätter werden sauber verlesen und gewaschen und jedes für sich auf ein Tuch zum Abtropfen gelegt. Jetzt ein Kopf Sellerie, sowie einige rote Rüben in Salzwasser weich gekocht; nach dem Erkalten Scheiben davon ausgestochen und jedes für sich mit Öl, Essig, Salz und Pfeffer vermengt. Ebenso verfährt man mit den Endivien= und Rapünzchen= blättern. Nachdem man nun einen Krautsalat von Rotkohl in der Mitte einer Salatschüssel recht erhaben angerichtet, garniert man einen Kranz abwechselnd von Endivien, Sellerie, Rapünzchenblättern und roten Rüben in kleine Häufchen darum und giebt den Salat so zu Tisch.

525. Salat à la Jardinière. Blumenkohlröschen, grüne Erbsen, würflich geschnittene grüne Bohnen und Spargelspitzen, alles zu gleichen Teilen, kocht man jedes für sich in Salzwasser weich, läßt es abtropfen und versetzt es mit einer Majonaisesauce. Während= dessen hat man Teltower Rübchen, sowie ebensoviel kleine Karotten in Salzwasser weich gekocht, versetzt jedes für sich, nachdem es ab= getropft, mit Öl, Essig, Salz und Pfeffer und garniert hiervon, nach= dem der erste Salat recht erhaben in einer Salatschüssel angerichtet ist, abwechselnd kleine Häufchen im Kranze darum an.

526. Salat auf holländische Art. Nachdem man 2 gut ausgewässerte Heringe aus den Gräten gelöst, werden sie, in Würfel geschnitten, zurückgestellt. Hierzu giebt man ebensoviel in Würfel ge= schnittenen, weich gekochten Sellerie und Kartoffeln, sowie kleine Perlzwiebeln und in Salzwasser weich gekochte kleine Rosenkohlköpfe, alles zu gleichen Teilen, vermengt das Ganze nun mit Öl, Essig, Salz und Pfeffer und richtet es recht erhaben auf einer Salatschüssel in einem Kranz von Kresse an.

527. Salat à la Nostitz. Blumenkohlröschen, Spargel=
spitzen, in schräge Vierecke geschnittene grüne Bohnen und groß=
würflich geschnittene Karotten werden zu gleichen Teilen, jedes für
sich in Salzwasser weich gekocht; alsdann auf einen Durchschlag ge=
schüttet und abtropfen lassen. Jetzt zusammen mit Essig, Öl, Salz
und Pfeffer angemengt. Währenddessen hat man 12 Stück kleine
Salatherzchen mit einer Salatsauce versetzt, richtet dies recht erhaben
auf einer Salatschüssel an, garniert den Gemüsesalat im Kranze
herum, sowie um diesen hartgekochte, halbierte Eier, zwischen die man
ein Häufchen mit Öl, Essig, Salz und Pfeffer einmarinierter Krebs=
schwänzchen legt.

528. Salat auf norwegische Art. Würflich geschnittenes,
weich gekochtes Rindfleisch oder Rauchfleisch, ebensoviel Kartoffeln,
rote Rüben und Äpfel, alles zu gleichen Teilen; hierzu 1 gehäufter
Eßlöffel voll Kapern, 6 Stück ausgegrätete, ausgewässerte und
würflich geschnittene Sardellen, ein gehäufter Eßlöffel voll grob
gewiegte Pfeffergurken, 2 hartgekochte, großwürflich geschnittene
Eier, etwas gehackter Schnittlauch und Estragon; dies alles
mit einer Majonaisesauce oder nur mit Öl, Essig, Salz und
Pfeffer vermengt, erhaben auf einer Salatschüssel angerichtet und
reichlich mit frischen, von der Schale und vom Bart befreiten Austern
garniert. Außerdem ein Kranz von sauber gewaschener und mit Öl,
Essig, Salz und Pfeffer vermischter Brunnenkresse herum garniert.

529. Salat Romaine. Von dem Salat Romaine werden wie
beim Kopfsalat die äußeren Blätter abgepflückt und das Herzchen in
4 cm lange Stücke durchgeschnitten. Alsdann ist die weitere Be=
handlung dieselbe wie beim Kopfsalat, mit dem er Ähnlichkeit hat.
Nur gehen diese Köpfe mehr länglich in die Höhe und bilden ein
lockeres Herzchen, welches aber erst gebleicht werden muß von der
Sonne, so daß das Innere gelblich aussehen wird. Würde man den
Salat früher verwenden, so wird er zähe im Geschmack sein.

530. Pflücksalat (Amerikanischer). Derselbe wird fast ebenso
wie der Vorhergehende behandelt. Nur sind dies ganz durch und
durch lose Köpfe, wovon man nur die äußeren Blätter entfernt, und
nachdem man die inneren kurz geschnitten, ebenso behandelt wie der
vorgehende Salat Romaine.

531. Fiſchſalat. Hierzu nimmt man meiſtens Fiſchreſte. Der Fiſch wird blätterig aus Haut und Gräten gebrochen, mit etwas Kapern und gehackten Sardellen vermengt, nebſt etwas Öl, Eſſig, Pfeffer und Salz. Nach 2 Stunden mit noch etwas Majonaiſe (ſiehe Fiſchmajonaiſe) verbunden und endgültig von Pfeffer, Salz und Eſſig abgeſchmeckt.

532. Hummerſalat. Hierzu verwendet man ebenfalls meiſtens Reſte. Dieſelben werden in dicke Scheiben geſchnitten und wie beim Vorhergehenden 2 Stunden einmariniert. Alsdann die Eier von dem Hummer mit etwas Majonaiſe feingeſtoßen, zu der nötigen Majonaiſe geſtrichen und leicht unter den Hummer gehoben.

XI. Abschnitt.

Kompots, frische.

———

533. Stachelbeerkompot. Die nötige Anzahl unreifer Stachelbeeren werden von den Stielen und Blüten befreit, in siedendes
Wasser gethan und so lange darin gelassen, bis sie auf die Oberfläche
des Wassers kommen, worauf man sie mit dem Schaumlöffel heraus-
nimmt und zum Abtropfen auf ein Sieb legt. Man kocht nun einen
Syrup aus 250 bis 375 Gr. Zucker mit ¼ bis ½ Liter Wasser,
etwas ganzen Zimmet und Citronenschale, schüttet die Beeren hinein,
nachdem man Zimmet und Citronenschale entfernt hat, schwenkt sie be-
hutsam und läßt sie auf einer nicht zu heißen Stelle eine gute halbe
Stunde stehen, ohne zu kochen, nimmt sie vom Feuer, leert sie in
eine Schüssel um, läßt sie erkalten und richtet sie auf einer Kompotschüssel an.

534. Rhabarber als Kompot. Der Rhabarber wird von
der feinen Haut befreit und in längliche Stücke geschnitten. Auf
1 Kilogr. Rhabarber 250 Gr. Zucker, etwas ganzen Zimmet und
Citronenschale zum dünnen Syrup gekocht. Dann Zimmet und
Citronenschale herausgenommen und den Rhabarber darin weich
ziehen lassen. Jetzt mit einem Schaumlöffel herausgenommen, den
Saft dick einkochen lassen, bis er geliert, und darüber gegossen.

535. Kompot von Erdbeeren. 1 Kilogr. frisch gepflückter
Walderdbeeren werden auf ein Tuch gelegt, auseinander gethan und
rein durchgesucht. Unterdessen läßt man 375 Gr. Zucker mit einer
halben Obertasse voll Wasser (¹⁄₁₀ Liter) aufkochen, sodann werden,
wenn dasselbe etwas abgekühlt ist, die Erdbeeren dazu gethan, leicht
geschwenkt und zugedeckt bei Seite gestellt. Sie werden in einer

Kompotschüssel erhaben angerichtet und der Saft darüber gegossen, oder einfach eingezuckert gegeben.

536. Kompot von Himbeeren. 1 Kilogr. frisch gepflückter Himbeeren werden rein durchgesucht, sodann in kaltes Wasser geworfen und einige Minuten stehen lassen. Hierauf werden sie auf ein Sieb geschüttet und auf ein reines Tuch zum Abtropfen gelegt. Unterdessen läßt man 375 Gr. Zucker mit $^3/_{10}$ Liter Wasser aufkochen, schäumt denselben rein ab, giebt die Himbeeren dazu und läßt es zusammen einmal über hellbrennendem Feuer aufkochen, sodann werden sie vom Feuer genommen, mit einem Schaumlöffel die Himbeeren in eine irdene Schüssel ausgeleert, der Saft eingekocht, darüber gethan, und ein Bogen Löschpapier darüber gelegt. Beim Anrichten wird das Papier abgenommen, die Himbeeren erhaben angerichtet und mit ihrem Syrup übergossen oder einfach eingezuckert gegeben.

537. Johannisbeerkompot. 1 Kilogr. rein abgepflückter Johannisbeeren werden mit kaltem Wasser übergossen und sodann zum Abtropfen über einen Durchschlag geschüttet. Alsdann werden sie in eine Kasserolle gethan, mit 375 Gr. gestoßenem Zucker bestreut, eine Obertasse voll kaltes Wasser ($^2/_{10}$ Liter) darüber gegossen und so über hellem Feuer eine Minute gekocht. Sie werden dann vom Feuer genommen, der aufgestiegene Schaum rein abgenommen und nachdem sie erkaltet, mit ihrem Safte in einer Kompotschüssel angerichtet.

538. Bickbeeren= oder Heidelbeerkompot. 1 Kilogr. rein abgepflückter und durchgesuchter Heidelbeeren werden mehrmals rein gewaschen und zum Abtropfen auf ein Sieb geschüttet. Unterdessen läßt man 250 Gr. Zucker mit $^2/_{10}$ Liter kaltem Wasser aufkochen, schüttet die Heidelbeeren hinein, giebt etwas ganzen Zimmet und Citronenschale zusammengebunden dazu und läßt sie so 10 Minuten über Kohlenfeuer langsam zugedeckt weich ziehen. Nach dem Erkalten werden sie samt ihrem Safte in einer Kompotschüssel angerichtet und so zu Tisch gegeben.

539. Aprikosenkompot. 30 Stück schöne nicht zu reife Aprikosen werden halbiert und, nachdem die Kerne herausgenommen, nebeneinander in eine plate à saute gelegt, mit 375 Gr. gestoßenen Zucker

überstreut, mit einer Obertasse voll frischem Wasser (²/₁₀ Liter) über=
gossen und zugedeckt in einen ziemlich heißen Ofen gestellt. Wenn
sie weich geworden sind, werden sie zum Auskühlen, mit einem Bogen
Löschpapier überdeckt, bei Seite gestellt. Sie werden sodann mit
einer Gabel aus ihrem Safte genommen in einer Kompotschüssel er=
haben angerichtet und die Flüssigkeit durch ein Sieb darübergegossen.

540. Pfirsichkompot. 20 Stück schöne reife Pfirsiche werden
halbiert, die Haut abgezogen oder geschält und die Kerne herausgenommen.
Wenn nun alle so abgezogen sind, werden sie in eine passende
plate à saute oder Pfanne gelegt, mit 250 Gr. gestoßenem Zucker
überstreut, mit etwas Wasser begossen und so den Aprikosen gleich
beendet.

541. Kompot von frischen Kirschen. 1 Kilogr. frisch ge=
pflückter Kirschen werden von den Stielen frei gemacht, rein gewaschen,
ausgesteint, in eine Kasserolle gethan, mit einem Stückchen Zimmet
und Citronenschale zusammengebunden gewürzt, mit 250 Gr. Zucker
bestreut, mit ³/₁₀ Liter kaltem Wasser begossen und ½ Stunde auf
Kohlenfeuer zugedeckt gekocht. Sie werden kalt in einer Kompotschüssel
angerichtet und mit ihrem Saft übergossen.

542. Mirabellenkompot. Aus 200 Stück schönen, völlig reifen
Mirabellen werden die Steine gelöst, in eine Pfanne, eine neben die
andere geordnet, mit einer Obertasse voll Wasser (²/₁₀ Liter) begossen
und mit 375 Gr. gestoßenem Zucker überstreut. Sie werden dann
zugedeckt in einem mäßig heißen Ofen ½ Stunde gedünstet. Wenn
sie nun kalt geworden sind, werden sie erhaben in einer Kompot=
schüssel angerichtet und mit ihrem Saft übergossen.

543. Blau=Pflaumenkompot. Achtzig Stück völlig reife
Pflaumen werden halbiert, die Steine herausgenommen und wie die
Mirabellen in eine plate à saute oder Pfanne, eine neben die andere,
gelegt, mit 250 Gr. gestoßenem Zucker bestreut, mit einer Obertasse
voll kaltem Wasser (²/₁₀ Liter) genäßt, wie die Mirabellen im Ofen
gedünstet und ebenso angerichtet.

544. Birnenkompot. Hierzu nimmt man 20 Stück schöne
große Birnen bester Sorte. Diese werden rein abgeschält, der Stiel bis
zur Hälfte abgestutzt, die Birnen halbiert und mit einem Apfelbohrer

die Kerne ausgebohrt. Alsdann werden sie in eine Kasserolle gethan, 250 Gr. Zucker dazu, mit Wasser übergossen, etwas Zimmet und Citronenschale dazu gelegt und so weich gekocht. Nach dem Erkalten werden sie recht erhaben in einer Kompotschüssel angerichtet, der Saft, im Falle er noch zu dünn sein sollte, schnell eingekocht und sodann über die Birnen durchgegossen.

545. Apfelkompot. 10 Äpfel werden halbiert, das Kernhaus herausgebohrt, geschält und mit $^2/_{10}$ Liter Weißwein, Citronenschale, 180 Gr. Zucker und etwas Wasser, mit einer Papierscheibe bedeckt, weich ziehen lassen. Die Äpfel herausgenommen, angerichtet und etwas von dem Saft darüber gegossen. Währenddessen hat man die Abfälle von den Äpfeln sowie einige ganze zerschnittene Äpfel mit Wasser $^1/_2$ Stunde ausgekocht, gießt den Saft durch ein Sieb in einen Kessel, schüttet den Saft von den Äpfeln, nebst einigen gehäuften Eßlöffeln Zucker dazu, läßt es zum Gelee kochen und schüttet es auf eine naß gemachte Pfanne aus. Vorm Anrichten werden die Äpfel damit belegt.

546. Apfelkompot auf andere Art. Zwölf schöne Borsdorfer Äpfel werden halbiert, schön glatt abgeschält, mit Citronensaft eingerieben und in 1 Liter kaltes Wasser gelegt. Sodann giebt man 250 Gr. Zucker und den Saft einer Citrone dazu und kocht die Äpfel auf der Maschine langsam weich. Wenn diese nun in ihrem Safte kalt geworden sind, werden sie in einer Kompotschüssel erhaben angerichtet, der Saft über hellem Feuer bis auf $^4/_{10}$ Liter eingekocht und darüber durchgegossen. Dieses Apfelkompot kann auch mit eingemachten Früchten, wie z. B. mit Glaskirschen, Weichseln, in Zucker eingemachten recht grünen Bohnen, halbierten Reineclauden u. s. w. auf das Geschmackvollste garniert werden.

547. Apfelmus. Die Äpfel geschält, in Viertel und das Kernhaus herausgeschnitten, gewaschen, in eine Kasserolle gethan, etwas Wasser darunter gegossen und unter öfterem Rühren weich und kurz gekocht. Jetzt auf ein Sieb geschüttet, ablaufen lassen, durchgestrichen und, nachdem es erkaltet, etwas Citronenschale daran gerieben und von Zucker abgeschmeckt.

548. Krons= oder Preißelbeerenkompot. Wird wie Bickbeeren= oder Heidelbeerkompot bereitet.

XII. Abschnitt.

Eingemachte Früchte und Fruchtsaft.

---

549. Stachelbeeren. Grüne, halbreife Stachelbeeren werden von Stengel und Blume befreit, in nicht zu enghalsige Weinflaschen gefüllt und gut zusammengeschüttelt, so läßt man sie eine Stunde stehen, wobei sie ein wenig zusammenfallen, füllt noch soviel Beeren nach, daß die Flaschen bis oben herauf voll werden, umwickelt sie gut mit Heu, stellt sie unverkorkt in einen Kessel mit kaltem Wasser, bringt letzteres zum Kochen und läßt die Flaschen solange darin kochen, bis die Beeren soweit zusammengefallen sind, daß sie nur noch bis zum Hals der Flasche reichen. Man hebt nun den Kessel vorsichtig vom Feuer, läßt die Flaschen vollständig darin erkalten, verkorkt sie fest, verpecht sie und bewahrt sie an einem kühlen Ort auf. Sie halten sich auf diese Weise sehr gut und können zu Kompot, Torten oder Mehlspeisen benutzt werden.

550. Erdbeersaft. Zu 3 Kilogr. Erdbeeren läutert man 2 Kilogr. Zucker, schüttet die Erdbeeren hinein, nachdem sie von den Stielen befreit sind, und läßt sie darin erkalten; schüttet sie auf ein Sieb und läßt den Saft recht klar durchlaufen. Nun den Saft in kleine Flaschen gefüllt, mit doppeltem Papier überbunden, in ein Geschirr mit Heu gepackt, 10 Minuten kochen und darin erkalten lassen. Dann die Flaschen sauber gemacht, etwas Rum hinein gegossen, damit sich kein Schimmel bildet, mit Blase zugebunden oder verkorkt und verpecht, und an einem kühlen, trockenen Ort aufbewahrt. (Auf 2 Kilogr. Zucker ¾ Liter Wasser.)

551. Erdbeeren in Blechbüchsen. Reife, aber noch feste, recht rothe Gartenerdbeeren werden von den Stielen gepflückt und in die Blechbüchsen auf eine vorher eingestreute fingerdicke Schicht gestoßenen Zuckers gelegt. Ist die Büchse fast zur Hälfte gefüllt, so schüttet man 1 gehäuften Eßlöffel Zucker darüber, rüttelt die Büchse, damit keine leeren Zwischenräume bleiben, füllt die Büchse dann vollends und streut wieder einige Eßlöffel Zucker obenauf. So läßt man sie ½ Stunde stehen, füllt den etwa entstandenen leeren Raum noch mit Zucker aus, läßt die Büchsen fest verlöten, bringt sie in einem Kessel mit Wasser allmälig zum Kochen, nimmt den Kessel vom Feuer, wenn er ¼ Stunde gekocht hat und läßt die Büchsen darin erkalten.

552. Erdbeeren in Gläser. Schöne, rote Erdbeeren werden von den Stielen befreit, vorsichtig gewaschen, abtropfen lassen und auf 500 Gr. Erdbeeren 375 Gr. gestoßener Zucker gerechnet, und eingezuckert die Nacht stehen lassen. Am andern Tage in einem Kessel einmal aufstoßen lassen, ausgeschäumt und darin erkalten lassen. Jetzt auf ein Sieb geschüttet, der Saft dicklich eingekocht, die Erdbeeren hinein, einmal damit aufkochen lassen, ausgeschäumt und in die Gläser gefüllt. Am andern Tage etwas Rum darauf gegossen und mit Blase zugebunden oder verkorkt und übersiegelt. Es empfiehlt sich auch nach neuerer Art zu einem Pfund Frucht 1 Gramm Salicyl zu thun, doch sind die in Büchsen eingemachten immer am schönsten.

553. Erdbeer=Marmelade. Man reibt die Erdbeeren durch ein Haarsieb, giebt zu ½ Kilogr. Mark 400 Gr. feingestoßenen Zucker, und läßt sie unter beständigem Rühren dick einkochen; schäumt sie ab und füllt sie in Gläser.

554. Erdbeer=Marmelade zu Gefrorenem. Hierzu müssen die Erdbeeren recht frisch gepflückt und durch ein feines Haarsieb passiert werden. Sie werden gewogen, in eine Schüssel gethan und auf ½ Kilogr. Mark 1 Kilogr. feingestoßener Zucker gerührt; sie werden dann in weiße Flaschen gefüllt, etwas Rum darauf gegossen, gut verkorkt, verpecht und dann an einem kalten, trockenen Ort aufbewahrt.

555. Johannisbeergelee (roher). Die Johannisbeeren werden über einem Durchschlag ausgedrückt, durch ein feines Sieb gegossen und 1 Stunde stehen lassen, damit es sich setzt. Auf 500 Gr.

Frucht 500 Gr. gestoßenen Zucker, $1/2$ Stunde gerührt, in Gläser gefüllt und gelieren lassen. Alsdann mit Rumpapier belegt und mit Blase überbunden.

556. Johannisbeergelee (gekochter). Die Johannisbeeren werden über einem Durchschlag ausgepreßt und durch ein feines Sieb gegossen. Auf 500 Gr. Saft nimmt man 375 Gr. Zucker, schüttet beides zusammen in einen Kessel und läßt den Saft unter öfterem Abschäumen so lange einkochen, bis er als Gelee am Schaumlöffel hängen bleibt. Hat der Gelee diese Probe erreicht, so wird er sogleich in kleine, erwärmte Gläser gefüllt und kalt gestellt. Dann werden kleine Blättchen Papier in Rum getaucht darüber gelegt und nochmals gut mit Papier überbunden.

557. Ganze Johannisbeeren. Die Beeren werden gewaschen und, nachdem sie abgetropft, von den Stielen befreit und gewogen. Auf 500 Gr. Frucht läutert man gut 250 Gr. Zucker mit $1/8$ Liter Wasser, und kocht es bis es ausgeschäumt ist. Hierauf läßt man diesen Saft ein wenig auskühlen, legt die Beeren hinein und kocht sie langsam durch, ohne daß sie zerspringen dürfen; dann nimmt man sie mit einem Schaumlöffel heraus, thut den davon abgelaufenen Saft wieder in den Kessel zurück, kocht ihn dicklich ein bis zum Gelieren, gießt ihn über die Beeren und läßt sie unter öfterem Umrühren erkalten, füllt sie dann in Gläser, bedeckt sie mit einem in Rum getauchten Papier und bindet sie gut zu mit Schweinsblase.

558. Johannisbeersaft (roher). Auf 500 Gr. Johannisbeersaft giebt man 375 Gr. gestoßenen Zucker, gießt dies zusammen in eine Schüssel, rührt es gut durcheinander, bis sich der Zucker aufgelöst hat; alsdann wird es in Flaschen gefüllt und bis zum nächsten Tage stehen lassen. Nun gießt man etwas Rum darüber und bindet es mit Blase zu, welche man außerdem noch in Siegellack taucht.

559. Gekochter Johannisbeersaft. Auf 500 Gr. Saft nimmt man 125 Gr. Zucker und kocht ihn so lange, bis kein Schaum mehr herauskommt. Alsdann abgekühlt in Flaschen gefüllt und wenn kalt, zugekorkt und übersiegelt, nachdem man einige Tropfen guten Rum darauf gegossen hat.

560. Himbeergelee. Die Himbeeren werden in einen Kessel geschüttet, gut durchgerührt und aufgekocht; dann auf ein Sieb gegossen und abtropfen lassen. Man wiegt sich den Himbeersaft und nimmt 375 Gr. Himbeersaft und 125 Gr. Johannisbeersaft. Auf ½ Kilogr. nimmt man 315 Gr. Zucker. Läßt ihn aufkochen, schäumt ihn rein aus und kocht ihn bis zum Gelieren. Füllt ihn in erwärmte Gläser, wenn steif, belegt man ihn mit Rumblättchen und überbindet ihn mit Papier.

561. Himbeersaft. Die Himbeeren werden in einen Kessel gethan, etwas Wasser darunter und aufkochen lassen. Dann auf ein Sieb geschüttet und abtropfen lassen. Auf 500 Gr. Saft 320 Gr. Zucker, zusammen in einen Kessel gethan und so lange langsam kochen lassen, bis es ausgeschäumt ist. In erwärmte Flaschen gegossen, wenn kalt etwas Rum darüber und mit Blase zugebunden oder verkorkt und verpecht.

562. Eingemachte Himbeeren. Auf 500 Gr. schöne, rote Himbeeren werden 500 Gr. Zucker genommen. Derselbe wird zum dünnen Syrup gekocht, dann werden die ausgesuchten Himbeeren dazu gethan, einmal mit aufgekocht, sehr rein abgeschäumt und dann in eine Schüssel gethan. Am andern Tage schüttet man die Himbeeren auf einen Durchschlag, kocht den Saft etwas dicker ein, schäumt ihn rein ab, läßt die Himbeeren nochmals mit aufkochen und schüttet sie wieder in die Schüssel. Am dritten Tage werden sie nochmals auf ein Sieb geschüttet, der Saft wieder etwas dicker gekocht, die Himbeeren dazu gethan, durcheinander geschwenkt und in nicht zu kleine Glaskruken gefüllt. Wenn sie kalt sind, wird ein Rumpapier darauf gelegt und die Kruken mit Schweinsblase oder Papier überbunden und verpecht aufbewahrt.

563. Himbeermarmelade. Es werden völlig reife Himbeeren durch ein Sieb gestrichen und dann zu 500 Gr. Mark 500 Gr. gestoßener Zucker genommen, dieses wird zusammen in eine Kasserolle gethan und unter beständigem Rühren einige Minuten gekocht, dann rein abgeschäumt. Nachdem es nun kalt gerührt, wird es in Gläser gefüllt, ein Rumpapier darauf gelegt, mit Blase überbunden und an einem kühlen Ort aufbewahrt.

564. Himbeeressig. 3 Liter Himbeeren werden in eine Schüssel gethan, 2 Liter Weinessig darüber gegossen und vier Tage zugedeckt stehen lassen. Sodann werden sie durchgepreßt und auf 1⅛ Liter von dem Durchgepreßten 500 Gr. Zucker genommen, man läßt es zusammen aufkochen, schäumt den Saft rein ab und wenn er kalt ist und filtriert, füllt man ihn in Flaschen. Wenn man diesen Essig mit Wasser verdünnt, so giebt er ein sehr wohlschmeckendes, kühlendes und gesundes Getränk.

565. Glaskirschen einzumachen. Gute saure Glaskirschen werden vorsichtig ausgesteint, auf 500 Gr. derselben 250 Gr. Zucker in einer Obertasse Wasser ($^2/_{10}$ Liter) geläutert, zu dünnem Syrup gekocht und gut abgeschäumt. Man legt die Kirschen nun in den Syrup, kocht sie darin weich, nimmt sie mit dem Schaumlöffel heraus und thut sie in eine Schüssel. Die aufgeschlagenen Kirschkerne kocht man in ¼ Liter Wasser aus, giebt dies durch ein Sieb dazu und kocht es so lange mit dem Saft, bis dieser genügend dicklich ist, gießt den heißen Saft über die Kirschen, schwenkt sie einigemal damit um, läßt sie unter öfterem Rühren erkalten, thut sie in die Gläser und überbindet sie nach dem Erkalten mit Blase und verpecht sie.

566. Kirschfleisch. Gute saure Kirschen werden ausgesteint und gewogen. Auf 500 Gr. Frucht läutert man 250 Gr. Zucker mit etwas Wasser zum dünnen Syrup. Die Kerne derselben werden im Reibstein fein gerieben, ausgekocht und durch ein feines Sieb dazu gegossen. Dann die Kirschen hinein gethan und darin weich kochen lassen; dieselben auf ein Sieb geschüttet, der Saft dicklich eingekocht und wieder dazu gethan. Alsdann unter öfterem Umrühren kalt werden lassen, in Flaschen gethan, etwas Rum darauf gegossen und entweder mit Blase zugebunden oder verkorkt und verpecht.

567. Kirschsaft. Die sauren Kirschen werden abgestengelt und im Reibstein fein gerieben, dann auf ein Sieb gegossen und die Nacht über abtropfen lassen. Auf 500 Gr. Saft 250 Gr. Zucker, zusammen in einen Kessel gethan und so lange langsam gekocht, bis kein Schaum mehr herauskommt. In erwärmte Flaschen gegossen, etwas Rum darauf und mit Blase zugebunden oder verkorkt und verpecht.

568. Aprikosen in Blechbüchsen. Frisch vom Baum gepflückte, noch ganz feste Früchte werden geschält, in Hälften zerschnitten und in die Blechbüchsen gelegt; die Kerne aufgemacht, abgezogen, in die Büchsen verteilt und mit geläutertem, dick eingekochten Zuckersyrup übergossen. Darauf die Büchsen gut verlötet, in einen Kessel mit kochendem Wasser gestellt und ¾ bis 1 Stunde kochen lassen.

569. Aprikosenmarmelade. Recht reife Aprikosen werden auseinander geschnitten, die Kerne herausgemacht, die Aprikosen abgeschält und durch eine Fleischmaschine gedreht. Auf 500 Gr. Mark kocht man 500 Gr. Zucker zu Syrup, rührt die Marmelade darunter und läßt sie bei beständigem Umrühren und öfterem Abschäumen dick einkochen. Wenn sie halb ausgekühlt ist, wird sie in Gläser gefüllt, wenn kalt, ein Rumpapier darauf geschnitten und dann fest zugebunden.

570. Ananas in Blechbüchsen. Die Ananas werden geschält und in Viertel oder Scheiben zerschnitten in die Büchsen gelegt, mit dick geläutertem, nicht zu heißem Zucker übergossen, die Büchsen verlötet und ½ bis ¾ Stunden im Wasserbade gekocht.

571. Pfirsiche in Blechbüchsen. Reife, aber noch ziemlich feste, gepflückte Pfirsiche werden in Hälften geteilt, geschält und in die Blechbüchsen eingelegt, nebst den abgebrühten Kernen, dann gießt man den Zuckersyrup darüber, so daß noch ein fingerbreiter Raum bis zum Rand der Büchse bleibt, verlötet die Büchsen sorgsam und kocht sie ½ Stunde im Wasserbade, läßt sie darin erkalten, wischt sie alsdann sauber ab und bewahrt sie auf.

572. Pfirsichmarmelade. Von ganz reifen halbierten Pfirsichen entfernt man die Kerne und Schale, dreht sie durch eine Fleischmaschine und wiegt auf 500 Gr. Mark 500 Gr. feingestoßenen Zucker, welches man zusammen unter beständigem Rühren dick einkocht, warm in Gläser füllt und wenn die Marmelade kalt geworden ist, gut zubindet und aufbewahrt.

573. Quittengelee. Das Wollige wird gut von den Quitten abgerieben, dieselben in Stückchen geschnitten und weich gekocht, dann werden sie gut ausgepreßt und der Saft filtriert. Auf 500 Gr. Saft nimmt man 500 Gr. kleingeschlagenen Raffinadezucker, läßt ihn darin zergehen und kocht es zusammen unter öfterem Abschäumen recht hell, bis der Saft, wenn er vom Löffel läuft, als Gelee hängen bleibt. Dieser Gelee wird dann gleich in kleine Gläser gefüllt, und wie der Johannisbeergelee zugebunden und aufbewahrt.

574. Blaue Pflaumen. Die Pflaumen werden ausgesteint und gewogen. Auf 500 Gr. derselben läutert man gut 125 Gr. Zucker mit etwas Wasser und auf je 2 Kilogr. Pflaumen 1 Gramm Salicyl, schüttet die Pflaumen hinein und läßt sie weich kochen. Dann schüttet man sie auf ein Sieb und läßt den Saft einkochen. Nun die Pflaumen wieder hinein und die Nacht im Keller stehen lassen. Morgens wieder auf ein Sieb geschüttet, die Pflaumen in die Flaschen gethan, der Saft darauf gegossen, Rumpapier darüber gelegt, etwas Rum darauf und mit Blase zugebunden und verpecht.

575. Schälpflaumen in Blechbüchsen. Die Pflaumen werden geschält und die Büchsen ¾ voll gefüllt. Auf 500 Gr. Pflaumen läutert man 370 Gr. Zucker zum dicken Syrup, gießt ihn darüber, lötet die Büchsen zu, kocht sie ½ Stunde im Wasserbade und läßt sie erkalten.

576. Ingwerbirnen. Zu jedem ½ Kilogr. Birnen 375 Gr. Zucker und 1 Stückchen Ingwer. Es sind saftige, mürbe gewordene Tafelbirnen dazu erforderlich; am besten große Beurré gris, Muskateller oder Beurré blanc, welche glattgeschält, durchgeschnitten, vom Kernhause befreit und gewaschen werden müssen. Nachdem der Zucker geläutert ist, legt man die Birnen, nebst dem in Stückchen geschnittenen Ingwer in den kochenden Zuckersaft und kocht sie so lange, bis sie sich gut durchstechen lassen und klar geworden sind. Dann thut man die Birnen mit dem Saft in ein Geschirr, kocht den Saft nach einigen Tagen dicklich ein, schüttet ihn kalt auf die Birnen, füllt diese in Gläser und bindet dann die Gläser zu. Nach Verlauf von 8 Tagen, wo der Saft zuweilen wieder dünn wird, ist ein nochmaliges Einkochen des Saftes erforderlich, aber nicht immer. Sodann mit Rumpapier belegt und mit Blase überbunden.

577. Bergamottbirnen einzumachen. 50 Liter (gleich 1 Faß) Birnen werden geschält und in Wasser so lange gekocht, bis man mit einem Strohhalm bequem hinein stecken kann, dann werden sie auf ein Sieb zum Abträufeln hingestellt. Man kocht zu diesen Birnen

1¹/₄ Liter Weineffig, 1¹/₂ Kilogr. Zucker, Zimmet und einige Nelken, giebt die Birnen hinein und läßt sie so lange kochen, bis sie rötlich werden, doch muß man sie oft umschwenken, damit sie allenthalben gleich mürbe werden.

578. Apfelgelee. Man nimmt schöne Äpfel, am besten Bors= dorfer, und schneidet sie in Scheiben, giebt sie in eine Kafferolle, übergießt sie mit etwas Waffer, kocht sie gut aus und schüttet die Äpfel mit dem Saft auf eine aufgebundene Serviette. Auf 1 Kilogr. Saft nimmt man 500 Gr. Raffinadezucker, kocht es zusammen unter öfterem Abschäumen dem Quittengelee gleich zum Gelee und füllt es ebenfalls in kleine Gläser.

579. Apfelsaft. Man wasche die Äpfel (recht saure) gut und reibe sie mit der Schale und allem was daran ist; drücke das Ge= riebene über ein feines Sieb aus, gebe den Saft in ein Gefäß, decke es gut zu und laffe es 3 Tage stehen. Jetzt der Schaum ab= genommen, auf ³/₄ Liter Saft 250 Gr. Zucker, so lange gekocht, bis kein Schaum mehr herauskommt; in Flaschen gefüllt und wenn kalt, verkorkt und versiegelt.

580. Mirabellen. Man nimmt ganz reife, aber nicht weiche Mirabellen, durchsticht sie mehrmals, legt sie in kochendes Waffer und deckt sie zu, bis sie in die Höhe gehen und sich weich anfühlen laffen; dann legt man sie in kaltes Waffer. Wenn sie kalt geworden sind, schüttet man sie auf ein großes Haarsieb zum Abtropfen, legt sie dann in eine Schüffel, schüttet den nötigen dünn geläuterten Zucker darüber und deckt sie mit Papier zu. Am anderen Tage wird der Zucker ab= gegoffen, etwas frischer dazu gethan und unter nochmaligem Ab= schäumen etwas dicker eingekocht, dann heiß über die Mirabellen ge= goffen. Am zweiten Tage gießt man den Zucker wieder ab, kocht ihn zu dickem Syrup, schüttet die Mirabellen hinein, läßt sie einmal mit aufkochen, schäumt sie sehr rein ab und schüttet sie wieder in die Schüffel, sie werden dann zugedeckt und die Nacht kalt gestellt. Am anderen Tage schüttet man sie in einen Durchschlag, daß der Syrup abtropft, kocht ihn dicklich ein, läßt die Mirabellen nochmals mit auf= kochen, schäumt sie rein ab, füllt sie nach dem Erkalten in Gläser, bindet sie gut zu und verpecht sie.

10*

581. Grüne Tomaten. Grüne Tomaten, die noch ganz hart sind, mit kochendem Wasser aufgesetzt und so lange gekocht, bis sie vollständig weich sind. Jetzt auf ein Sieb gelegt zum Abtropfen, alsdann in dünn gekochten Zucker gelegt und bis zum andern Tag stehen lassen. Nun ½ Stunde darin gekocht, es muß aber soviel Zucker sein, daß sie gut bedeckt sind. Danach wieder 2 Tage stehen lassen. Nun den Saft tüchtig einkochen bis er dicklich wird mit ziemlich viel Citronenschale und Vanille daran, die Tomaten hinein, aber nicht wieder gekocht. Alsdann in Gläser gefüllt, ein Rumpapier darauf und mit Blase zugebunden.

582. Grüne Tomaten in Blechbüchsen. Nachdem man kleine grüne Tomaten so lange langsam gekocht hat, bis sie ¾ weich sind, werden sie auf ein Sieb gelegt und abtropfen lassen. Jetzt in Blechbüchsen einrangiert, so daß dieselben gut ¾ voll sind und in jede ⅛ Stange Vanille gethan; alsdann soviel dünner Zuckersyrup darauf, daß sie knapp bedeckt sind. Nachdem sie verlötet, ½ bis ¾ Stunde in Wasser gekocht und darin erkalten lassen.

583. Reineclauden in Blechbüchsen. Schöne, grüne, reife, aber noch ziemlich feste Früchte werden sauber abgewischt, einige Male mit einer Nadel geprickelt und in die Büchsen rangiert, so daß diese ¾ voll sind. Mit geklärtem Zucker, welcher nicht zu dünn gekocht sein darf, übergossen, so daß noch ein fingerbreiter Raum bleibt bis zum Rand; dicht verlötet und ¾ Stunde in kochendem Wasser, so daß die Büchsen reichlich bedeckt sind, gekocht und darin erkalten lassen.

584. Melonen einzumachen. Auf 2 Kilogr. Melonen 1½ Kilogr. Zucker, ¾ Liter Essig und ½ Liter Wasser, letztere 3 Teile aufgekocht und über die Melonen, welche geschält, in Achtel geschnitten, von den Kernen befreit und gewaschen sind, gegossen und einige Tage stehen lassen; dann die Flüssigkeit wieder aufgekocht, die Melonen hinein und ¼ Stunde kochen lassen. Wieder einige Tage stehen lassen und nun so lange gekocht, bis die Melonen klar sind; abgegossen, in Gläser rangiert, der Saft eingekocht und darüber gegossen und kalt werden lassen, dann etwas Rum darüber und mit Blase zugebunden.

585. Effigpflaumen. Schöne, große, ausgesuchte, reife, aber feste blaue Pflaumen werden sauber abgewischt, einige Male mit der Nadel geprickelt und mit Nelken und Zimmet in Glaskruken rangiert. Dann auf circa 3½ Kilogr. Pflaumen 1½ Kilogr. Zucker und ¾ Liter Essig nebst 1 Bierflasche Rotwein aufgekocht und kalt über die Pflaumen gegossen; dies 3 Tage darauf wiederholt. Am sechsten Tage nochmals aufgekocht, die Pflaumen hinein und langsam 3 Minuten mit durchziehen lassen, dann in die Glaskruken zurück und erkalten lassen, zuletzt mit Blase überbunden.

586. Bergamottbirnen. Circa 80 Stück Birnen werden sauber geschält und gewaschen. Währenddessen hat man 1½ Liter Weinessig und 1 Liter Rotwein mit 1¾ Kilogr. Zucker aufgekocht, die Birnen mit etwas Nelken und Zimmet hineingethan und darin klar kochen lassen. Jetzt abgegossen, die Birnen in Glaskruken gethan, die Flüssigkeit darauf, erkalten lassen und mit Blase überbunden.

587. Dreimus. Man nimmt zu gleichen Teilen Glaskirschen, rote Johannisbeeren und Himbeeren, wiegt dies und rechnet auf jedes ½ Kilogr. Frucht 375 Gr. Zucker. Nun setzt man den Zucker lang auf, kocht jeden Teil für sich darin weich, schüttet es zusammen auf ein Sieb, wenn es rein ausgeschäumt ist, kocht den Saft soweit ein, bis er anfängt zu gelieren, thut die Früchte hinein, durcheinander geschwenkt, in eine Schüssel gethan und öfter umgerührt, bis es kalt ist. In die Gläser gefüllt, am nächsten Tage Rumpapier darüber gelegt und mit Blase überbunden.

Man kann dies Eingemachte auch von 5 Teilen Früchte kochen, indem man, wenn die Stachelbeeren groß genug sind, diese mit etwas Zucker weich kocht und in den Keller stellt, ebenfalls mittelgroße Erdbeeren so behandelt. Nachher alles zusammengethan und der Saft eingekocht. Doch muß der Zucker zu ersteren beiden angeschrieben und nachher in Anrechnung gebracht werden.

Eingemachtes Gemüse.

———

588. Brechbohnen in Blechbüchsen. Die Bohnen werden abgezogen und in Stücke geschnitten, dann in schwach gesalzenem Brunnenwasser einmal überwallen lassen, auf ein Sieb geschüttet und die Büchsen fest ³/₄ voll gefüllt, dann mit kochendem, schwach gesalzenem, weichem Wasser übergossen, zugelötet, in einen Kessel mit kochendem Wasser gestellt, ¹/₄ Stunde darin kochen und nachher darin erkalten lassen.

589. Schneidebohnen in Blechbüchsen. Diese werden gerade so eingemacht wie die Brechbohnen, nur daß sie fein geschnitten werden.

590. Champignons in Blechbüchsen. Die Champignons werden sauber geputzt und in die Büchsen gethan, dann lauwarmes Wasser darauf gegossen, etwas Salz und Citronensaft daran und nachdem sie zugelötet ¹/₂ Stunde in Wasser kochen und darin erkalten lassen. Besser, wenn auch etwas kostspieliger ist folgende Art: Die Champignons geputzt, gewaschen, mit Citronensaft und einem ordentlichen Stück Butter 10 Minuten passiert, dann mit dem Fond, so daß sie bedeckt sind, in die Blechbüchsen gefüllt, zugelötet und eine Stunde in kochendem Wasser, so daß sie gut bedeckt sind, gekocht und darin erkalten lassen.

591. Trüffeln in Blechbüchsen. Im November, Dezember oder Januar (diese drei Monate eignen sich am besten zum Einmachen der Trüffeln) nehme man dieselben und bürste sie mit einer scharfen Scheuerbürste unter öfterem Wechseln des Wassers so lange, bis voll-

ständig aller Sand und Erde davon entfernt ist. Jetzt nebeneinander. auf ein vierfach zusammengelegtes Tuch rangiert und trocknen
lassen. Nachdem dies geschehen, richtet man die Trüffeln in Blechbüchsen ein, thut in jede ein kleines Lorbeerblatt nebst einem Weinglas halb Rotwein, halb Madeira; läßt die Büchsen verlöten, kocht
sie 1½ bis 2 Stunden in Wasser und läßt sie darin erkalten.

592. Stangenspargel in Blechbüchsen. Schöner, weißer,
dicker Spargel wird sauber geputzt, gleichmäßig lang geschnitten und
in leicht gesalzenem Wasser dreiviertel weich gekocht; in hohe Büchsen
gethan mit den Köpfen nach oben, von dem Wasser aufgefüllt, daß
sie eben bedeckt sind, zugelötet und ¾ Stunde in einem Kessel mit
kochendem Wasser, so daß sie gut bedeckt sind, gekocht und darin kalt
werden lassen.

593. Brechspargel in Blechbüchsen. Mittelstarker Spargel wird
sauber geputzt und in 2½ cm lange Stücke geschnitten, in leicht gesalzenem Wasser dreiviertel weich gekocht, in Blechbüchsen rangiert,
soviel von dem Wasser, daß sie gut bedeckt sind, aufgegossen, zugelötet
und ¾ Stunde im Wasserkessel, worin sie gut bedeckt sein müssen,
gekocht und darin erkalten lassen. Wenn das Gemüse aber nicht sehr
gut ist, thut man besser und billiger, dasselbe in einer guten Konserven-
fabrik für den Winterbedarf zu kaufen.

594. Grüne Schoten in Blechbüchsen. Recht schöne, nicht
zu kleine, grüne Erbsen werden gleichmäßig verlesen und auf jedes
Liter ebensoviel Wasser, ein halbes Hühnerei großes Stück Butter
(20 Gr.) und circa 24 Gr. Zucker mit einem ¾ Theelöffel Salz
gethan und die Erbsen circa 10 Minuten darin weich gekocht, in
Blechbüchsen gefüllt, zugelötet, ¾ Stunden in Wasser gekocht und
darin erkalten lassen.

595. Kleine Karotten in Blechbüchsen. Nachdem dieselben
sauber geputzt und dressiert, werden sie gewaschen und in schwach gesalzenem Wasser halb weich gekocht; in die Blechbüchsen gethan, daß
dieselben 2 Finger breit vom Rand gefüllt sind, von ihrem Wasser
darauf gegossen, daß sie gut bedeckt sind, zugelötet und 1½ bis
1¾ Stunde in Wasser gekocht.

596. Gurken in Blechbüchsen. Die Gurken geschält und dressiert wie zu geschmorten Gurken. Alsdann leicht eingesalzen und nach Verlauf einer Stunde einmal in siedendem Wasser aufgekocht, abgegossen und mit etwas geklärter Butter, etwas Essig und Pfeffer nebst Salz, wenn noch nötig, halb weich geschmort. Jetzt in die Blechbüchsen rangiert, mit soviel von ihrer Brühe, daß sie bedeckt sind. Zugelötet und circa 1 Stunde in Wasser gekocht.

597. Gurken in Blechbüchsen auf andere Art. Nachdem große, reife Gurken geschält sind, werden sie in Stücke dressiert, wie zum Schmoren, und eingesalzen 2 Stunden hingestellt. Jetzt auf einem Sieb abtropfen lassen und nachdem dies geschehen in die Büchsen einrangiert; mit kaltem Wasser übergossen, so daß sie knapp bedeckt sind, und verlötet. Alsdann in kochendem Wasser ½ Stunde gekocht und darin erkalten lassen. Beim Gebrauch wie beim Gemüse angegeben vollendet. (Siehe geschmorte Gurken.)

598. Morcheln in Blechbüchsen. Die Morcheln von den Füßen befreit, einmal oder wenn groß, im Kreuz durchgeschnitten und circa sechsmal gewaschen. Jetzt mit etwas Salz, einem ordentlichen Stück Butter und im eigenen Safte weich gedünstet, in Büchsen, knapp ¾ voll gefüllt, mit ihrem Safte und wenn nötig noch etwas kochendem Wasser übergossen, zugelötet und 1 bis 1¼ Stunde gekocht.

599. Cardy in Blechbüchsen. Schön gebleichter, dicker Cardy wird in dreiviertel so lange Stücke geschnitten, wie die Büchsen hoch sind, alsdann in reichlich Salzwasser mit Essig so lange gekocht, bis sich eine feine, faserige Haut abstreifen läßt; dann auf ein Sieb geschüttet, mit grobem Salz und einem Tuch vorsichtig diese Haut entfernt, an den Enden egal zugeschnitten, nochmals gewaschen und mit Wasser, etwas Butter, Citronensaft und Salz gut halb weich gekocht, fest in die Büchsen gestellt, von der Brühe darauf gegossen, daß sie eben bedeckt sind. Zugelötet und 1 bis 1½ Stunden in Wasser gekocht und darin erkalten lassen.

600. Artischocken in Blechbüchsen. Von den Artischocken 2 Finger breit über dem Boden der obere Teil abgeschnitten, der Stiel unten abgestutzt und in Salzwasser mit Essig so lange gekocht, bis sich die Staubfäden entfernen lassen; dann abgegossen und abgekühlt. Jetzt die Staubfäden und Blätter entfernt, die Böden sauber abgedreht, gewaschen und mit etwas Salz, Citronensaft und etwas Butter gut halb weich gekocht, in die Büchsen rangiert, die Brühe darauf, zugelötet und ³/₄ Stunde gekocht.

601. Pfeffergurken (Cornichons). Die ganz kleinen Gurken, dreiviertel Finger lang, werden reingewaschen, mit einem Tuch abgetrocknet und einige Stunden mit Salz bestreut zurückgestellt, dann abgegossen und mit nachstehenden Ingredienzen in einen steinernen Topf oder passende Gläser einrangiert. Auf einige Liter Gurken werden 1 Eßlöffel spanischer Pfeffer, 20 Nelken, 1 Eßlöffel Koriander, 1 Eßlöffel voll Pfefferkörner, einige Muskatblumen, 20 Chalotten, einige Lorbeerblätter, einige Stangen in Filets geschnittener Meerrettig und eine Hand voll Estragonblätter genommen und die Gurken mit diesem Gewürz eingerichtet. Hierauf wird der nötige Weinessig aufgekocht, abgeschäumt, und nachdem er kalt ist, über die Gurken gegossen, daß er zwei Finger hoch darüber steht. Nach 2 Tagen wird der Essig durch ein Sieb abgegossen, aufgekocht, abgeschäumt und heiß wieder darüber gegossen. Dann wenn er kalt ist mit einer Schweinsblase überbunden aufbewahrt.

602. Salzgurken. Schöne grüne Gurken werden 24 Stunden lang eingewässert, alsdann herausgenommen und abgetrocknet. Jetzt nimmt man auf ½ Kilogr. Salz ¼ Weinflasche Essig und 10 Liter Wasser, verrührt dies tüchtig, damit das Salz sich auflöst. Währenddessen thut man in ein gut gewässertes und wieder getrocknetes Gurkenfaß eine ordentliche Lage Dill, Kirsch- und Weinblätter, rangiert die Gurken bis knapp halb voll hinein, wieder eine tüchtige Lage Dill, Kirsch- und Weinblätter, dann voll Gurken gelegt bis 2 Finger breit vom Deckel und dies mit Dill, Kirsch- und Weinblättern ausgefüllt; jetzt von dem Wasser soviel darauf gefüllt, daß es bis zum Rand voll ist, und bis zum nächsten Tag stehen lassen, wenn nötig, dann noch etwas Wasser nachgefüllt, der Stöpsel fest darauf und rundherum zugekittet, an einem kühlen trockenen Orte aufbewahrt. Im Sommer am besten auf dem Eiskeller, wo sie sich bis zum Herbst gut halten, bis es frische giebt.

603. Essiggurken. Große ausgewachsene, gelbe, beinahe reife Gurken werden geschält, die Kerne entfernt, in Viertel, und von diesen wieder 3 cm lange Stücke geschnitten, und eingesalzen bis zum andern Tag stehen lassen. Jetzt abgetrocknet und lagenweise mit Chalotten, geschabtem Meerrettig, Lorbeerblättern, Pfefferkörnern und Salz in große Glas- oder Steinkruken einrangiert, ⅔ Weinessig mit ⅓ Wasser versetzt roh darauf gegossen, nach 8 Tagen abgegossen, aufgekocht, wenn kalt, darauf gegossen und mit Blase zugebunden.

604. Senfgurken. Die Gurken wie die Vorigen fertig gemacht und die Nacht mit Salz stehen lassen; alsdann abgetrocknet. Nun mit Senfkörnern, Nelken, in Würfel geschnittenem Meerrettig, Lorbeerblättern, Estragon und Basilicum in kleine Steinkruken schichtweise einrangiert; währenddessen hat man Weinessig mit ⅓ Wasser und auf je 1 Liter 50 Gr. Salz aufgekocht und kalt darauf gegossen, dies nochmals nach 2 Tagen wiederholt und alsdann mit Blase überbunden.

605. Zuckergurken. Große grüne Gurken werden wie die vorhergehenden behandelt, nur mit dem Unterschiede, daß sie einmal in Salzwasser aufgekocht und abgetrocknet werden. Auf je 2 Liter Weinessig ¼ Liter Wasser, sowie 10 Gr. Nelken, 16 Gr. Zimmet und 1 Kilogr. Raffinadezucker gekocht und durch ein Sieb heiß auf die Gurken gegossen, indem man etwas trockenen Ingwer zwischen die Gurken rangiert nebst den Zimmetstücken, und 2 bis 3 Tage so stehen läßt, alsdann nochmals aufgekocht und kalt darüber gegossen. Mit Blase überbunden.

606. Perlzwiebeln zu Frikassee. Perlzwiebeln werden eingesalzen, nachdem die Haut abgezogen ist, bis zum anderen Tag stehen lassen. Jetzt mit Wasser, Essig und Salz weichgekocht und abgegossen; ⅔ Weinessig und ⅓ Wasser aufgekocht, kalt werden lassen und über die Perlzwiebeln gegossen, nachdem dieselben in kleine Gläser gethan sind. Dann mit Blase überbunden. Man verwendet dieselben gleich Champignons zwischen jeglicher Art Frikassee.

607. Gurkensalat zum Aufbewahren. Die Gurken werden geschält und in grobe Scheiben wie zum Salat geschnitten und einen halben Tag eingesalzen stehen lassen. Jetzt auf ein Sieb gegossen und abtropfen lassen, in eine Schüssel gethan, gewöhnlicher Essig auf= gekocht, darüber gegossen und bis zum nächsten Tage stehen lassen. Nun abgegossen und schichtweise mit in Scheiben geschnittenen Zwiebeln, grob gestoßenen Nelken, schwarzen Pfeffer= und Senf= körnern, würflich geschnittenem Meerrettig in kleine Steinkruken ein= rangiert. Jetzt auf ²/₃ Weinessig ¹/₃ Wasser und auf je 1 Liter davon ¹/₂ Kilogr. Zucker gekocht und heiß darauf gegossen, nachdem man obenauf= noch etwas Dill und einige Lorbeerblätter gelegt hat; wenn kalt, mit Blase zugebunden.

608. Liebesäpfelpuree in Gläser. Recht schöne, dunkelrote, reife aber noch feste Tomaten oder Liebesäpfel werden sauber ab= gewaschen, vom Stengel befreit, in Viertel geschnitten, in eine Kasserolle gethan, etwas Wasser darunter gegossen und 1 Stunde lang gekocht; alsdann durch ein feines Sieb gestrichen, in eine tiefe Pfanne gethan und unter fortwährendem Rühren zu einem mittel= dicken Mus oder Puree gekocht, in weithalsige Flaschen gethan und wenn kalt, ein Rumpapier darüber gelegt, gekorkt und übersiegelt oder gepecht. Alsdann später zu Saucen verwandt oder als Zusatz zu solchen, wo es angegeben.

609. Rebhühner in Blechbüchsen. Ganz frische Rebhühner dressiert und fertig gemacht wie zum Braten; in klarer Butter knapp ³/₄ Stunde gebraten, so daß sie ganz weiß bleiben, endressiert und in Blechbüchsen mit dem Halsende nach unten einrangiert. Jetzt der Fond losgerührt und auf die Büchsen verteilt und in jede soviel klare Butter gegossen, daß die Rebhühner bedeckt sind. Zugelötet und im Wasserbade, so daß die Büchsen gut bedeckt sind, 1 Stunde gekocht und darin erkalten lassen. Beim Gebrauch die Büchsen oben aufgeschnitten, die Butter dünn werden lassen, die Rebhühner in eine Pfanne mit der Butter und dem Fond einrangiert, eine viertel Stunde gebraten und im Ofen Farbe gegeben. Dann wie frische Rebhühner vollendet.

610. Krammetsvögel in Blechbüchsen. Dieselben eine knappe Stunde gebraten, so daß sie weiß bleiben; ebenfalls wie die Vorhergehenden in die Büchsen einrangiert, zugegossen, verlötet und 5 bis 10 Minuten im Wasserbade gekocht; zurückgestellt und darin erkalten lassen. Beim Gebrauch ebenso behandelt wie die frischen Krammetsvögel.

611. Schnepfen und Bekassinen in Blechbüchsen. Gut ³/₄ Stunde gebraten, einrangiert, zugegossen und zugelötet 10 Minuten gekocht und darin erkalten lassen.

Süße Schüsseln und Mehlspeisen.

––––––

Abteilung A.

612. Auflauf von Citronen. An 94 Gr. Zucker reibt man die dreiviertel Schale einer Citrone ab, stößt den Zucker und rührt ihn mit 6 Eidotter zu Schaum, fügt nach und nach den Saft von ³/₄ Citrone und den steifen Schnee der 6 Eiweiß hinzu, füllt die Masse in eine Form, welche mit Butter ausgestrichen und mit Zucker ausgestreut ist und bäckt sie 25 bis 30 Minuten bei mäßiger Hitze, giebt aber den Auflauf sofort aus dem Ofen zu Tisch, da er sehr rasch fällt.

613. Auflauf von Reis. Der Reis wird in Sahne dick und weich gekocht, aber nicht breiig, sondern die Reiskörner müssen ganz bleiben. Gleichzeitig werden Butter und Mehl kraus passiert und mit Milch zu einem weichen Brei abgerührt. In diesen Brei, wenn er abgekühlt ist, die 5 Eidotter gerührt, sowie Salz, Zucker und abgeriebene Citrone; dann der Reis hinein und zuletzt der Schnee der 5 Eiweiß dazu. Zu 125 Gr. Reis, 63 Gr. Butter, 32 Gr. Mehl, 96 Gr. Zucker und 5 gelbe Eier. 1 Stunde gebacken. Die Form gut mit Butter ausgestrichen und mit Paniermehl ausgestreut. Wenn der Auflauf eingefüllt ist, wieder oben mit Zucker bestäubt, aber beim Backen von oben nur schwache Hitze gegeben. Man giebt kalte Kirschsauce dazu.

614. Auflauf von Erdbeeren. Von 2 Liter reifen Erdbeeren stellt man ¹/₂ Liter mit Zucker bestreut zur Seite, streicht die übrigen 1¹/₂ Liter durch ein Haarsieb, und vermischt diesen Fruchtbrei mit 8 Eidottern, die mit 250 Gr. Zucker zu Schaum gerührt

werden, zieht leicht den Schaum der 8 Eiweiß darunter, füllt alles
in eine Auflaufschüssel, welche mit Butter ausgestrichen und mit
Zucker ausgestreut wird. Dann streut man die eingezuckerten Erdbeeren oben darauf, bäckt den Auflauf ½ Stunde bei mäßiger Hitze
und giebt ihn sofort zur Tafel.

615. Auflauf von Chokolade. 190 Gr. Chokolade werden
mit 1¼ Liter (knapp) süßer Sahne aufgelöst und zusammen
¼ Stunde gekocht. Hiermit werden 112 Gr. feines Reismehl oder
Gries und 190 Gr. feiner Zucker glatt abgerührt und ein dickes Mus
davon gekocht, welches dann in einer Schüssel mit 50 Gr. frischer
Butter und 12 gelben Eiern aufgerührt wird. ½ Stunde vor dem
Anrichten kommen 10 geschlagene Eiweiß dazu. Dann ½ oder gut
¾ Stunde im Ofen gebacken und Chokoladensauce Nr. 496 extra
dazu gereicht.

616. Chokoladenauflauf für 1 Person. 50 Gr. Chokolade,
¾ von ¼ Liter Sahne, 21 Gr. Reismehl, 50 Gr. Zucker, 12 Gr.
Butter, 3 Eidotter, 3 Eiweiß.

617. Auflauf à l'Anglaise. 2½ Wassergläser Milch aufgekocht, ½ Stange Vanille, 125 Gr. Zucker dazu und mit 2 Händen
voll Gries 5 Minuten gekocht. Dann 5 ganze durcheinander geschlagene Eier dazu und ¾ Stunde backen lassen. (Kirschsauce
warm dazu.)

618. Auflauf von Brot. 125 Gr. Butter mit 6 Eigelb gut
aufgerührt, 125 Gr. Zucker dazu, sowie 236 Gr. Schwarzbrot,
¾ Liter gute Milch und der Schnee von den 6 Eiern. ¾ Stunde
gebacken.

619. Auflauf au Caramelle. Man lasse Zucker mit etwas
Wasser auf dem Feuer zergehen. Wenn es eine schöne braune Farbe
bekommen hat, gießt man die Form damit aus und läßt sie rund
herum damit auslaufen. Außerdem nimmt man 5 ganze Eier,
150 Gr. Zucker, ½ Liter kochende Milch mit Vanille daran, mischt
alles gut, gießt es in die mit Caramelle ausgegossene Form und läßt
dieselbe im Ofen au-bain-marie (1 Stunde) backen.

620. Auflauf von Kirschen à la Russe. ½ Liter Milch wird
mit 125 Gr. Zucker und ½ Stange Vanille zum Kochen gebracht.

50 Gr. Butter mit 64 Gr. Mehl passiert und mit obiger Milch an-
und gut abgerührt, so daß es die Dicke einer recht ebenen Sauce
hat, dann warm 8 Eigelb dazu gerührt, etwas Kirschwasser oder beliebigen anderen Geschmack hinein, den Schnee von 8 Eiweiß unter
die noch warme Masse gemischt und in eine gut mit Butter ausgestrichene und mit Zucker ausgestreute Auflaufform gefüllt und in
einen mittelheißen Ofen gestellt, ungefähr 10 Minuten gebacken und
glaciert.

621. Auflauf von Reismehl. 4 gehäufte Eßlöffel voll Reismehl werden mit 63 Gr. Zucker und ½ Liter süßer Sahne glatt
gerührt und auf dem Feuer zu einem dicken Mus gekocht; in eine
Porzellanschüssel gethan, eine halbe Citrone daran abgerieben, 7 gelbe
Eier und 32 Gr. Butter dazu und schön aufgerührt. Dann der
Schnee von 5 Eiweiß dazu, in eine Souffléform gefüllt, mit Zucker
bestäubt und eine gute halbe Stunde gebacken.

622. Auflauf von Kartoffelmehl. Genau wie das Vorhergehende, statt Reis- aber Kartoffelmehl.

623. Auflauf von Gries. ¾ Liter Sahne wird mit 50 Gr.
Butter und 100 Gr. Zucker aufgekocht, alsdann 125 Gr. Gries
hinein gequirlt und zu einem dicken Brei gekocht, in eine Schüssel
gethan, eine halbe Citronenschale daran gerieben, eine Prise Salz
und 16 Gr. Butter, sowie 8 gelbe Eier dazu, gut aufgerührt, 7 geschlagene Eiweiß dazu, in eine Auflaufschüssel gethan, Zucker übergestäubt und ½ bis ¾ Stunde gebacken.

624. Omelette-Soufflé. 125 Gr. Zucker mit 5 gelben Eiern
½ Stunde gerührt, etwas abgeriebene Citronenschale und 60 Gr.
feingestoßene süße und bittere Makronen dazu; mit dem steifgeschlagenen
Schnee der 5 Eier versetzt. Hiervon in einer kleinen Pfanne, welche
vorher angewärmt wird, mit klarer Butter circa 2 bis 3 kleine
Böden leicht von beiden Seiten angebacken; der erste Boden auf
eine Schüssel gethan, kleine Häufchen Gelee darauf verteilt, der nächste
Boden darüber, etwas Gelee und der letzte darauf, oben mit Zucker
bestäubt und im Backofen noch 15 bis 25 Minuten gebacken, doch
muß die Hitze ziemlich schwach sein. Hat man keine Makronen, so

kann man dieselben auch fortlassen. Statt des Gelee's kann man auch feingeriebene und gesiebte Chokolade dazwischen streuen.

Abteilung B.

625. Pudding von Mandeln. 125 Gr. feiner Gries oder Creme de riz, werden mit ½ Liter Milch und 96 Gr. Butter abgebrannt, sodann 10 gelbe Eier, 96 Gr. Zucker und 96 Gr. feingeriebene Mandeln, worunter einige bittere sind, der Schnee der 10 Eier dazu und au-bain-marie im Ofen oder auf der Maschine gar gemacht. Eine kalte Frucht=, Vanille= oder Chaudeausauce dazu. Die Form zum Pudding mit Butter ausgestrichen und mit Zucker ausgestreut.

626. Pudding à la Dauphin. 125 Gr. Reismehl rühre man mit der nötigen Sahne oder Milch (ungefähr ½ Liter), auf dem Feuer zu einer Masse ab, gebe 64 Gr. Zucker und 3 Eigelb dazu und ziehe nach dem Erkalten den Schnee der Eier darunter. Sodann wird diese Masse in einer Stürzform au-bain-marie gar gemacht. Nach dem Erkalten wird der Pudding gestürzt und der Quere nach in 3 oder 4 Platten geschnitten, den Boden der Platte lege man auf die betreffende Schüssel, auf welcher der Pudding serviert werden soll, feuchte die Platte mit etwas Marasquino an und bestreiche sie mit Aprikosenmarmelade, welche man nach Belieben mit etwas Sauce verrühren kann; lege auf diese die zweite Platte und fahre so fort, bis der Pudding seine Form wieder erreicht hat. Sodann schlage man von 5 Eiweiß einen festen Schnee, ziehe 50 Gr. Puderzucker darunter und überziehe dann den Pudding damit. Man lasse ihn alsdann in einem nicht zu heißen Ofen Farbe nehmen, er muß aber durch und durch warm sein. Hierzu eine Sauce von Aprikosenmarmelade, welche man mit Marasquino und Arrac verrührt.

627. Pudding à la Diplomâte. Eine runde Randform mit Butter ordentlich weiß ausgestrichen, dann mit Korinthen, Sultanrosinen, Succade, Glaskirschen und zerbröckelten Makronen ausgestreut. Nun eine Schicht halben Löffelbisquits, dann wieder Korinthen, Rosinen, Succade in Würfel geschnitten, Glaskirschen und Makronen und zuletzt wieder Bisquits. Nun 4 ganze und 6 Eidotter mit 190 Gr. Zucker und ½ Stange gestoßener Vanille nebst knapp ¾ Liter süßer Sahne gut durcheinander geschlagen, durch ein grobes

Sieb gethan und die Form damit langsam nach und nach gefüllt. Jetzt ein passendes gebuttertes Papier darauf gelegt und 1 Stunde auf der Maschine au-bain-marie ziehen lassen. Beim Anrichten, nachdem die Form gestürzt, in der Mitte mit Vanillereis gefüllt, der Pudding mit halbierten Aprikosen rund herum belegt und mit einer etwas mit Jamaika-Rum gekräftigten Aprikosensauce maskiert und der Rest extra beigegeben.

628. Mehlpudding. Man zerläßt knapp 64 Gr. frische Butter, thut gut 32 Gr. gestoßenen Zucker und 64 Gr. feines Mehl hinzu und schwitzt alles langsam einige Minuten durch, wobei das Mehl nur hellgelb werden darf. Inzwischen hat man $1/4$ Liter süße Sahne aufgekocht und etwas auskühlen lassen. Nun gießt man diese Sahne zu der Mehlschwitze und kocht unter beständigem Rühren einen steifen Brei davon, den man in eine Schüssel ausschüttet; nach einigem Auskühlen mit 5 Eidottern, einer Prise Salz und drei gehäuften Eßlöffeln Zucker recht tüchtig vermischt. Eine halbe Stunde gerührt, mit dem steifen Schnee von 4 Eiweiß untermengt und in eine mit Butter ausgestrichene und mit Paniermehl ausgestreute Puddingform mit Deckel gefüllt. Nun läßt man den Pudding 1 Stunde im Wasserbade kochen und giebt ihn mit einer Obst- oder Vanillesauce zu Tisch. Derselbe Pudding läßt sich auch kalt mit einer Wein- oder Fruchtsauce servieren und außerdem warm mit jedem beliebigen Geschmack und Sauce. Auch läßt der Pudding sich noch einmal verwenden, indem man ihn am nächsten Tage in $1/2$ cm dicke Scheiben schneidet, von beiden Seiten in klarer Butter anbrät, so daß sie wieder leicht aufgehen, im Kranze auf einer runden Schüssel anrichtet und eine Sauce dazu giebt.

629. Savarin à la Creôle. 500 Gr. Mehl, 375 Gr. Butter, 9 ganze Eier, 2 gehäufte Eßlöffel Zucker, gut $1/4$ Liter süße Sahne, gut 50 Gr. Hefe. Nachdem alles zusammen gerührt, eine mit Butter ausgestrichene Randform $3/4$ voll gefüllt und, nachdem es bis zum Rand aufgegangen, abgebacken. Wenn es nun kalt, die Kruste oben abgeschnitten und der Savarin mit dünnem Ananassyrup, woran $1/2$ Stange Vanille ist, getränkt. Kurz vor dem Anrichten warm gestellt, gestürzt und in die Mitte Vanillereis gefüllt, ein Kreuz von Glaskirschen darüber gelegt, der Savarin mit Aprikosensauce maskiert, gehackte Pistazien darüber gestreut, schräge Croutons von Ananas herumgelegt und eine Aprikosensauce dazu gegeben.

630. Savarin von Aprikosen. 125 Gr. Mehl, 44 Gr. Butter, 15 Gr. Zucker, 4 ganze Eier, 8 Gr. Hefe, ½ Weinglas süße Sahne. Von Sahne, Hefe und Mehl ein Hefenstück angesetzt, während dies geht, rührt man das übrige Mehl mit Butter, Zucker, einer Prise Salz und den 4 Eiern tüchtig glatt, das Hefenstück dazu und wieder tüchtig gerührt. Dann ein Savarinrand recht fett mit Butter ausgestrichen, mit Mehl ausgestäubt und von der Masse halb voll gegossen, langsam bis zum Rand gehen lassen und in Mittelhitze im Ofen gebacken. Wenn abgekühlt, der obere braune Rand abgeschnitten und mit der Aprikosensauce oder Saft, welcher warm sein muß, nach und nach getränkt; warm gestellt, beim Anrichten gestürzt, halbierte, angewärmte Aprikosen in der Mitte recht erhaben angerichtet, das Ganze mit Aprikosensauce maskiert und mit gehackten Pistazien überstreut. Sauce extra dazu geben.

631. Pfirsiche à la Bardenoux. 125 Gr. Reis wird mit Milch halb weich gekocht. Währenddessen hat man 15 Stück Pfirsiche halbiert, geschält, mit einer halben Stange Vanille und 125 Gr. Zucker weich gedämpft, einen Teil dieses Saftes zu dem Reis gethan und damit kurz und weich dämpfen lassen. Jetzt in eine mit Butter ausgestrichene Randform gefüllt und, nachdem er kalt, auf eine Schüssel gestürzt. Nun dieser Rand mit den Pfirsichen gefüllt, gehackte bittere und süße Makronen darüber gestreut, das Ganze mit Baisermasse überstrichen, damit bespritzt und im Ofen langsam angewärmt und Farbe gegeben. Beim Anrichten mit kandirten Kirschen und in Filets geschnittenen Angelic garniert. (Eine Chaudeausauce extra dazu.)

632. Äpfelchalotte. 10 gute Äpfel werden geschält, in Viertel und diese in feine Scheiben geschnitten, dann mit 1 Weinglas Weißwein, einem eigroßen Stück Butter (40 Gr.) und 4 gehäuften Eßlöffeln Zucker in einer Pfanne weich und kurz schmoren lassen. Wenn sie weich sind, werden etwas Succade und Korinthen dazu gethan, auf ein Sieb geschüttet und kalt gestellt. Dann eine Kasserolle mit geklärter Butter weiß ausgestrichen, runde Scheiben von Semmel ausgestochen, in geklärter, warmer Butter und Zucker umgekehrt und der Boden damit im Kranze und in der Mitte ausgelegt. An den Seiten länglich viereckige Brotscheiben (in der Höhe der Kasserolle), welche gleichfalls in Butter und Zucker umgekehrt sind, rund herum, eine halb über die andere hoch gelegt, die Äpfel hinein gethan, die Brotscheiben egal geschnitten, der Abfall oben auf und damit zugelegt. Auf ein Salzblech gestellt und 1 Stunde in einem ziemlich heißen Ofen gebacken.

633. Strelitzer Äpfelspeise. Man nimmt 12 Borsdorfer Äpfel, sticht das Kernhaus heraus, schält sie und dünstet sie mit 1 Weinglas Weißwein, 125 Gr. Zucker und der Schale einer halben Citrone weich, aber so, daß sie ganz bleiben, und legt sie auf ein Sieb zum Abtropfen. Jetzt in eine tiefe Schüssel gelegt, die ausgestochenen Löcher mit Kirschfleisch gefüllt und mit nachstehender Crême das Ganze übergossen. 4 Eidotter werden mit 112 Gr. Zucker und ³/₄ Liter süßer Sahne nebst 1 Theelöffel Kartoffelmehl auf dem Feuer abgeschlagen, mit ¹/₂ Weinglas Marasquino versetzt und halb kalt über die Äpfel gethan. Wenn kalt, mit einer Baisermasse, von 9 Eiweiß mit 375 Gr. Zucker versetzt, überstrichen, hübsch damit bespritzt und im Ofen Farbe gegeben. Dann kommt die ganze Schüssel kalt zu Tisch.

634. Pommes de riz à la Duchesse. 8 recht gute halbierte Äpfel werden mit 3 gehäuften Eßlöffeln Zucker, ¹/₂ Citronenschale und ¹/₁₀ Liter Weißwein wie zu Kompot gekocht. Währenddessen kocht man 190 Gr. Reis in Sahne mit Vanille und ein wenig Salz weich und schmeckt ihn von Zucker ab. Der Reis muß recht weich sein, jedoch körnig bleiben. Von diesem Reis dressiert man einen Boden auf der Schüssel, worauf die Speise serviert werden soll, belegt diesen mit den Äpfeln, füllt die Zwischenräume mit Glaskirschen aus, überstreicht das Ganze mit Aprikosenmarmelade, hierüber wieder ein Reisboden und alsdann das Ganze mit nachfolgender Baisermasse bestrichen und bespritzt, nachdem man etwas Marasquino über den Reis geträufelt hat. Von 9 Eiweiß ein fester Schnee geschlagen, 375 Gr. Puderzucker leicht unter den Schnee gezogen und mit dieser Masse die Speise überstrichen, bespritzt und mit Zucker bestäubt, im Ofen Farbe gegeben und alsdann heiß zu Tisch.

635. Aprikosen à la Condé. Eine Timbaleform wird mit feinem Mürbteig ausgelegt, mit Erbsen gefüllt und in schöner Farbe gebacken. Dann wird diese hohle Form, nachdem die Erbsen entfernt sind, nochmals 5 Minuten in den Ofen gestellt, und, wenn erkaltet, schichtweise mit gekochtem Vanillereis und halben Aprikosen voll gefüllt, zuletzt Reis. Die Form erwärmt, mit Marasquino beträufelt, gestürzt, mit einer Aprikosensauce maskiert und der Rest extra beigegeben.

636. Dicke Eierkuchen mit Pflaumenmus. 3 ganze Eier werden mit soviel Mehl verrührt, daß es eine glatte, dickflüssige Masse ist, dann nach und nach 6 Eidotter dazu gerührt und zuletzt soviel Milch, daß die Masse so dünn wie Sahne wird, dann von Salz abgeschmeckt. Dies würde für 3 dicke Kuchen genügen. (Die Pfanne vorher trocken sehr gut erhitzen.)

Das Pflaumenmus durchgestrichen, mit Rotwein, Zucker und abgeriebener Citronenschale versetzt, so daß es, wenn es aufgekocht ist, flüssig aus der Kasserolle läuft, und heiß zu Tisch gegeben. (Kann aber auch kalt gegeben werden.)

637. Äpfeleierkuchen. Zu 2 gehäuften Eßlöffeln Mehl rührt man 3 Eßlöffel saure Sahne und 3 gelbe Eier glatt, alsdann den Schnee von 3 Eiweiß dazu. Jetzt in einer Pfanne Butter gelbbraun gemacht, $2/3$ Teil der Masse hinein, und von unten Farbe nehmen lassen. Nachdem nun 6 Stück in feine Scheiben geschnittene Aepfel, welche mit 100 Gr. Zucker, 1 Eßlöffel Rum und 30 Gr. Butter weich geschmort sind, trocken darauf gelegt sind, wird der letzte Teil der Masse darüber gegossen, und nachdem etwas Butter darauf gepflückt ist, in eine andere Pfanne umgekippt und Farbe gegeben. Angerichtet und mit Zucker überstreut zu Tisch gegeben.

638. Omelette au riz. Von einem ganzen Ei und einem gehäuften Eßlöffel Mehl wird ein glatter Teig gerührt, wozu man alsdann zwei gelbe Eier rührt, mit der nötigen Milch verdünnt und von Salz abschmeckt. Hiervon ein nicht zu kleiner Eierkuchen gebacken. Währenddessen hat man von 125 Gr. Reis, Milch und $1/3$ Stange Vanille einen körnigen aber weichen Vanillereis gekocht, welcher von Salz und Zucker abgeschmeckt, länglich viereckig auf den Eierkuchen gefüllt wird, dieser von den Seiten und Enden umgebogen, herumgeschmissen, daß die untere Seite nach oben kommt.

Angerichtet, mit Zucker bestreut und mit einer glühenden Schaufel glasiert.

639. Omelette au confiture. Von dem vorhergehenden Teig werden kleine dünne Eierkuchen gebacken, welche entweder mit Aprikosen, Himbeeren, Johannisbeeren, Dreimus, Stachelbeergelee oder Marmelade länglich gefüllt werden. Alsdann aufgerollt, angerichtet, mit Zucker bestreut und recht heiß zu Tisch gegeben.

Abteilung C.

640. Beignets von Äpfeln. 4 große Äpfel werden in messerrückendicke Scheiben geschnitten, das Kernhaus ausgestochen und geschält. Nun mit Zimmet und Zucker bestreut und mit Jamaika-Rum tüchtig eingesprengt; so 1 bis 1½ Stunden gut zugedeckt stehen lassen. Dann ziemlich spät im Ausbacketeig umgekehrt, auf beiden Seiten in heißem Schmalz goldgelb gebacken und zum Entfetten auf Löschpapier gelegt. Beim Anrichten mit Zucker bestreut und auf einer Schüssel mit Manschette zu Tisch gegeben.

Ebenso werden Beignets von Pfirsich und Aprikosen in Hälften, Apfelsinen und Ananas in dicke Scheiben geschnitten, bereitet. Den Ausbacketeig siehe Abschnitt 16 Nr. 870.

641. Beignets von Birnen. 15 Stück kleine Beurré gris werden geschält, die Stengel abgestutzt, das Kernhaus mit einem Apfelbohrer herausgebohrt und mit 125 Gr. Zucker, ¹/₁₀ Liter Weiß-wein und einer halben Citronenschale weich geschmort, der Saft dick eingekocht und die Birnen darin erkalten lassen. Jetzt auf einen Durchschlag geschüttet und abtropfen lassen. Das ausgehöhlte Kernhaus mit Himbeer- oder Aprikosenmarmelade gefüllt, in Backteig getaucht und in schöner Farbe gebacken. Sollte die Marmelade nicht steif genug sein, so muß man oben die Oeffnung mittelst Oblate schließen, ehe man die Birnen in den Backteig taucht.

642. Beignets von Erdbeeren. 1½ Liter kleine Erdbeeren werden gewaschen, eingezuckert und kleine Häufchen in der Größe von Aprikosen in Oblaten eingewickelt. Hat man die nötige Anzahl, schnell in Backteig getaucht und in Schmalz ausgebacken, auf Lösch-papier ausgehoben und warm gestellt. Beim Anrichten mit Zucker bestäubt und auf einer runden Schüssel mit Manschette en Pyramide angerichtet.

643. Beignets von Kirschen. Auf die vorhergehende Art bereitet.

644. Beignets von Gries. Zu 1 Liter kochender Milch, 125 Gr. Zucker und 63 Gr. Butter giebt man ¼ abgeriebene Citronenschale, sowie etwas Zimmet, läßt 250 Gr. nicht zu feinen Gries dazu und darin klar und dick kochen, eine Prise Salz dazu und in eine gebutterte, flache Pfanne, nachdem der Zimmet entfernt, fingerdick gestrichen. Wenn kalt, in länglich viereckige Karrees geschnitten, mit Ei und Semmel paniert, ausgebacken und mit Zimmetzucker bestäubt.

645. Beignets von Reis mit Fruchtsauce. Von 188 Gr. schönen Reis kocht man, nachdem er dreimal abblanchiert ist, nebst ½ Stange Vanille und 188 Gr. Zucker, mit der nötigen Milch einen steifen, recht körnigen, aber weichen Vanillereis, streicht diesen 1 cm dick in eine gebutterte Pfanne und läßt ihn auf Eis kalt werden. Alsdann 3 cm breite und 5 cm lange Stücke geschnitten, in Ei und Semmel paniert, in Fett ausgebacken, mit der Schaufel glasiert und recht heiß auf einer Schüssel mit Manschette angerichtet und eine Fruchtsauce kalt dazu gereicht, kann aber auch warm sein.

646. Beignets von Reis mit Kaffee. Dieselben werden genau wie die vorhergehenden hergestellt, nur gießt man, wenn der Reis dreiviertel weich ist, ¼ Liter starken Kaffee dazu und läßt den Reis damit weich und dick kochen. Vollendet wie die Vorhergehenden aber ohne Sauce gegeben.

647. Beignets von Reis mit Chokolade. Unter die fertig gekochte Reismasse wird zuletzt noch 160 Gr. fein geriebene und durchgesiebte Chokolade gethan.

648. Beignets von Puddingresten. Von Puddingresten kann man sehr wohlschmeckende Beignets bereiten, indem man Stücke in der Größe eines Fünfmarkstückes schneidet, diese in Backteig taucht oder in Ei und Semmel paniert, in Fett ausbackt und eine Frucht- oder Vanillesauce dazu reicht. Besonders gut schmecken dieselben, wenn man Reste von Pudding à la Diplomate hat. Auf diese Weise kann man oftmals noch schnell eine süße Schüssel anhängen bei plötzlichem Besuch u. s. w.

649. Beignets Soufflé mit Chaudeausauce. Zu ½ Liter Milch giebt man ½ Stange Vanille, läßt diese darin ausziehen, giebt 95 Gr. Butter dazu und circa 250 Gr. Mehl und brennt dies auf dem Feuer ab, so daß es sich von der Kasserolle und dem Löffel löst. Wenn abgekühlt, mit 95 Gr. feinem Zucker, einer Prise Salz und 8 Eidottern verrührt, der Schnee von 3 Eiweiß und 1 gehäufter Eßlöffel geschlagene Sahne dazu und zugedeckt kalt gestellt. Kurz vor dem Anrichten nimmt man den Teig auf einen Backtisch, rollt ihn mit der Hand lang aus, schneidet wallnußgroße Stücke davon, formt sie mit den Händen rund, backt sie in heißem Schmalz langsam aus, läßt sie auf Löschpapier gut entfetten und giebt sie mit Zucker bestäubt zu Tisch. Die Beignets müssen im Fett gut aufgehen und in goldgelber Farbe gebacken werden. Eine Weinschaumsauce (siehe bei den Saucen) extra dazu serviert.

650. Reisbirnen mit Vanille oder Fruchtsauce. 125 Gr. Reis wird in mehrmals gewechseltem Wasser 2 Stunden gewässert, alsdann blanchiert und mit ½ Liter Milch, 35 Gr. Butter, etwas Salz, 75 Gr. Zucker und etwas Citronenschale weich und dick gekocht, alsdann 3 bis 4 Eidotter dazu gequirlt. Nun auf eine Pfanne auseinander gestrichen und auf Eis erkalten lassen. Jetzt 1 Eßlöffel voll davon abgestochen, wie eine Birne geformt, mit dem dicken Holzlöffelstiel von oben nach unten bis einen Finger breit von der Spitze ausgehöhlt, 4 bis 6 eingemachte Sauerkirschen hineingesteckt, oben zusammengedrückt und hübsch mit Semmel nachgeformt. Wenn nun die nötige Anzahl, wovon man immer 3 bis 4 Stück mehr als Personen rechnen muß, fertig sind, werden sie in Ei und Semmel paniert, in Fett ausgebacken und auf Löschpapier warm gestellt. Beim Anrichten in Zucker paniert, unten ein Stengel von Zimmet und oben eine große Gewürznelke hineingesteckt und auf einer Schüssel mit Manschette angerichtet. Eine heiße Vanillesauce oder Kirschsauce dazu gereicht.

651. Voulquins. Runde Zwiebäcke werden geschält. Nun verrührt man ¼ Liter lauwarme Milch mit 2 Eidottern und 2 ge-

häuften Eßlöffeln Zucker, gießt dies über die Zwiebäcke und läßt sie
damit gut 2 Stunden stehen, daß sie ordentlich durchweichen. Dann
werden sie mit geschlagenem Ei und geriebener Semmel paniert, in
heißem Schmalz auf beiden Seiten hellbraun gebacken, auf Löschpapier
entfettet, mit Zucker bestreut und heiße Kirschsauce dazu gegeben.

652. Boules au Chocolat. In reichlich $\frac{1}{4}$ Liter Wasser
läßt man 100 Gr. Butter aufkochen, giebt 170 Gr. Mehl dazu und
brennt dies leicht auf dem Feuer ab. Nachdem es etwas abgekühlt,
giebt man 3 Eidotter dazu und arbeitet den Teig circa $\frac{1}{4}$ Stunde
lang recht glatt. Jetzt giebt man den Schnee der 3 Eiweiß dazu
und hebt ihn leicht unter die Masse. Währenddessen hat man Backschmalz heiß werden lassen, sticht mit einem Eßlöffel wallnußgroße
Häufchen ab und läßt diese in dem heißen Schmalz in schöner Farbe
backen. Nachdem man die nötige Anzahl (3 à Person) fertig hat,
läßt man sie auf Löschpapier entfetten. Nun löst man 190 bis
250 Gr. feingeriebene und durchgesiebte Chokolade in $\frac{1}{4}$ Liter Wasser
auf, und nachdem sie etwas dick und blank geworden ist, kehrt man
die kleinen Boules, ein's nach dem andern darin um, so daß sie
vollständig darin eingehüllt sind, und richtet sie, nachdem sie erkaltet
sind, auf einer Schüssel mit Manschette an. Außerdem wird $\frac{1}{2}$ bis
$\frac{3}{4}$ Liter steifgeschlagene und mit Zucker versetzte Schlagsahne, extra
angerichtet, dazu gereicht.

Abteilung D.

653. Kartoffelgraupen=Flammeri. $\frac{1}{2}$ Citronenschale und
$\frac{1}{3}$ Stange Zimmet läßt man mit $\frac{1}{8}$ Liter Milch aufkochen und
stellt es zugedeckt zurück. Nun giebt man 3 Hände voll Kartoffelgraupen in 1 Liter kochende Milch, thut die Milch von Zimmet und
Citronenschale durch ein Sieb dazu, und läßt die Kartoffelgraupen
hierin klar werden und so dick einkochen, daß sie beim Umrühren
eine Furche bilden; schmeckt es von Salz und Zucker ab und läßt es
in einer Melonenform, welche vorher mit Wasser ausgegossen und
mit Zucker ausgestäubt ist, erkalten. Kirschsaft recht kalt als Sauce
extra dazu gegeben.

654. Gries=Flammeri. In 1 Liter Milch thut man 2 gehäufte Eßlöffel Zucker, die auf Zucker abgeriebene Schale einer Citrone

und 10 bis 12 Stück geschälte und fein geriebene bittere Mandeln, läßt die Milch damit kochen und quirlt 125 Gr. feinen Gries hinein, welchen man unter beständigem Rühren darin klar ziehen läßt. Hierauf mischt man 20 bis 25 Gr. frische Butter und den steifen Schnee von 4 Eiweiß unter die kochende Masse und schüttet sie in eine Form zum Erkalten aus. Statt der Mandeln kann man auch Vanillegeschmack geben und nach Belieben mit einigen Eidottern abziehen. Eine kalte Frucht- oder Punschsauce dazu gegeben.

655. Gries=Flammeri auf einfache Art. In einer Kasserolle läßt man gut ¼ Liter Milch mit der Schale einer halben Citrone und ½ Stange Zimmet aufkochen, und stellt dies zugedeckt 10 Minuten zurück. Währenddessen hat man in ¼ Liter kochende Milch 5 gehäufte Eßlöffel voll Gries hineingelassen, und nachdem dieser darin klar und dick gekocht, den Extract von Zimmet und Citronenschale dazu gethan. Schmeckt es von Salz und Zucker ab und schüttet es in der Dicke von dünnem Syrup in eine, mit Wasser ausgespülte und mit Zucker ausgestreute, Melonenform, worin man ihn erkalten läßt. Beim Anrichten eine Himbeersauce dazu gegeben.

656. Reis=Flammeri auf einfache Art. Nachdem man einen Extract von Citronenschale und Zimmet (wie im Vorhergehenden angegeben) fertig gestellt hat, blanchiert man 250 Gr. Reis in Wasser ab, schüttet ihn auf einen Durchschlag und läßt ihn, nachdem er in die Kasserolle zurück gethan, in Milch weich und körnig kochen. Jetzt von Salz und Zucker abgeschmeckt und in der Dicke wie der Vorhergehende, in die Melonenform gethan. Eine Kirschsauce dazu gereicht.

657. Maizena=Flammeri. Man kocht von 1 Liter Milch und 125 Gr. Maizenamehl, 125 Gr. Zucker und 80 Gr. feingewiegten Mandeln einen glatten Brei, zieht ihn, sobald er vom Feuer kommt, mit 6 Eidottern ab, welche mit ein wenig Milch glatt gequirlt sind, vermischt die Masse mit 4 geschlagenen Eiweiß und schüttet sie in eine Melonenform, welche vorher mit Wasser ausgegossen und mit Zucker ausgestäubt ist. Zum Anrühren des Maizenamehls und Anquirlen der Eier nimmt man ¼ Liter Milch extra. Eine Fruchtsauce extra dazu gegeben.

658. Rote Grütze oder Saft=Flammeri. 1½ Liter Saft und Wasser mit 125 Gr. angequirltem Sagomehl 3 bis 5 Minuten gekocht, eine Prise Salz dazu und von Zucker abgeschmeckt. (Halb Johannisbeer= und halb Himbeersaft und immer 1 Liter Saft zu ½ Liter Wasser.) Bei rohem Saft ungefähr 13 bis 15 gehäufte Eßlöffel Zucker dazu. Jetzt das Ganze in eine mit Wasser aus= gegossene und mit Zucker ausgestreute Form gefüllt. Eine kalte Vanillesauce dazu gegeben.

659. Vanille=Flammeri mit Fruchtsauce. Gut ¾ Liter süße Sahne oder Milch wird mit ½ Stange Vanille und 6 ge= häuften Eßlöffeln Zucker 10 Minuten gekocht, mit gut 16 Gr. Gelatine versetzt, mit 6 Eigelb legiert, wenn etwas abgekühlt, der Schnee von 6 Eiern dazu, in eine mit Wasser ausgegossene und mit Zucker aus= gestreute Melonenform geschüttet und erkalten lassen. Eine Erdbeer= saftsauce mit Erdbeeren darin dazu gegeben.

Abteilung E.

660. Chokoladencrême à la Vienne. 3 ganze, 2 gelbe Eier, 1 Obertasse Sahne (²/₁₀ Liter), 5 gehäufte Eßlöffel Zucker, 250 Gr. Chokolade und ¾ Liter Schlagsahne. Mit Bisquits garniert. (Eier, Sahne, Zucker und Chokolade auf dem Feuer ab= geschlagen, wenn kalt, die steifgeschlagene Schlagsahne leicht unter= gehoben, auf einer Schüssel erhaben angerichtet und mit einem Kranz Bisquits garniert.)

661. Chokoladencrême mit Vanillesauce. In 1 Liter süßer Sahne läßt man 180 Gr. Chokolade und einen gehäuften Eßlöffel Mehl auf= und glattkochen, währenddessen hat man 8 Eidotter mit 100 Gr. Zucker glatt gerührt, schlägt nun nach und nach die Chokolade dazu, giebt es durch ein Sieb in einen Messingkessel und läßt es ein= mal aufstoßen. Nachdem man es nun circa 1 Minute kalt geschlagen, hebt man den Schnee der 8 Eiweiß darunter und läßt es in einer Form erstarren. Man giebt eine kalte Vanillesauce extra dazu. Statt des Mehls in der Crême kann man auch 25 Gr. Gelatine nehmen.

662. Chokoladen=Bavaroise. In ¾ Liter Milch löst man 375·Gr. Vanillechokolade sowie 190 Gr. Zucker auf, versetzt dies mit 40 Gr. aufgelöste Gelatine; wenn es kalt ist und sich zu verdicken anfängt, 1½ Liter steifgeschlagene Sahne darunter gehoben.

663. Citronencrême. 4 ganze und 4 gelbe Eier, 130 Gr. Zucker, die Schale von einer und der Saft von 2 Citronen dazu nebst einem Weinglas voll Weißwein, läßt dies auf dem Feuer einmal aufstoßen und giebt 20 Gr. aufgelöste Gelatine dazu, schlägt es so lange, bis es sich zu verdicken anfängt und schüttet es in eine Form oder Glasschale aus. Mit feinem Gebäck garniert.

664. Citronencrême auf andere Art. 250 Gr. Zucker und 10 Eidotter werden mit der abgeriebenen Schale von einer halben und dem Saft von 2 Citronen eine Stunde gerührt. Alsdann das zu Schnee geschlagene Weiße der 10 Eier dazu gethan und gut durchgerührt; nun 16 Gr. aufgelöste Gelatine und 1 Eßlöffel voll Rum daran gegeben, nochmals gut durchgerührt, in eine tiefe Glasschale gethan und hübsch mit Johannisbeer- und Äpfelgelee garniert.

665. Citronen=Bavaroise. 250 Gr. Zucker, 1 ganzes, 4 gelbe Eier, die abgeriebene Schale von 2 Citronen, der Saft von 3 Citronen und eine Obertasse Weißwein (²/₁₀ Liter), dies einmal auf dem Feuer aufstoßen lassen, 22 Gr. aufgelöste Gelatine dazu, wenn erkaltet und sich zu verdicken anfängt ½ Liter steifgeschlagene Sahne darunter gezogen.

666. Nußcrême. 125 Gr. Nußkerne werden, nachdem sie abgebrüht sind, im Reibstein mit einem Taffenkopf süßer Sahne (²/₁₀ Liter) fein gerieben. Alsdann mit 250 Gr. Zucker, 6 gelben Eiern und nach und nach ¼ Liter kochender Sahne versetzt, einmal auf dem Feuer aufstoßen lassen, durchpassiert, und, nachdem man es gut 1 Minute kalt geschlagen, der Schnee von 5 Eiweiß darunter gezogen; alsdann in eine mit Wasser ausgegossene und mit Zucker ausgestäubte Form gethan.

667. Nuß=Bavaroise. 125 Gr. Nußkerne werden, nachdem die Haut abgebrüht ist, mit ¼ Liter süßer Sahne im Reibstein sehr fein gerieben, und mit 125 Gr. Zucker in ein Geschirr gethan. Jetzt ³/₄ Liter sehr steif geschlagene Sahne und 10 Gr. aufgelöste Gelatine lauwarm dazu gerührt. Alsdann in einer mit Öl ausgestrichenen Form in Eis stocken lassen.

668. Pfirsich-Bavaroise. Von 16 Stück reifen Pfirsichen
entfernt man die Haut und Kerne und streicht sie durch ein feines
Sieb, schlägt die Hälfte der Kerne auf, brüht sie ab und reibt sie mit
3 Eßlöffel Sahne sehr fein. Giebt jetzt 260 Gr. Zucker, die Kerne
sowie 34 Gr. aufgelöste Gelatine zu dem Pfirsichpuree und zieht,
wenn es sich zu verdicken anfängt, ³/₄ Liter steifgeschlagene Sahne
darunter.

669. Ananas-Bavaroise. Eine Ananas von 750 Gr. wird
geschält, die Hälfte in dicke Scheiben geschnitten und die andere Hälfte
gerieben. Jetzt läßt man die Scheiben mit einer halben Obertasse
Wasser (¹/₁₀ Liter) und 250 Gr. Zucker weich ziehen; nimmt die
Scheiben heraus, giebt die geriebene Ananas zu dem Zucker und läßt
dies noch einen Augenblick durchkochen, streicht es durch ein Sieb,
versetzt es mit 35 Gr. aufgelöste Gelatine, schlägt es, bis es sich
zu verdicken anfängt, und versetzt es mit 1 Liter steifgeschlagener
Sahne, sowie der in kleinen Würfeln geschnittenen, ausgekochten Hälfte
der Ananasscheiben.

670. Erdbeer-Bavaroise. 1¹/₂ Liter Wald- oder Monatserdbeeren werden durch ein feines Sieb gestrichen, mit 200 Gr.
Zucker klar gerührt und mit 16 bis 20 Gr. Gelatine, welche vorher
mit gut einem halben Tassenkopf kochenden Wassers (¹/₁₀ Liter) aufgelöst wird, versetzt. Auf Eis, bis es sich zu verdicken anfängt, gerührt und mit gut ¹/₂ Liter steifgeschlagener Sahne versetzt.

671. Aprikosen-Bavaroise. 20 Stück schöne reife Aprikosen
werden von Haut und Kernen befreit und durch ein feines Sieb gestrichen, die Kerne zur Hälfte aufgeschlagen, abgebrüht und fein gerieben, alsdann mit einem halben Tassenkopf Wasser (¹/₁₀ Liter)
10 Minuten aus- und eingekocht. Jetzt durch ein feines Sieb zu
dem Puree gegossen. Nachdem nun 300 Gr. Zucker, sowie 35 Gr.
aufgelöste Gelatine dazu gethan, wird es bis zum Verdicken auf Eis
gerührt und schnell knapp 1 Liter Schlagsahne, sehr steif geschlagen,
darunter gehoben.

672. Apfelsinencrême. 250 Gr. Zucker, worauf 2 große
Apfelsinen abgerieben, der Saft davon, sowie 16 gelbe Eier gut
durcheinander gerührt, der Saft von 4 bis 6 Citronen und eine

kleine Obertasse Weißwein (knapp $^2/_{10}$ Liter) dazu gethan. Dieses
auf dem Feuer einmal aufstoßen lassen, unter fortwährendem, heftigen
Schlagen mit der Schneerute, dann von 6 Eiweiß der Schnee dazu
geschlagen, sowie 4 Gr. Gelatine und auf die Torte oder Tortelettes
gebracht. Kommt die Crême in Gläser, so kann man 2 Eiweiß
mehr nehmen und 2 Gr. Gelatine weniger. Sollte die Crême vor
dem Abschlagen nicht sauer genug sein, so nimmt man noch Citronensaft dazu, so daß er ordentlich säuerlich schmeckt, da es durch den
Eiweißschnee gemildert wird.

673. Apfelsinen=Bavaroise.

Auf 260 Gr. Zucker reibt man
2 kleine Apfelsinen ab, stößt ihn fein und läßt ihn durch ein Sieb
in einen Kessel. Hierzu 4 gelbe Eier sowie ein ganzes, der Saft von
5 kleinen Apfelsinen und 1 Weinglas voll Weißwein, dieses unter
tüchtigem Schlagen einmal auf dem Feuer aufkochen lassen. Währenddessen sind 25 Gr. Gelatine oder Hausenblase mit etwas Wasser aufgelöst, zu der Crême durch ein Sieb gethan und so lange geschlagen,
bis es sich zu verdicken anfängt. Nun schnell ½ Liter steifgeschlagene
Sahne darunter gehoben und in eine mit Provenceöl ausgestrichene
Form gefüllt. Beim Anrichten mit Makronen garniert.

674. Apfelsinen=Bavaroise mit Crême de Noveaux.

5 Ei-
dotter, 1 ganzes Ei, der Saft von 4 Apfelsinen, 1 Weinglas voll
Weißwein und 260 Gr. gestoßener Zucker, auf dem man vor dem
Stoßen die Schale einer Apfelsine abgerieben hat, werden gut vermischt und über dem Feuer zu Schaum geschlagen, worauf man
25 Gr. aufgelöste Gelatine zusetzt. Die Crême auf Eis gestellt,
unter fortwährendem Schlagen 1 Weinglas voll Crême de Noveaux
dazu gegeben und mit dem steifen Schnee von ½ Liter Sahne gehörig vermengt. Dann läßt man sie 1 Stunde auf dem Eis stehen,
stürzt und serviert sie, mit feinem Backwerk garniert. Man kann
die Crême auch mit kandierten Apfelsinen garnieren und Zimmetröllchen dazu geben.

Kommt die Crême in Gläser, so nimmt man gut 6 Gr.
Gelatine dazu.

675. Marasquino-Bavaroise.

Gut ½ Liter süße Sahne
läßt man aufkochen, schlägt sie nach und nach zu 4 ganzen und

8 gelben Eiern, welche mit ½ Kilogr. Zucker verrührt sind, läßt dies
einmal auf dem Feuer aufstoßen, giebt 48 Gr. aufgelöste Gelatine
und 2 Weingläser voll Marasquino dazu. Thut, wenn es kalt geschlagen und sich zu verdicken anfängt, gut 1 Liter steifgeschlagene
Sahne darunter und füllt es in die mit Provenceöl ausgestrichenen
Formen.

676. Kabinetsspeise. ⁶/₁₀ Liter Sahne, 198 Gr. Zucker, 8 Eigelb, 125 Gr. Sultanrosinen, 66 Gr. würflich geschnittenes Citronat,
125 Gr. Löffelbisquits, 50 Gr. Gelatine, ½ Stange Vanille. Man
kocht die Sahne auf, läßt die Vanille darin ausziehen. Rührt die
8 Eigelb klar, nimmt die kochende Sahne vom Feuer, vermischt sie
mit den Eiern und rührt sie zu einer dicken Crême, wobei man sich
vor dem Gerinnen hüten muß. Mit der lauwarmen aufgelösten
Gelatine durchzogen, wird die Crême schichtweise, mit dem mit
Marasquino befeuchteten Löffel Bisquits, den dazwischen gestreuten
Rosinen und dem Citronat in eine passende Form gefüllt und erstarren lassen. Beim Anrichten einen Moment in heißes Wasser gehalten, um das Stürzen zu erleichtern und die Speise rings herum
mit geschlagener Sahne garniert.

677. Reis à la Malta. 125 Gr. Karolinenreis wird dreimal
abblanchiert, beim dritten Mal läßt man ihn ¼ Stunde ziehen.
Währenddessen hat man ½ Flasche Rheinwein mit 141 Gr. Zucker,
einer Citronenschale und dem Saft davon auf ⅔ einkochen lassen,
schüttet den Reis auf ein Sieb und wenn abgetropft hier hinein,
nachdem man die Citronenschale entfernt hat, und läßt ihn hierin
ein= und weichziehen, ohne ihn zu rühren, damit er recht heil bleibt.
Nun in einen Porzellannapf ausgeschüttet und wenn kalt 2 Eßlöffel
Arrac de Goa und der Saft von 2 abgeschälten, je in 16 Scheibchen
geschnittenen, mit 2 gehäuften Eßlöffeln voll Zucker eingezuckerten
Apfelsinen leicht darunter gehoben. Beim Anrichten in einer Glasschale
schichtweise die Apfelsinenscheibchen dazwischen und obenauf garniert.

678. Reis à la Pompadour. 240 Gr reingewaschener und
abblanchierter Reis wird mit 250 Gr. Zucker, einer Stange Vanille
nebst gut 1 Liter Sahne auf Kohlenfeuer langsam weich und dick gekocht,
vom Feuer genommen, in eine Kasserolle umgeleert, 24 Gr. gut aufgelöste Gelatine durch ein Sieb dazu und zusammen kalt gerührt.

Hierauf wird ³/₄ Liter Sahne steif geschlagen und leicht unter den Reis gethan. Nun in eine Puddingform gefüllt, welche mit Wasser ausgegossen und mit Zucker ausgestreut ist und in Eiswasser gestellt. Kurz vor dem Anrichten gestürzt und mit Schlagsahne garniert. Der Cylinder reichlich mit Kirschfleisch gefüllt und oben mit Schlagsahne bespritzt.

679. Reis à la Tivoli. Der Pudding wird ganz wie der vorhergehende bereitet, nur mit dem Unterschied, daß dieser Pudding nicht garniert, sondern mit kaltem Kirschsaft serviert wird.

680. Reis à la Rochow. Der Pudding wird auch wie der vorhergehende bereitet, nur mit kalter Erdbeersauce oder Chokoladensauce (siehe Saucen) serviert.

681. Reis à la Trautmannsdorf. 250 Gr. reingewaschener und blanchierter Reis wird mit 250 Gr. Zucker, einer halben Stange Vanille nebst gut 1 Liter Sahne auf der Maschine langsam weich und dick gekocht, vom Feuer genommen, in eine Kasserolle umgeleert, 24 Gr. gut aufgelöste Gelatine durch ein Sieb dazu. Dann ³/₄ Liter geschlagene Sahne und ²/₁₀ Liter Marasquino langsam darunter gehoben, die Masse in eine Puddingform gefüllt und in Eis gegraben. Unterdessen werden 1¹/₄ Liter frische Himbeeren durch ein Sieb gestrichen, mit 450 Gr. Zucker gut abgerührt, mit kaltem Wasser zu einer dicklich fließenden Sauce verdünnt und dann zum Kaltwerden in Eis gestellt. Der Reis wird beim Anrichten in eine flache Schüssel gestürzt und mit Orangenblättttern garniert. Die Himbeersauce in eine Saucière gegossen und mit dem Reis zu Tisch gegeben.

682. Götterspeise. Auf eine tiefe Schüssel streicht man einen Boden steif geschlagener Schlagsahne, welche von Vanillezucker abgeschmeckt ist, bestreut diesen mit fein geriebenem groben Brot, hierauf wieder Schlagsahne u. s. w., bis man 4 bis 5 Lagen hat, zuletzt alles recht glatt mit Sahne überstrichen, bespritzt und mit verschiedenen Früchten und Gelees garniert.

683. Russische Waffelspeise. Nach dem im Abschnitt 16 Nr. 805 stehenden Waffelrezept werden in einer Fünfherzenform 3 bis 4 Lagen gebacken und nachdem sie erkaltet sind, mit nachstehender Crême und eingemachten Johannisbeeren schichtweise übereinander gelegt, 3 bis 4 Lagen. Oben zuletzt und rings herum an den Seiten überall mit Crême bestrichen und mit Johannisbeergelee garniert. Zu der Crême wird ³/₄ Liter süße Sahne mit 250 Gr. Zucker und ½ Stange Vanille nebst 4 Gr. Gelatine bis auf gut die Hälfte langsam eingekocht, dann bis zum Erkalten fortwährend gerührt, bis sie dick wird. Eine Lage Waffeln, Crême darauf, dann Johannisbeeren, wieder eine Lage Waffeln u. s. w., oben mit Gelee garniert. (Hierzu ein Waffeleisen mit 5 Herzen.)

684. Rheinweingelee.

Gut 375 Gr. Zucker, Saft und Schale einer Citrone, 1½ Stange Zimmet und 30 Gr. Gelatine mit Wasser klar gekocht und durch ein Haarsieb oder Tuch filtrirt; wenn abgekühlt, eine Flasche Rheinwein dazu und in Gläser gegossen. Soll der Gelee gestürzt werden, thut man 56 Gr. Gelatine daran. Diesen Gelee nimmt man auch zu allen Gelees mit Früchten, indem man den entsprechenden Saft zusetzt und schichtweise die Früchte dazwischen legt.

685. Orangengelee à la Moscovite.

Auf 500 Gr. Raffinadezucker werden 3 Apfelsinen leicht abgerieben, fein zerschlagen und ¼ Liter Wasser, sowie eine Flasche Rheinwein darauf gegossen, der Saft von 3 Apfelsinen und 3 Citronen dazu gepreßt, durch ein Sieb gegossen, mit 32 Gr. aufgelöster Gelatine versetzt, in eine gut geschlossene Geleeform gefüllt, diese in gesalzenes Eis gestellt und fest frieren lassen. (3 Stunden.)

686. Mandelspeise.

250 Gr. ungesalzene Butter wird etwa ½ Stunde gerührt, bis sie Blasen schlägt, dann thut man nach und nach 250 Gr. feinen Vanillezucker, 4 ganze Eier und zuletzt 250 Gr. feingestoßene Mandeln, worunter einige bittere sind, dazu und rührt alles leicht durcheinander. Man nimmt nun eine glatte Porzellan- oder Blechform, stellt dieselbe mit Bisquits aus (unten und seitwärts) und füllt die Masse hinein, bedeckt sie mit Bisquits, stellt einen Teller darauf und beschwert diesen mit einem Gewicht, damit es fest gepreßt wird. Man macht die Speise am Tage vorher und stellt sie vor dem Gebrauch etwas auf Eis. Die Hälfte Masse ist für 6 Personen genügend. Sauce dazu: 4 Eigelb werden mit 4 gehäuften Eßlöffeln Zucker geschlagen, mit ½ Liter dick gequirlter Schlagsahne und 4 Eßlöffeln Arrac vermischt und in Eis recht kalt werden lassen.

687. Charlotte russe. Von egal breit gebackenem Löffelbisquit schneidet man, nachdem derselbe halb durchgeteilt ist, längliche, nach dem halbierten Ende zugespitzte Stücke und legt hiermit den Boden einer glatten Stürzform sternartig aus. An den Seiten stellt man die Form ebenfalls (dicht nebeneinander und aufrecht stehend) mit Bisquit aus und füllt nachfolgende Crème hinein. Zu 1 Liter steifgeschlagener Sahne giebt man nach Geschmack Zucker und 1 Weinglas Marasquino, alsdann 16 Gr. in ¹⁄₁₀ Liter Wasser aufgelöste Gelatine lauwarm dazu und füllt, nachdem dies schnell darunter geschlagen, die Crème in die Form. Beim Anrichten ein Kranz recht grüner Orangenblätter darum gesteckt und oben mit einem nachgelassenen Rest der Crème hübsch bespritzt.

688. Crême veloutée. Von einer der angegebenen Bisquitmassen backt man 2 große Platten (länglich viereckig) auf Papier ab. (Siehe Bisquitschnitten Nr. 766.) Nachdem sie erkaltet, steckt man 5 bis 6 Böden hiervon aus, welche rund herum einen Finger breit kleiner sein müssen, wie die zu wählende Stürzform. Man setzt diese Böden abwechselnd mit Aprikosenmarmelade und Himbeergelee zusammen. Währenddessen stellt man die Form an den Seiten mit Bisquit aus, in der Höhe der Form und circa 3 cm breit geschnitten; legt die zusammengesetzten Böden in die Mitte der Form, befeuchtet das Ganze mit gutem Arrac und schüttet nachstehende Vanillecrème über das Ganze, so daß die Form davon bis zum Rand gefüllt ist und die Crème das Ganze miteinander verbindet. In ½ Liter süßer, aufgekochter Sahne läßt man ½ Stange Vanille ausziehen und giebt dies jetzt zu 100 Gr. Zucker, welcher mit 4 Eidottern verrührt ist. Nachdem man dies auf dem Feuer unter heftigem Schlagen einmal aufstoßen läßt, giebt man, nachdem die Vanille entfernt ist, 12 Gr. in wenig Wasser aufgelöste Gelatine dazu; schlägt die Crème, bis sie lauwarm ist und schüttet sie in die Form, worin man sie erkalten läßt. Beim Anrichten bespritzt man die Crème, nachdem sie gestürzt ist, oben hübsch mit steif geschlagener und mit Arrac und Zucker versetzter Schlagsahne; spritzt unten kleine Häufchen von Sahne herum und legt um das Ganze einen Kranz grüner Orangenblätter.

689. Kabinetspudding à la Fromage. 375 Gr. Zucker werden in einem Kessel mit 7 gelben Eiern durchgerührt und mit

³/₄ Liter süßer Sahne auf dem Feuer abgeschlagen, durch ein Sieb gegossen, mit einem Weinglas voll Marasquino versetzt und kalt ge= schlagen. Jetzt gefroren und alsdann mit gut ¹/₄ Liter geschlagener Sahne, 80 Gr. Sultanrosinen, 80 Gr. Korinthen und 80 Gr. kleinwürflich geschnittener Succade versetzt und in einem Eiskegel 2 Stunden vor dem Anrichten in Salzeis tüchtig gefroren. Beim Anrichten wird die Form ge= stürzt und mit nachstehender Sauce maskiert und der Rest extra beigegeben.

5 Eidotter werden mit 96 Gr. Zucker und ³/₁₀ Liter kochender süßer Sahne auf dem Feuer abgeschlagen und kalt gerührt. Nun mit ³/₄ Weinglas voll Marasquino und gut ¹/₄ Liter steifgeschlagener Sahne versetzt, alsdann tüchtig in Eis gegraben und beim Anrichten wie vorhin bemerkt verwendet.

690. Kastanienpudding à la Nesselrode. ¹/₂ Kilogr.

Kastanien werden mit 1 Liter Milch weich und kurz eingekocht, dann durchgestrichen. Währenddessen schlägt man eine Crême ab von 375 Gr. Zucker, 8 gelben Eiern, 1 Stange Vanille und ¹/₂ Liter Milch, dieses durch ein Sieb nach und nach zu dem Puree gethan und damit recht glatt geschlagen. Wenn kalt, in eine Eisbüchse gethan, zart gefroren und 125 Gr. Korinthen, 125 Gr. Rosinen, 16 Gr. Citronat und 32 Gr. fein gewiegte Orangenschale dazu, gut durch= einander gearbeitet und in Eiskegeln 1¹/₂ Stunde gefroren. Wenn gestürzt, mit nachfolgender Sauce maskiert und der Rest extra ge= geben. 6 Eidotter werden mit 125 Gr. Zucker und ¹/₄ Liter Sahne abgeschlagen, 1 Weinglas voll Marasquino dazu und wenn kalt, mit ¹/₂ Liter eben gequirlter Schlagsahne zu einer dickfließenden Sauce verrührt und bis zum Gebrauch recht kalt gestellt.

691. Brotpudding à la Fromage mit Chokoladensauce.

Zu ³/₄ Liter steifgeschlagener Sahne thut man halb soviel geriebenes Schwarzbrot und 1 gehäuften Eßlöffel Vanillezucker und schmeckt es von Zucker ab. Alsdann in Eiskegel gefüllt und 1¹/₂ Stunden ge= froren. Beim Anrichten nachfolgende Chokoladensauce in einer Saucière heiß dazu gegeben. Auf 190 Gr. geriebene Chokolade nimmt man ³/₄ Liter kochende Sahne, 125 Gr. Zucker und 2 gehäufte Thee= löffel in 1 Obertasse Milch (²/₁₀ Liter) aufgelöstes Reismehl, läßt die Sauce gut ¹/₄ Stunde kochen, passiert sie durch ein feines Sieb und stellt sie bis zum Gebrauch au-bain-marie heiß.

Abteilung F.

692. Cornets à la Crême. Dieselbe Masse wie die Zimmet-röllchen (siehe bei der Bäckerei), nur daß statt kleiner Rollen Tüten davon gedreht werden. Kurz vor dem Anrichten mit Schlagsahne, welche mit Marasquino und Zucker versetzt ist, gefüllt. Die Tüten werden auf einer Schüssel mit Manschette wie eine Pyramide an-gerichtet.

693. Nougat-Cornets. 230 Gr. Zucker, 115 Gr. Mehl, 4 ganze Eier und 50 Gr. fein gehackte und hellbraun geröstete Mandeln werden zusammen gerührt und wie Zimmetröllchen auf Wachs-bleche gestrichen. Wenn gebacken, Tüten davon dressiert und mit Ingwer-Eis gefüllt.

694. Kirschkuchen à la Crême. Von Mürbeteig wird eine ungefähr tellergroße Scheibe ausgerollt, auf Papier gelegt, an den Seiten $1^{1}/_{4}$ cm breit hochgebogen, der Rand an beiden Seiten mit Papierstreifen umlegt, die mit Gummiarabicum zusammengeklebt werden, und dünn mit Butter bestrichen sind. Inwendig kleine Stücke von Mürbeteig dagegen gelegt, damit der Rand gerade bleibt. Nun auf ein Blech gelegt und im Ofen beinahe halb gar gebacken. Jetzt das innere Papier und die Teigstückchen entfernt, geriebene Semmel auf den Boden gestreut und ausgesteinte, gut ausgedrückte, saure Kirschen, welche einige Stunden vorher gut eingezuckert worden, darauf gelegt und abermals im Ofen einige Minuten stehen lassen. Dann nach-folgende Crême darauf gefüllt und im Ofen gar- und in lichtbrauner Farbe gebacken.

Crême zum Kirschkuchen.

4 ganze, 1 gelbes Ei und gut $^{1}/_{4}$ Liter saure Sahne werden zusammen gerührt und gut süß von Zimmetzucker abgeschmeckt.

695. Apfelsinentorte à la Crême. Von Mürbeteig wird ein Tortenboden wie zum Kirschkuchen geformt und abgebacken. Wenn kalt, wird folgende Crême darauf gethan. Auf gut 125 Gr. Zucker werden 2 kleine Apfelsinen leicht abgerieben, alsdann feingestoßen und durch ein Sieb in einen Messingkessel gethan; hierzu thut man den Saft von den 2 Apfelsinen, sowie von 3 Citronen, 8 gelbe Eier, sowie einen halben Tassenkopf voll Weißwein ($^{1}/_{10}$ Liter), läßt es auf dem Feuer einmal aufstoßen, streut 4 Gr. Gelatine, welche man in kleine Streifen geschnitten hat, daran, schlägt es tüchtig durch, läßt es noch einmal aufstoßen, giebt nach einer Minute 3 geschlagene Eiweiß darunter, thut es auf den Tortenboden und läßt es darauf erkalten. Kurz vor dem Anrichten taucht man Apfelsinenachtel in Bruchzucker, legt sie auf ein geöltes Blech und läßt sie erkalten, aber nicht im Zug stehen. Beim Anrichten die Torte in Stücke geteilt, so daß sie ihre Façon behält und ein Kranz von den kandierten Apfelsinen darauf gelegt.

696. Baisertorte. Von 15 Eiweiß und 750 Gr. Zucker stellt man eine Meringues-Masse her. Währenddessen hat man sich auf 3 Bogen Backpapier, in der Größe eines flachen Tellers, mit Bleistift Ringe abgegrenzt, spritzt auf den ersten Bogen in den Kreis ein Gitter und auf den Bleistiftring kleine Häufchen dicht bei dicht, das Gitter an den Enden abschließend und verbindend; ein etwas größeres Häufchen auf die Mitte. Dies wird der Deckel. Auf den zweiten Bogen spritzt man auf den Bleistiftkreis einen 2 Finger hohen Rand und auf den dritten Bogen wird ein Boden gestrichen und ein kleiner Rand oder eine Erhöhung auf den Endkreis des Bodens gespritzt. Jetzt alle drei Bogen mit Zucker bestäubt und auf Bleche gelegt, im Ofen durch und durch getrocknet und etwas gelbe Farbe gegeben. Wenn abgekühlt, vorsichtig umgelegt, das Papier unten mit kochendem Wasser bepinselt und nachdem es sich löst, vorsichtig abgezogen; wieder richtig hingelegt und nochmals nachgetrocknet. Beim Anrichten der dritte Bogen als Boden unten gelegt, auf eine Schüssel mit Serviette, etwas Schlagsahne oder Eis oben auf den Rand gethan, der Rand vom Bogen 2 darauf gesetzt, das Innere nun mit einem beliebigen Eis oder Schlagsahne, welche mit Vanille und Zucker versetzt ist, ausgefüllt und mit dem Rand eben gestrichen und der Deckel (Bogen 1) vorsichtig darauf gelegt. Das Füllen darf aber erst im letzten Moment geschehen.

697. Meringues mit Schlagsahne und Erdbeeren. Von 10 steifgeschlagenen Eiweiß und 500 Gr. Zucker stellt man eine Meringues-Masse her und spritzt hiervon auf ein naß gemachtes und mit Zucker bestäubtes Brett durch eine Papiertüte, in welche ein kleiner glatter Ausstecher gesetzt ist, Häufchen, wie ein gewöhnliches kleines Weinglas (ohne Fuß) hoch, aber so, daß sie oben nicht spitz, sondern rund werden, spritzt durch eine feinere Tüte 3 bis 4 kleine Häufchen oder Tittel oben auf, bestäubt das Ganze mit Zucker und läßt sie in einem schwach geheizten Ofen eine feste Kruste bilden, doch ohne daß sie Farbe bekommen. Nimmt sie eins nach dem andern mit einem Messer ab, streicht die innere weiche Masse mit einem Eßlöffel heraus und die Seiten glatt, stellt die Meringues auf die kleinen Tittelchen, welche Füße bilden und läßt sie im Ofen noch tüchtig nachtrocknen. Beim Anrichten mit steifgeschlagener Sahne, welche mit Zucker und Vanille versetzt ist, bis dreiviertel vom Rand vollgespritzt, mit kleinen Wald- oder Monatserdbeeren überfüllt und tüchtig mit Zucker bestreut. Diese Meringues können aber auch mit jedem beliebigem Eis gefüllt werden.

XV. Abschnitt.

Eis oder Gefrorenes.

698. Vanilleeis. 1 Stange Vanille, welche der Länge nach durchgeteilt ist, wird mit 1½ Liter süßer Sahne aufgekocht und zurückgestellt. Währenddessen hat man 12 gelbe Eier mit knapp 370 Gr. Zucker durchgerührt, schlägt die Vanillesahne langsam dazu und läßt es auf einem mittelstarken Feuer unter fortwährendem Schlagen mit der Schneerute einmal aufstoßen. Durch ein feines Sieb gestrichen und kalt geschlagen.

699. Chokoladeneis. 220 Gr. feingeriebene Chokolade wird mit 1¼ Liter süßer Sahne aufgelöst. Währenddessen schlägt man 10 Eidotter zu gut 220 Gr. Zucker, verrührt dies mit der Chokolade und läßt es einmal auf dem Feuer aufstoßen, alsdann wie im Vorhergehenden weiter behandelt.

700. Ingwereis. 1 Liter Milch wird mit 8 gelben Eiern und 250 Gr. Zucker auf dem Feuer abgeschlagen; wenn abgekühlt mit 250 Gr. in feine Würfel geschnittenem eingemachtem, indischem Ingwer, sowie mit 3 Eßlöffeln von dem Saft versetzt und kalt werden lassen. Wenn es fertig gefroren, wird knapp ein halber Liter steifgeschlagene Sahne leicht untergehoben und in Gläser serviert.

701. Kaffeeeis. 375 Gr. feiner Mokkakaffee wird möglichst frisch gebrannt, durchgemahlen und in 1½ Liter kochende Sahne geschüttet und zugedeckt zurückgestellt. Wenn abgekühlt, durch ein Sieb zu 12 Eidottern, welche mit 375 Gr. Zucker verrührt sind, geschlagen, einmal aufstoßen lassen und nachdem es durch ein Sieb gegossen, kalt geschlagen.

702. Apfelsineneis mit Sahne. Auf 375 Gr. Raffinadezucker werden 1½ bis 2 kleine Apfelsinen leicht abgerieben, feingestoßen und durch ein Sieb in einen Messingkessel gelassen, hierzu 10 Eidotter verrührt und nach und nach 1¼ Liter süße Sahne dazu geschlagen; einmal aufstoßen lassen, durchgegossen und kalt geschlagen.

703. Citroneneis mit Sahne. Wie das Vorhergehende bereitet.

704. Marasquinoeis. Zu 250 Gr. gestoßenen Zucker schlägt man 10 gelbe Eier und verrührt es, giebt nach und nach 1 Liter kochende süße Sahne dazu, läßt es einmal aufstoßen und gießt, wenn ausgekühlt, 1 bis 1½ Weinglas Marasquino daran. (Statt des Marasquino kann man jeden beliebigen Liqueur= oder Extrakt=Geschmack geben.)

705. Mandeleis. 250 Gr. Mandeln, worunter einige bittere sein müssen, werden abgebrüht und mit etwas süßer Sahne fein gerieben. Alsdann schüttet man sie in eine Kasserolle mit 1½ Liter kochender Sahne, läßt es einmal aufkochen und stellt es zugedeckt 1 Stunde zurück. Nun 440 Gr. Zucker und 14 Eigelb verrührt, die Mandelmilch durch ein feines Sieb dazu und auf dem Feuer einmal aufstoßen lassen. Dann kalt geschlagen.

706. Nußeis. Dasselbe wie das vorhergehende bereitet, nur statt der Mandeln Hasel= oder Wallnußkerne genommen.

707. Makroneneis. 250 Gr. Zucker wird mit 12 Eigelb verrührt und mit 1⅛ Liter Sahne einmal aufstoßen lassen. Wenn kalt, 160 Gr. fein gebröckelte süße und ungefähr die Hälfte bittere Makronen dazu, und wenn gefroren noch ⁴/₁₀ Liter geschlagene Sahne untergehoben und in Gläser oder recht erhaben auf einer Schüssel angerichtet.

708. Erdbeereis mit Sahne. 440 Gr. Zucker mit 12 Eidottern verrührt und mit 1¼ Liter süßer Sahne abgeschlagen. Wenn es ordentlich fest gefroren und glatt gearbeitet ist, thut man knapp ½ Liter Wald= oder Monatserdbeeren=Puree dazwischen und läßt es einen Augenblick wieder anziehen.

709. Aprikoseneis mit Sahne.

710. Pfirsicheis mit Sahne.

711. Himbeereis mit Sahne.

712. Ananaseis mit Sahne.

713. Rhabarbereis mit Sahne.

Alle letztgenannten Eise werden wie das Erdbeereis behandelt und fertig gestellt. Sind die Himbeeren sehr sauer, so schmeckt man das betreffende Mark leicht mit gestoßenem Zucker ab. Manche lassen auch etwas von dem gesüßten Mark oder Puree zurück und maskieren das angerichtete Eis damit, doch ist dies Geschmackssache.

714. Johannisbeereis mit Sahne. Wie das Vorhergehende bereitet und fertig gestellt, doch nimmt man zu diesem Eis nur halb soviel Puree.

715. Theeeis. Zu 1¼ Liter kochender süßer Sahne giebt man 30 Gr. Thee und läßt dies zugedeckt stehen. Währenddessen verrührt man 314 Gr. Zucker mit 12 Eigelb, giebt die Theesahne durch ein feines Sieb dazu und läßt es unter fortwährendem Schlagen einmal aufstoßen Durchgegossen, kalt geschlagen und gefroren.

716. Italienisches Eis. 1½ Liter Schlagsahne wird recht steif geschlagen, dann in 3 Teile geteilt, wovon man zu einem Teil 190 Gr. Chokolade in ¹⁄₁₀ Liter Wasser auflöst, und wenn kalt, mit der Sahne vermengt. Zu dem zweiten Teil streicht man einen Hafen (nicht zu klein) Himbeer=, Johannisbeer= oder Erdbeermarmelade oder =Gelee durch ein Sieb und versetzt die Sahne damit, indem man es endgültig von Zucker abschmeckt. Den dritten Teil versetzt man mit Vanille und Zucker und füllt jedes für sich in kleine Papierkästchen, stellt diese auf einen terrassenförmigen Einsatz in eine Eisbüchse und läßt sie 1 bis 1½ Stunde frieren; doch nicht zu scharf von Salz einsetzen. Beim Anrichten recht bunt durcheinander angerichtet. Dies Eis kann auch schichtweise in einem Kegel gefroren werden.

717. Eis à la Prinz Pückler. 1½ Liter geschlagene Sahne teilt man in 3 Teile, versetzt einen Teil davon mit Zucker und Vanille und giebt 96 Gr. zerbröckelte, süße Makronen dazwischen. Zu dem zweiten Teil giebt man 190 Gr. geriebene Chokolade und schmeckt es von Zucker ab. Den dritten Teil verrührt man mit Himbeergelee und dem nötigen Zucker, füllt dies der Reihe nach (die Makronen zu unterst) in eine Kegelform, schichtweise oder zu 3 gleichen Teilen, streicht die Form oben egal, legt ein Papier und einen Deckel darauf und läßt es 2 Stunden in gesalzenem Eis frieren, alsdann gestürzt.

718. Panacheeeis. Hierunter versteht man eine Zusammenstellung von Vanilleeis, Chokoladeneis und Erdbeereis. Nur von Früchten ohne Sahne, oder Kaffee-, Marasquino- und Himbeereis ohne Sahne. Jedes wird für sich gefroren und zu drei gleichen Teilen in Kegelformen gefüllt, das Fruchteis nach unten, das dunkle Eis in die Mitte und das weiße Eis oben, und zugedeckt 2 Stunden frieren lassen. Auch giebt man ein helles Eis in den Kegel, streicht es an den Seiten bis zum Rand hoch, füllt ein rotes Fruchteis oder dunkles Sahneeis in die Mitte hinein, streicht es oben mit dem weißen Eis zu und friert es wie oben beschrieben.

Fruchteis.

719. Himbeereis. 1 Liter Himbeeren werden durch ein feines Sieb gestrichen und hierzu der Saft von 3 Citronen, sowie der von ½ Kilogr. Zucker und ½ Liter Wasser kalt hergestellte Zuckersyrup gethan; tüchtig vermischt, wenn nötig, mit etwas Cochenilletinktur gefärbt und mit einer Zuckerwage bis zu 22 Grad gewogen. Erreicht das Eis diesen Grad nicht, so muß man noch etwas Zuckersyrup dazu thun, übersteigt es denselben aber, so giebt man soviel kaltes Wasser dazu, bis es den Grad erreicht. Hierbei gießt man am besten einen Teil des Eises in ein Litermaß (ziemlich voll), stellt die Wage aufrecht mit dem Knopf nach unten hinein und läßt sie schwimmen, wobei man sich von den Graden überzeugt. Man bekommt diese Eiswagen zum Preise von 1 Mark bei A. Bertuch, Geschäft für Kücheneinrichtungen in Berlin, sowie in jedem größeren Optikergeschäft.

720. Erdbeereis. 2 Liter, am besten Wald- oder Monatserdbeeren, streicht man durch ein Sieb, giebt den Saft von 3 Citronen, sowie 375 Gr. Zuckersyrup dazu, thut etwas Cochenilletinktur daran und wiegt es zu 22 Grad.

721. Johannisbeereis. 1½ Liter Johannisbeeren (rote) werden durch ein Sieb gedrückt, mit ½ Kilogr. Zuckersyrup und etwas Cochenilletinktur versetzt und zu 22 Grad gewogen.

722. Aprikoseneis. 40 Stück sehr reife Aprikosen werden ausgesteint, durch ein Sieb gestrichen und mit ½ Kilogr. Zuckersyrup versetzt, die Kerne aufgeschlagen, abgebrüht, feingestoßen, zu dem Eis gethan und 1 bis 1½ Stunden darin ausziehen lassen, dann durchgegossen und gefroren. Zu 22 Grad gewogen.

723. Pfirsicheis. 30 Stück Pfirsiche ausgesteint, durchgestrichen, mit dem Saft von 3 Citronen versetzt, sowie ½ Kilogr. Zuckersyrup dazu. Die Kerne ausziehen lassen wie in Nr. 722 und das Eis zu 22 Grad gewogen.

724. Apfelsineneis. 12 Stück gute Apfelsinen (deren Saft weiß ist) werden halbiert und zu 750 Gr. Zuckersyrup gepreßt; die feine abgeschälte Schale von 4 Apfelsinen dazu gethan und 2 Stunden damit zugedeckt stehen lassen. Jetzt durchgegossen und zu 22 Grad gewogen.

725. Citroneneis. Dieses Eis wird ebenso bereitet wie das Apfelsineneis.

726. Ananaseis. Hierzu verwendet man die kleineren Früchte, ungefähr 3 Stück à 500 Gr. Von diesen wird die äußere Schale abgeschnitten, die Ananas in große Würfel geschnitten und mit 360 Gr. gestoßenen Zucker fein gerieben, zu 720 Gr. Zuckersyrup gethan, der Saft von 4 Citronen dazu gedrückt und nachdem es so 2 bis 3 Stunden zugedeckt gestanden hat und dann durchgegossen ist, zu 22 Grad gewogen.

727. Apfeleis. 20 Stück kleine Gravensteiner Äpfel werden geschält, das Häuschen herausgeschnitten und die Äpfel mit 360 Gr. Puderzucker im Reibstein zerrieben. Nun zu 750 Gr. Zuckersyrup gethan, der Saft von 4 Citronen dazu und so 2 Stunden stehen lassen, durchgegossen und zu 22 Grad gewogen.

728. Birneneis. 16 Stück gute, feinste, saftreiche Birnen werden geschält, das Häuschen entfernt und die Birnen mit 375 Gr. feinem Zucker zerrieben, zu 370 Gr. Zuckersyrup gethan, sowie der Saft von

2 Citronen dazu, eine Stunde so zugedeckt stehen lassen, durchgegossen und zu 22 Grad gewogen.

729. Weichseleis. 1½ Liter Weichseln werden feingestoßen
und zu 625 Gr. Zuckersyrup gethan, der dritte Teil der Kerne ebenfalls fein gerieben dazu, und mit dem nötigen Wasser 1 Stunde
stehen lassen. Jetzt durchgegossen und zu 22 Grad gewogen.

730. Heidelbeereis. 1½ Liter frische Heidelbeeren werden
durchgestrichen und zu ½ Kilogr. Zuckersyrup gethan, der Saft von
2 Citronen und das nötige Wasser dazu gethan, durchgegossen und
zu 22 Grad gewogen.

731. Eis à la Tutti frutti. Man friere ein Citronen-,
Ananas- oder Apfelsineneis recht lang, daß es sich hoch ziehen läßt.
Währenddessen schneidet man 10 Stück eingemachte Aprikosen, 10 Stück
Reineclauden (recht grüne) und eine Ananas von 250 Gr., welche eingemacht oder in Zucker weich gekocht ist, in gleichmäßig kleine Würfel,
mischt dies durcheinander unter das Eis und richtet es in Gläser
oder in kleine dressierte Körbchen von Apfelsinenschale an.

Alle vorstehenden Eise müssen viel und oft gearbeitet und zum
Gebrauch sich glatt und lang wie weiche Butter mit dem Spatel
hochziehen lassen, ehe sie gebraucht oder in die betreffende Form gefüllt werden. Am schönsten ist das Eis aber stets, wenn es frisch
bearbeitet in Gläsern serviert wird. Man giebt dann entweder
Zimmetröllchen, Mandelspähne oder Makronen dazu.

732. Eis von Kaffee auf italienische Art. In 1½ Liter
kochendes Wasser schüttet man 100 Gr. fein gemahlenen Moccakaffee,
läßt ihn einige Minuten zugedeckt stehen, filtriert ihn durch, giebt
600 Gr. Zucker dazu und läßt es soweit einkochen, bis es wie Syrup
vom Löffel fließt und rührt dasselbe, bis es abgekühlt ist. Jetzt
nimmt man ⅓ Teil davon in einen Tassenkopf ab und stellt es
zurück. In den andern Teil rührt man vorsichtig 1 Liter steifgeschlagene Sahne und läßt es in Eiskegeln 2 Stunden frieren.
Wenn angerichtet, mit dem Kaffeeextrakt aus dem Tassenkopf überzogen.

733. Römischer Punsch. Man bereitet die doppelte Portion
von dem schon vorher beschriebenen Apfelsinen- oder Citroneneis ohne

Sahne, friert dieſes recht feſt, giebt 8 bis 10 geſchlagene Eiweiß, welche mit Zucker verſetzt ſind, vorſichtig darunter, ſowie nach und nach unter fortwährendem Drehen der Eismaſchine ¾ Champagner- flaſche voll feinſten weißen Arrak de Goa, 2 Flaſchen feinſten Rhein- wein und 2 Flaſchen Champagner. Läßt dies noch etwas durch- frieren und giebt es in flachen Gläſern zu Tiſch, meiſtens vor dem Braten bei größeren Diners. Dies würde für 40 bis 50 Perſonen genügen.

734. Rotweinpunſch. 3 Flaſchen Rotwein, 1 Flaſche Jamaika- rum, 1 Flaſche Waſſer, der Saft von 3 bis 4 Citronen und von Zucker abgeſchmeckt einmal aufkochen laſſen.

735. Weißweinpunſch. 3 Flaſchen Graves oder Rheinwein, ¾ Flaſche guten Arrak, der Saft von 3 Citronen, ½ bis ¾ Flaſche Waſſer und von Zucker abgeſchmeckt. Sehr gut ſchmeckt an dieſen letzteren Beiden 3 bis 4 Eßlöffel Ananas-Zuckerſyrup.

736. Punſch auf andere Art. 1 Kilogr. Zucker mit 1½ Liter Waſſer, nebſt der Schale von 2 Apfelſinen und 2 Citronen bis gut zur Hälfte einkochen laſſen. Alsdann eine Flaſche Rheinwein, 1 Flaſche Burgunder, ¾ Flaſche feinſten Arrak und der Saft von 3 Citronen und 4 Apfelſinen dazu, einmal aufkochen laſſen, in eine Terrine durchgegoſſen und zu Tiſch gegeben.

737. Punſch mit Champagner. 1 Kilogr. Zucker läßt man in 1¾ Liter Waſſer aufkochen, giebt den Saft von 6 Citronen, ¾ Flaſche Arrak, 1 Flaſche Selterwaſſer und 2 Flaſchen Champagner dazu. Einmal aufſtoßen laſſen und in eine Terrine durchgegoſſen.

738. Theepunſch. Von 16 Gr. Thee und 1 Liter Waſſer bereitet man einen Theeaufguß, filtriert dieſen durch ein feines Sieb auf 500 Gr. Zucker, worauf man die Schale von 2 Citronen ab- gerieben, giebt den Saft von 3 Citronen, 3 Flaſchen Rheinwein und ½ Flaſche ſehr guten Arrak de Goa dazu, läßt es einmal aufkochen, bis der Zucker geſchmolzen, und falls es nicht ſüß genug, ſüßt man nach Geſchmack zu. In eine Terrine durchgegoſſen ſerviert.

739. Glühwein. Auf 1 Flaſche Rotwein nimmt man 6 bis 10 Nelken, ½ Stange Zimmet und ſoviel Zucker, daß es ſüß genug ist; 5 Minuten ziehen lassen. Auch kann man die Schale einer halben Citrone oder Apfelsine daran thun, sowie ein Stückchen Ingwer.

740. Bischof. Zu vorstehendem Glühwein giebt man 1 bis 2 Eßlöffel, je nach Geschmack, bittere Orangenessenz oder die Schale von zwei grünen Pomeranzen. Dies Getränk kann auch auf Flaschen gezogen werden und schmeckt kalt sehr gut.

741. Kardinal. 2 Flaschen Rheinwein, die Schale von 2 Apfelsinen und der Saft von 4 Apfelsinen, sowie gut 375 Gr. Zucker dazu; durchfiltriert, in Eis gegraben. Kurz vor dem Servieren wird ½ Flasche Champagner daran gegossen.

742. Grog. Gut 1½ Liter Wasser, 1 Flasche Arrak und ½ Kilogr. Zucker. Wenn er zu stark sein sollte, noch Wasser zusetzen.

743. Chaudeau als Getränk in Tassen oder Gläser. 500 Gr. Zucker, worauf vorher die Schale von einer halben Apfelsine und von 1½ Citrone abgerieben ist, wird fein gestoßen und durch ein Sieb in einen Messingkessel gelassen. Hierzu giebt man 12 ganze Eier und 3 Eidotter, den Saft von einer halben Apfelsine und von 1½ Citrone, 1 Weinglas voll Marasquino, sowie 1½ Flasche Moselwein, schlägt es tüchtig durcheinander und läßt es auf gelindem Feuer, unter heftigem Schlagen mit der Schneerute, einmal aufstoßen. Heiß zu Tisch gegeben.

744. Maibowle. 1 kleine Hand voll sauber verlesenen Waldmeisters wird schnell abgespült, in eine Terrine gethan nebst der Schale von 2 Apfelsinen; 1 Flasche Rheinwein darauf gegossen und zugedeckt 2 Stunden zurückgestellt. Jetzt 4 Apfelsinen abgeschält, die Kerne entfernt, halb durchgeteilt und in schräge, einen halben Finger dicke Scheiben geschnitten, mit 3 gehäuften Eßlöffeln voll Zucker zurückgestellt und öfter umgeschüttelt. Jetzt filtriert man den Waldmeisterwein dazu, giebt 2 Flaschen Rhein- oder Moselwein daran, sowie den noch nötigen Zucker nach Geschmack. Kurz vor dem Servieren ½ Flasche Champagner oder 1 Flasche Selterwasser dazu.

745. Erdbeerbowle. 1 bis 1½ Liter Wald- oder Monatserdbeeren werden schnell gewaschen und nachdem sie abgetropft, leicht

eingezuckert. Jetzt 3 Flaschen Rhein- oder Moselwein dazu, von
Zucker, welcher vorher kalt in Wasser aufgelöst wird, abgeschmeckt und
tüchtig in Eis gepackt. Kurz vor dem Servieren ½ Flasche Champagner oder 1 Flasche Selterwasser daran.

746. Pfirsichbowle. 12 Stück schöne Pfirsiche werden von
der Haut befreit, halbiert und die Kerne entfernt. Letztere aufgeschlagen, abgebrüht, fein gerieben und in ½ Flasche Wein ausziehen lassen. Die Pfirsiche mit der inneren Seite nach unten gelegt
und in schräge einen halben Finger dicke Scheiben geschnitten. Jetzt
eingezuckert, leicht geschwenkt und zugedeckt zurückgestellt. 3 Stunden
vor dem Servieren mit 3 Flaschen Rhein- oder Moselwein, Saft
von 3 Citronen und dem nötigen Zucker versetzt. Kurz vor dem
Anrichten eine Flasche Champagner oder Selterwasser daran gethan.

747. Aprikosenbowle. Wird bereitet wie die Pfirsichbowle.

748. Ananasbowle. Eine Ananas, 1 Kilogramm schwer,
wird rund abgeschält, in Viertel geteilt und in ⅓ cm dicke Scheiben
geschnitten und mit 3 gehäuften Eßlöffeln Zucker eingezuckert zurückgestellt. Nachher so vollendet wie bei der Pfirsichbowle angegeben.
Die Schale von der Ananas läßt man in ½ Flasche Wein ausziehen und thut denselben alsdann durch ein Sieb dazu.

749. Apfelsinenbowle. 4 Apfelsinen werden abgeschält,
halbiert und in einen halben Finger dicke Scheiben geschnitten, von den
Kernen befreit und mit 6 gehäuften Eßlöffeln Zucker eingezuckert.
Außerdem läßt man die Schale von 2 Apfelsinen in ½ Flasche Wein
ausziehen, jetzt mit 3 Flaschen Rheinwein, dem Saft von 3 Citronen
und dem nötigen Zucker versetzt, ½ Flasche Champagner oder 1 Flasche
Selterwasser dazu und recht kalt serviert.

750. Champagnerbowle. 625 Gr. Zucker löst man in
2 Flaschen Moselwein auf. Gießt alsdann 2 Flaschen Champagner
und 1 Flasche Burgunder dazu; schmeckt es sorgfältig von Zucker ab,
so daß derselbe nicht vorschmeckt und packt es fest zugedeckt in Eis.

751. Himbeerbowle. Wird ebenso bereitet wie die Erdbeerbowle. Doch kann man auch nur den Saft von den Himbeeren
nehmen; man giebt es dann als Limonade und preßt den Saft von
2 bis 3 Citronen daran. Man setzt diese Limonade auch von

Kirsch-, Johannisbeer-, Erdbeer- und Tütebeersaft zusammen, an letztere schmeckt sehr gut ein Glas feinsten Arrak oder Marasquino.

752. Schwedische Bowle. In ¼ Liter kochender Milch läßt man die Schale von 5 Citronen ausziehen, filtriert dies durch, giebt den Saft von 3 Citronen, ½ Flasche Sherry, ⅓ Flasche feinsten Rum, ⅓ Flasche besten Cognac, 625 Gr. Zucker, 2 Liter kaltes Wasser und ½ Liter heiße Milch dazu, rührt alles tüchtig durcheinander, bis sich der Zucker auflöst. Dann durch ein feines Sieb filtriert und 4 Stunden tüchtig in Eis gepackt.

XVI. Abschnitt.

Thee- und Kaffeebäckereien.

A. Theekuchen.

753. Mürbeteig. 375 Gr. Mehl, 250 Gr. Butter, 125 Gr. Zucker, 4 Eigelb und die abgeriebene Schale von einer halben Citrone.

754. 375 Gr. Masse. 564 Gr. Mehl, 375 Gr. Butter, 188 Gr. Zucker, 6 gelbe Eier und ³/₄ abgeriebene Citronenschale.

755. 125 Gr. Masse. 188 Gr. Mehl, 125 Gr. Butter, 64 Gr. Zucker, 2 Eigelb, etwas Citronenschale.

756. Mürbeteig von 3 Eiern. 282 Gr. Mehl, 188 Gr. Butter, 96 Gr. Zucker, 3 Eigelb, 1½ Citronenschale. Dieses, sowie die 3 vorstehenden Recepte werden schnell auf dem Backtisch zusammengeknetet.

757. Mürbeteig auf andere Art. 375 Gr. Butter zu Schaum gerührt, 6 hartgekochte Eidotter, 188 Gr. Zucker, 500 Gr. Mehl und die abgeriebene Schale einer halben Citrone dazu, mit buntem Ausstecher Kränze ausgestochen, diese mit Eiweiß und Hagelzucker paniert und im mittelheißen Ofen gebacken.

758. Kleine Berliner Mürbeteigkuchen. 400 Gr. feinstes Mehl auf das Brett gethan, in die Vertiefung thut man 300 Gr. Butter, 30 Gr. Zucker, 2 Prisen Salz, 3 Eigelb. Man vermengt dies alles wie einen gewöhnlichen Teig, rollt ihn ziemlich dick und sticht ihn aus, bestreicht die kleinen Kuchen mit Eigelb, macht kleine Einschnitte und backt die Kuchen in sehr mildem Ofen.

759. Berliner Mürbeteigkuchen auf andere Art. 500 Gr. vom besten Mehl, 500 Gr. frische Butter, 10 Gr. Zucker, ¼ Liter süße

Sahne, das Gelbe von 10 rohen und 8 hartgekochten Eiern durch ein feines Sieb gestrichen und dies alles zu einem Teig geknetet, aber nicht zu lange. Alsdann 2 Stunden liegen lassen. Nun ausgerollt, ausgestochen und 15 Minuten in einem mäßig warmen Ofen gebacken.

760. Berlions. 314 Gr. Mehl, knapp 250 Gr. Zucker, 7 hartgekochte Eigelb durch ein Sieb dazu gestrichen, knapp 250 Gr. Butter und etwas Citronenschale auf einem Tisch angestoßen. Lange Wülste von 1 cm Dicke gerollt, Enden von 7 cm Länge schräge abgeschnitten, zum Kranz zusammen gelegt, mit geschlagenem Eiweiß und grobem Hagelzucker oben paniert und im mittelheißen Ofen gebacken.

761. Korinthenstengel. Von 500 Gr. Mehl, 2 Eidottern, 3 Eßlöffeln guten Rum und 4 gehäuften Eßlöffeln Zucker, nebst 500 Gr. ungesalzener Butter, stoße man auf dem Tisch recht schnell und glatt einen Teig an und stelle ihn 2 bis 3 Stunden auf Eis. Jetzt auf dem Backtisch zu einer messerrückendicken Platte ausgerollt, hiervon 16 cm breite Streifen und von diesen 5 cm breite Bänder abgeschnitten, so daß man mehrere 16 cm lange und 5 cm breite Teigplatten erhält. Auf diese lege man, in der Mitte längs und 1 cm breit, Korinthen (bleibe aber von jedem Ende 1 cm ab), bestreue diese mit etwas Citronenzucker, schlage eine Seite vom Teig darüber, streiche etwas Eigelb darauf und schlage die andere Seite darüber; leicht angedrückt, an den Enden etwas zugespitzt und, nachdem alle auf ein Blech gelegt, mit Eigelb bestrichen und im Ofen in schöner Farbe gebacken. Die Hitze darf nicht zu stark sein.

762. Russische Streifen. 500 Gr. Mehl, 375 Gr. ausgewaschene Butter, 375 Gr. Zucker, 6 Eigelb und 250 Gr. gestoßene Mandeln werden auf dem Tisch angestoßen. 8 cm lange und ⅓ cm dicke Bänder ausgerollt, mit geschlagenem Eiweiß bestrichen, mit Zucker bestreut, 2 cm breite Schnitten mit dem Messer abgeschnitten, auf Bleche gelegt und gebacken.

763. Sandkolatschen. 500 Gr. ausgewaschene Butter, 500 Gr. Mehl, 3 Eigelb, 96 Gr. Zucker werden auf dem Tisch angestoßen. Mit buntem Ausstecher 4½ cm große und ⅓ cm dicke Scheiben ausgestochen, mit geschlagenem Eiweiß bestrichen, mit Korinthen, gehackten oder in Filets geschnittenen Mandeln belegt und mit Zucker bestreut, auf Bleche gelegt und im mittelheißen Ofen gebacken.

764. Mandelstreifen. 125 Gr. Zucker, 250 Gr. Butter, knapp 375 Gr. Mehl, eine Messerspitze Vanille, 1 gehäufter Eßlöffel voll fein geriebene Mandeln, 1 ganzes Ei. Auf dem Tisch angestoßen, Streifen ausgerollt (11 cm lang und gut 3 cm breit), mit Eigelb bestrichen, dünn mit in Filets geschnittenen Mandeln bestreut und langsam in goldgelber Farbe gebacken. Dann mit ziemlich dünner Glasur glasiert. (Glasur siehe in Nr. 766.)

765. Mürbeteig zu Obstkuchen auf andere Art. 500 Gr. Mehl, 375 Gr. Butter, 125 Gr. Zucker, 3 Eidotter, 3 Eßlöffel Wasser; auf dem Tisch angestoßen und auf Eis gestellt.

766. Bisquitschnitten. 250 Gr. Zucker werden mit dem Gelben von 12 Eiern aufgerührt, jetzt 250 Gr. Kartoffelmehl, etwas Citronenschale und der Schnee der 12 Eiweiß gut untergehoben, 2 gleich große Böden davon in Papierkasten gestrichen und in Mittelhitze im Ofen gebacken. Wenn kalt, der eine Boden auf der unteren Seite mit Himbeergelee oder Aprikosenmarmelade bestrichen, der zweite Boden mit der unteren Seite darauf gelegt, mit Wasserglasur, indem man 250 Gr. Puderzucker mit soviel kaltem Wasser verrührt, daß es blank und wie Syrup vom Löffel läuft, glasiert und mit gehackten grünen Pistazien oder ohne diese im offenen Ofen eine Sekunde übertrocknen lassen. Alsdann in 8 cm lange und in 2 cm breite Schnitten geteilt oder in jede beliebige andere Form.

767. Wiener Streifen. 250 Gr. Zucker mit 6 Eigelb aufgerührt, 250 Gr. geklärte Butter lauwarm dazu, sowie 250 Gr. Mehl, der Schnee von 6 Eiweiß und die Schale von einer halben Citrone. 2 Böden auf Papier ½ cm dick gestrichen, in Mittelhitze gebacken, wie die Bisquitschnitten zusammengesetzt und glasiert, alsdann mit buntem Hagelzucker bestreut, eine Sekunde im offenen Ofen übertrocknen lassen und in 8 cm lange und 2½ cm breite Schnitten geteilt.

768. Magdalenenkuchen. Von vorstehender Masse wird eine Papierkapsel in ¾ cm Höhe voll gestrichen, mit geschlagenem Eiweiß bestrichen, mit in Filets geschnittenen Mandeln bestreut, mit

Zucker ordentlich überſtäubt und in goldgelber Farbe im Ofen ge=
backen. Alsdann unten vom Papier gelöſt und in 9 cm lange und
2½ cm breite Schnitten geteilt.

769. Geduldskuchen. 7 Eiweiß werden zum feſten Schnee
geſchlagen, mit 314 Gr. Mehl und 236 Gr. Zucker, womit ½ Stange
Vanille feingerieben iſt, verſetzt, auf Wachsbleche, wie Bisquits auf=
geſpritzt; warm geſtellt, bis ſie eine Kruſte bilden und alsdann im
Ofen in goldgelber Farbe gebacken.

770. Mandelkuchen. 125 Gr. feingeriebene Mandeln, 125 Gr.
Butter, 96 Gr. Zucker, 160 Gr. Mehl. Auf dem Tiſch angeſtoßen,
kleine Halbmonde davon dreſſiert, auf ein Blech gelegt, mit Eigelb
beſtrichen und im Ofen in goldgelber Farbe gebacken.

771. Vanillekuchen. 250 Gr. Mehl, 250 Gr. Butter, 125 Gr.
geriebene Mandeln, 125 Gr. Zucker, etwas Zimmet und Vanillezucker.
Alles auf dem Tiſch angeſtoßen, meſſerrückendick ausgerollt, 3½ cm
große Platten mit einem glatten Ausſtecher ausgeſtochen, auf Wachs=
bleche gelegt und langſam gebacken.

772. Mandelspähne. 375 Gr. Mandeln werden mit 4 bis
5 Eiweiß im Reibſtein fein gerieben, dann 375 Gr. Zucker dazu;
auf ein Wachsblech geſtrichen und im Ofen hellbraun gebacken. Jetzt
4 cm breite und 12 cm lange Stücke davon geſchnitten, über ein
rundes Holz gebogen und einige Zeit darauf liegen laſſen. Dann auf
einer Schüſſel mit Manſchette angerichtet.

773. Mandelkränze. 64 Gr. Mandeln werden mit 2 ganzen
Eiern und einem Eidotter fein gerieben, dann 250 Gr. Zucker,
250 Gr. Mehl und die Schale von einer halben Citrone daran. Der
Zucker, die Mandeln und Eier werden eine halbe Stunde gerührt,
das Mehl ſowie die Citronenſchale dazu gethan, durch eine Spritze
mit Stern kleine Kränze auf ein Wachsblech geſpritzt und in
einem mittelheißen Ofen gebacken.

774. Mandelkränze auf andere Art. 500 Gr. Zucker,
500 Gr. Mandeln und 5 bis 6 Eiweiß. Nachdem es zuſammen=
gerührt, kleine Kränze auf ein Wachsblech geſpritzt und in hellbrauner
Farbe im Ofen getrocknet. (Mandeln und Eiweiß im Reibſtein fein=
gerieben, dann der Zucker dazu.)

13*

775. Süße Makronen. 250 Gr. süße Mandeln, worunter
10 Stück bittere Mandeln sind, reibt man mit 3 bis 4 Eiweiß im
Reibstein fein, giebt 250 Gr. Zucker und die Schale einer halben
Citrone dazu, setzt hiervon wallnußgroße Häufchen auf Oblaten-
papier oder auf ein Wachsblech und backt oder trocknet sie vielmehr
in einem schwach geheizten Ofen in hellgelber Farbe.

776. Chokoladenmakronen. 250 Gr. Mandeln werden mit
der Schale durch eine Mandelreibe trocken, oder im Reibstein mit
2 Eiweiß fein gerieben, dann mit 314 Gr. Zucker, 125 Gr. geriebener Chokolade und dem Schnee von 4 Eiweiß versetzt. Runde
Häufchen hiervon auf ein Wachsblech gesetzt und bei gelinder Hitze
gebacken. (Die Masse muß beim Zusammenrühren recht steif bleiben.)

777. Chokoladenkuchen. 250 Gr. fein gesiebter Zucker wird
mit 3 Eiweiß ½ Stunde gerührt, dann thut man 64 Gr. geriebene
und durchgesiebte Chokolade dazu und rührt die Masse noch einige
Minuten. Jetzt durch ein Papiertüte wallnußgroße Häufchen auf
ein Wachsblech gespritzt und in einem mäßig heißen Ofen gebacken,
doch darf die Hitze von unten nicht zu stark sein, sonst platzen die
Kuchen.

778. Flottkuchen. 625 Gr. Mehl, 1 ganzes Ei, 2 Eidotter,
1 Eßlöffel dicke süße Sahne und 500 Gr. Butter werden zusammengeknetet, ⅓ cm dick ausgerollt, mit länglich buntem Ausstecher ausgestochen, mit Ei bestrichen, mit Zimmetzucker bestreut und im mittelheißen Ofen gebacken.

779. Chokoladenkringel. 190 Gr. Chokolade, 190 Gr. Zucker,
174 Gr. Butter, 250 Gr. Mehl, 5 Eigelb. Wie Mürbeteig angestoßen,
kleine Kringel davon dressiert, mit Eiweiß und Hagelzucker paniert
und in Mittelhitze gebacken.

780. Zuckerbrot. Zu 7 steifgeschlagenen Eiweiß vorsichtig
2 Eidotter, 266 Gr. Zucker, 141 Gr. Mehl und die abgeriebene
Schale einer halben Citrone gethan und schnell untereinander gehoben,
aber nicht gerührt. Hiervon mit einem Eßlöffel längliche Streifen
auf Papier gesetzt, dick mit Zucker bestäubt und in hellgelber Farbe
gebacken. Alsdann wie in Nr. 781 angegeben weiter behandelt.

781. Löffelbisquit. 7 Eiweiß zu Schnee geschlagen, 5 Ei=
dotter dazu, sowie 266 Gr. Zucker, 141 Gr. Mehl und die ab=
geriebene Schale von einer halben Citrone. Alles schnell und leicht unter=
einander gehoben und durch eine Papiertüte, vorne mit kleinem Aus=
stecher darin, auf Papierstreifen gesetzt. Dann die Bisquits in Zucker
paniert, rein abgepustet und in einem mittelheißen Ofen gebacken.
Beim Abnehmen das Papier umkehren, mit einem Pinsel kochendes
Wasser unten aufpinseln und wenn die Bisquits losgeweicht, auf ein
Blech legen und im ganz schwachen Ofen nachtrocknen lassen.

782. Löffelbisquit, gerührt. 250 Gr. Zucker mit 10 Ei=
dottern aufgerührt, die Schale von einer halben Citrone, 188 Gr.
Mehl, sowie der Schnee von den 10 Eiweiß dazu, wie die vorher=
gehenden dressiert, bestäubt und gebacken.

783. Schuhsohlen= oder Löffelbisquits. 375 Gr. Zucker
mit 10 ganzen Eiern auf Kohlen mit der Schneerute warm und
nachher wieder kalt geschlagen, alsdann die Schale von einer halben
Citrone und 250 Gr. Weizen= oder Kartoffelmehl dazu gethan, auf
Papierstreifen in der Form eines doppelten Theelöffels gespritzt, mit
Zucker bestäubt und im Ofen in Mittelhitze gebacken.

784. Chokoladenbisquit. 250 Gr. Zucker mit 8 Eiern
½ Stunde gerührt, 96 Gr. Chokolade, 125 Gr. Kartoffelmehl dazu
und wie Bisquit auf Papier oder Wachsbleche gesetzt und im Ofen
in nicht zu starker Hitze gebacken.

785. Tausendjahrkuchen. 375 Gr. Zucker mit 8 ganzen
Eiern aufgerührt, 125 Gr. feingeriebene Mandeln, 125 Gr. ge=
klärte Butter lauwarm dazu, sowie 500 Gr. Mehl und etwas Zimmet=
zucker. Kleine Häufchen hiervon auf Wachsbleche gesetzt und im mittel=
heißen Ofen gebacken.

786. Zuckerkringel. 250 Gr. Mehl, 188 Gr. Butter, 64 Gr.
Zucker, 2 Eidotter und 1½ Eßlöffel Wasser. Auf dem Tisch an=
gestoßen, auf Eis fest werden lassen, kleine Kringel oder Bretzel davon
dressiert, mit geschlagenem Eiweiß und Hagelzucker paniert oder nur
mit Eigelb bestrichen und in goldgelber Farbe im Ofen gebacken.

787. Kleine Sandtörtchen. 250 Gr. Butter mit 4 ganzen
Eiern nach und nach zu Schaum gerührt, alsdann 250 Gr. Kar=

toffelmehl, 250 Gr. Zucker, sowie eine Messerspitze Hirschhornsalz und
etwas abgeriebene Citrone dazu.   Das Ganze eine Stunde gerührt,
in kleine, mit klarer Butter weiß ausgestrichene und mit Zucker aus-
gestäubte Becherformen (³/₄ voll) gefüllt und im mittelheißen Ofen
gebacken.

788. Hamburger Sandtörtchen.   250 Gr. Butter mit
4 Eidottern aufgerührt, 2 Messerspitzen Hirschhornsalz, 250 Gr.
Zucker, 250 Gr. Kartoffelmehl und der Schnee der 4 Eier dazu.
In kleine mit Butter ausgestrichene und Zucker ausgestreute Blech-
formen gefüllt und ungefähr 20 Minuten gebacken.

789. Wiener Kolatschen.   250 Gr. Zucker mit 6 Eidottern
aufgerührt, 250 Gr. geklärte Butter lauwarm dazu gerührt, sowie
282 Gr. Mehl und der Schnee der 6 Eiweiß.   Kleine Häufchen
davon auf Papier gesetzt, mit geschlagenem Eiweiß bestrichen, mit
Zucker bestreut und in goldbrauner Farbe im mittelheißen Ofen
gebacken.

790. Braune Pfeffernüsse.   1 Kilogr. Mehl mit knapp 32 Gr.
in Milch oder Rum aufgelöster Pottasche, 2 Eiern, 2 Gr. gestoßenen
Nelken und 2 Gr. Kardemom vermengt.   Währenddessen hat man
gut 214 Gr. Zucker mit 500 Gr. guten Syrup und gut 214 Gr.
Butter oder Schmalz (sonst halb und halb) aufgekocht und tüchtig
ausgeschäumt und giebt dies zu dem Mehl, wobei man das Ganze zu
einem glatten Teig verarbeitet, zu einem Brot formt und 8 bis
14 Tage stehen läßt.   Alsdann verarbeitet.

791. Braune Pfeffernüsse auf andere Art.   2 Kilogr.
Syrup, 3 Kilogr. Mehl, 500 Gr. Zucker, 375 Gr. Butter (oder halb
Butter, halb Schmalz), 250 Gr. Mandeln, 75 Gr. Pottasche, 50 Gr.
feingewiegte Pomeranzenschale, 50 Gr. feingewiegte Succade, ½ Theelöffel voll feingestoßene Nelken und 1 gehäufter Theelöffel feingestoßenen Zimmet.   Syrup, Zucker und Butter in eine Kasserolle
gethan und erwärmt.   Wenn die Butter dünn, vom Feuer genommen,
die in etwas Rum oder lauwarmem Wasser aufgelöste Pottasche dazu
gethan und dann in eine Schüssel zu dem mit Mandeln, Pomeranzenschale, Succade, Nelken und Zimmet vermischten Mehl gegeben; gut
durchgerührt, geknetet und an einen nicht zu kalten Ort gestellt.   Am

nächsten Tage wieder geknetet, bis der Teig blank und geschmeidig
ist. Alsdann lange Rollen hieraus geformt, dieselben mit dem Roll-
holze leicht übergerollt, damit sie etwas flacher werden und die Pfeffernüsse in beliebiger Größe schräge davon abgeschnitten. Auf ein-
gefettete und mit Mehl bestäubte Bleche gesetzt und im mittelheißen
Ofen gebacken.

792. Weiße Pfeffernüsse. 2 ganze Eier und 2 Eidotter mit
250 Gr. Zucker aufgerührt, 125 Gr. geriebene Mandeln, wobei
6 bittere, 32 Gr. feinwürflich geschnittenes Citronat, die abgeriebene
Schale einer halben Citrone, etwas Zimmet nebst 250 Gr. Mehl.
Kleine Häufchen hiervon geformt oder schräge Karrees geschnitten, auf
Wachsbleche gesetzt und im mittelheißen Ofen gebacken.

793. Weiße Pfeffernüsse auf andere Art. 500 Gr. Zucker,
4 ganze Eier, 2 Eidotter, die abgeriebene Schale von einer Citrone
und 250 Gr. fein geriebene Mandeln ½ Stunde gerührt. Dann
500 Gr. Mehl hinzu gethan, kleine Häufchen in der Größe eines
halben Taubeneies auf ein Wachsblech gesetzt und im mittelheißen
Ofen gebacken.

794. Punsch=Tortelettes. Aus gutem Mürbeteig werden mit
einem Ausstecher runde Platten in 5 cm Größe ausgestochen und
gebacken. Dann nimmt man Aprikosenmarmelade, verdünnt selbige
mit gutem Rum, nimmt eine von den kleinen Platten und bestreicht
sie auf der unteren Seite mit Marmelade, legt eine andere darauf,
glasiert sie mit Zuckerglasur, woran 2 Eßlöffel guter Rum, läßt sie
übertrocknen und legt eine Glaskirsche darauf. Auf einer Schüssel
mit Manschette angerichtet.

795. Eisenkuchen. 250 Gr. Butter, 250 Gr. Mehl, 188 Gr.
Zucker, 4 ganze Eier werden zusammen und glatt gerührt, in einem
Eisenkucheneisen gebacken und über einen 2 cm dicken Stock auf=
gerollt.

796. Vanille= oder Aniskuchen. 250 Gr. Zucker (Raffinade),
3 ganze Eier, 1 Eidotter, ½ Stange gestoßene Vanille oder ebensoviel Anis wird ½ Stunde gerührt, 250 Gr. Mehl dazu. Wallnußgroße Häufchen hiervon auf ein Wachsblech gesetzt, gleichmäßig
gestoßen, eine Kruste trocknen lassen und in einem mittelheißen Ofen

gebacken. (½ Eßlöffel Zucker zum Stoßen der Vanille von den 250 Gr. Zucker abgenommen und nachher wieder dazu.)

797. Zimmetröllchen. 250 Gr. Zucker (Raffinade), 4 ganze Eier und 125 Gr. Mehl schnell glatt gerührt. Mit dem Eßlöffel 7 cm breite und 12 bis 14 cm länglich runde dünne Scheiben ○ auf Wachsbleche gestrichen, gebacken, umgekehrt und heiß mit einem dünnen Stock der Länge nach aufgerollt.

798. Käsestangen zu Butter und Rettig zu geben. 250 Gr. Mehl, 125 Gr. Butter, 3 gehäufte Eßlöffel Parmesankäse und eine Messerspitze englischen Senf werden mit 10 Eßlöffeln saurem Rahm zusammen gearbeitet und auf Eis fest werden lassen. Dann eine lange, ½ cm dicke Platte ausgerollt, mit dem Backrad ½ cm breite Streifen abgerollt, auf Bleche egal lang in der Länge eines gewöhnlichen Bleistiftes gelegt, mit Ei gelb bestrichen und in mittelstarker Ofenhitze gebacken.

799. Kartoffelstangen zu Bouillon. 125 Gr. geriebene, gekochte Kartoffeln, 125 Gr. Butter, 125 Gr. Mehl, zusammen gearbeitet und von Salz abgeschmeckt; Stangen in der Länge eines gewöhnlichen Bleistiftes und in der Dicke eines mitteldicken kleinen Fingers davon gerollt, mit Eigelb bestrichen und mit Salz und Kümmel bestreut. Alsdann im Ofen gebacken.

800. Kümmelstangen. 250 Gr. Mehl, 125 Gr. Butter, 5 Eßlöffel kalte Milch und etwas Salz. Dies knetet man alles zusammen, formt 14 cm lange Streifen davon in der Dicke eines Bleistiftes, bestreicht sie mit Eigelb, bestreut sie mit Kümmel und Salz und backt sie hellgelb.

801. Baisers. Von 6 steifgeschlagenen Eiweiß, worunter man leicht 250 Gr. gestoßenen Zucker und etwas abgeriebene Citronenschale hebt, setzt man kleine Häufchen durch eine Papiertüte auf ein Wachsblech in der Größe eines kleinen Kükeneies, taucht den Finger in heißes Wasser, drückt die etwaigen Spitzen damit leicht herunter, stäubt Zucker darüber und streut etwas bunten Hagelzucker oben auf. Jetzt läßt man sie in einem schwachen Ofen mehr trocknen als backen, ohne daß sie Farbe annehmen dürfen.

802. Petitchaux oder Windbeutel. 250 Gr. Butter mit
½ Liter Wasser aufgekocht, 250 Gr. Mehl damit abgebrannt,
6 ganze Eier und 4 Eidotter dazu. Jetzt auf ein Blech längliche Häufchen
in der Größe eines Borsdorfer Apfels gesetzt, mit Eigelb bestrichen
und im Ofen in goldgelber Farbe gebacken. Nun der Deckel abgeschnitten, wenn kalt, die Windbeutel mit Gelee und mit Vanillezucker versetzter Sahne gefüllt, der Deckel darauf gelegt und mit
dünner Glasur glasirt. Auch kann man sie mit Chokoladencrême
füllen und mit Chokoladenglasur glasieren.

803. Oblaten. 220 Gr. Mehl mit ¼ Liter Milch glatt
und wie Eierkuchenteig abgerührt. In einem flachen Oblateneisen
gebacken, welches jedesmal eingefettet werden muß.

804. Spritzkuchen. Beinahe ½ Liter Milch setzt man mit
125 Gr. Butter zu Feuer und wenn es kocht, brennt man 250 Gr.
Mehl darin ab. Nachdem es abgekühlt ist, schlägt man 4 ganze und
4 Eidotter hinzu, drückt von der Masse durch eine Spritze kleine Kränze
auf eingefettetes Papier in der Größe der Kasserolle und stürzt sie in
heißes Fett. Wenn sie hellbraun sind, legt man sie auf Löschpapier
und bestreut sie beim Anrichten mit Zucker.

805. Waffeln. 250 Gr. Butter mit 8 Eidottern schäumig
gerührt, eine Messerspitze Salz, 250 Gr. Mehl, ¾ Liter steifgeschlagener Schlagsahne und der Schnee von den 8 Eiern dazu.
In einem Waffeleisen gebacken.

806. Orangenkuchen. Zu 188 Gr. Zucker reibt man die
Schale von einer halben Citrone, rührt es mit 3 ganzen und 2 Ei-
dottern auf, giebt 188 Gr. Mehl und 16 Gr. ganz fein gewiegte
Mandeln dazu und streicht es messerrückendick auf ein Wachsblech.
Mit Zucker leicht überstäubt, im Ofen gar gebacken und heiß in be-
liebige Stückchen oder Streifen geschnitten.

807. Marzipan. 500 Gr. Mandeln mit 4 bis 6 Eiweiß im
Reibstein fein gerieben, 500 Gr. feingestoßener Zucker hinein ge-
knetet und beliebig geformt: als Birnen, Äpfel, kleine Würste, Schinken,
Pflaumen, Blumen oder als Torte und wenn fertig an einem warmen
Ort oder in der Stube übertrocknen lassen.

808. Blätterteig. 500 Gr. Butter werden ausgeknetet, zu einer länglich runden Scheibe geformt und in Eiswaſſer hart werden laſſen. Jetzt ſtößt man in einer Kaſſerolle 500 Gr. Mehl, eine Meſſerſpitze Salz, knapp ¼ Liter Eiswaſſer, 10 Tropfen Citronenſaft und 32 Gr. Butter an, nimmt dies auf den Backtiſch und arbeitet es zu einem recht elaſtiſchen Teig, wozu ungefähr ¼ Stunde erforderlich iſt. Jetzt zu einer doppelt ſo großen Scheibe, wie die Butter ausgerollt, letztere aus dem Waſſer genommen, mit einem Tuche von allen Seiten abgetrocknet und in die Mitte des Teiges gelegt; erſt die eine Seite der Länge nach übergeklappt, über dieſe die andere, das Mehl abgefegt und das rechte Ende des Teiges nach links, das linke nach rechts übergeklappt, ſo daß man nun den Teig in der Größe der Butterſcheibe zuſammen hat. Jetzt mit dem Rollholz eine länglich viereckige Platte ungefähr 55 cm lang und 35 cm breit aus gerollt. Alsdann der rechte Teil der Platte ⅔ nach links übergeklappt, das linke ⅓ nach rechts auf dieſen gleichmäßig gelegt, alsdann der Teig auf Papier und dieſes auf ein Blech in den Keller oder auf Eis geſtellt. Iſt der Teig wieder feſt geworden, ſo rollt und ſchlägt man ihn nochmal auf die angegebene Art, worauf er wieder in den Keller kommt. Dies nennt man, ihm zwei einfache Touren geben. Nachdem der Teig nun wieder 55 cm lang und jetzt 55 cm breit ausgerollt iſt, wird er zuerſt auf die angegebene einfache Art geſchlagen und alsdann nochmals entgegengeſetzt zuſammengeſchlagen, ſo daß der Teig neunmal übereinanderliegt. Jetzt ausgerollt und in den Keller geſtellt. Dies, als doppelte Tour benannt, wiederholt ſich noch zweimal, ſo daß der Teig 2 einfache und 3 doppelte Touren erhält. Alsdann, nachdem er wieder feſt geworden, zu den angegebenen Rezepten verwandt.

809. Wiener Locken. Von meſſerrückendick ausgerolltem Blätterteig werden mit dem Backrad fingerbreite Streifen geſchnitten, um Hölzer gewickelt, oben mit Eigelb beſtrichen und halb gar gebacken. Dann die Hölzer vorſichtig daraus entfernt und die Locken gar und in ſchöner Farbe gebacken. Beim Gebrauch angewärmt und mit einem beliebigen Wildpuree oder Kaviar gefüllt, oder mit Zucker im Ofen glaſiert und wenn kalt mit Schlagſahne gefüllt.

810. Blätterteigſchnitten. Von fertig geſchlagenem Blätterteig wird eine meſſerrückendicke Platte ausgerollt, welche halb mit

Aprikosenmarmelade bestrichen wird. Dann an den Enden mit Eigelb bestrichen und der unbestrichene Teil übergeklappt. Jetzt auf ein Blech gelegt, mit dem Rücken eines großen Messers angedrückt, wie lang und breit die Streifen sein sollen, von oben die einzelnen Streifen von beiden Seiten eingeritzt, leicht das Ganze mit Eigelb bestrichen und in einem ziemlich heißen Ofen gebacken. Wenn es anfängt Farbe zu bekommen, mit sehr feinem Zucker überstreut und im Ofen glacieren lassen. Wenn halb abgekühlt in beliebig große Streifen, wie erst abgeteilt, geschnitten.

811. Bologneser Streifen. Von Blätterteig rollt man eine zwei Messerrücken dicke Platte aus in der Größe eines Backbleches. Überstreicht diese gleichmäßig mit steifgerührter Spritz- oder Eiweiß= glasur (3 Eiweiß und 250 Gr. feiner Zucker bis zum festen Stehen gerührt), macht ein Messer glühend und schneidet das Ganze in Streifen, sowie man sie in Größe und Breite haben will. Jetzt in einen mittelheißen Ofen gestellt und wenn es anfängt gelb von oben zu werden, Papier darüber gelegt, aber von unten in goldgelber Farbe gebacken. Wenn gar, die Streifen, wie erst abgeteilt, gebrochen.

812. Blätterteigbretzeln. Von Blätterteig eine längliche zwei Messerrücken dicke Platte ausgerollt, wovon mit einem Backrad 1½ cm breite Streifen abgerollt, welche zu Bretzeln in der Größe von 10 cm geformt werden. Jetzt auf ein Blech gelegt, in der Mitte oben auf mit Eigelb bestrichen, doch so, daß es an den Seiten nicht herunter treibt und in einem ziemlich heißen Ofen gebacken. Wenn es anfängt, Farbe zu bekommen, mit Zucker überstäubt und recht schön im Ofen glasiert. Wenn der Blätter= teig zu Tisch gegeben, immer vorher etwas anwärmen.

813. Blätterteigfleurons zum Garnieren von Frikassees und Purees. Von gut zwei Messerrücken dick ausgerolltem Blätter= teig werden Halbmonde ausgestochen, mit Eigelb bestrichen und in stark heißem Ofen gebacken. Beim Anrichten angewärmt und im Kranze um das betreffende Gericht gelegt.

814. Maultaschen. Von gutem Blätterteig rollt man sich eine messerrückendicke Platte aus, sticht mit einem Ausstecher 9 cm im Durchmesser große Platten aus, bestreicht sie mit Eigelb, legt in die Mitte, etwas mehr nach vorne, kleine Früchte, wie Kronsbeeren, Bickbeeren, Erdbeeren, Kirschen rc., klappt die andere Hälfte darüber, bestreicht sie mit Eigelb, bestreut oder paniert sie mit Hagelzucker und backt sie im gut mittelheißen Ofen.

815. Prussiens. Man nimmt Blätterteig und giebt ihm die vorgeschriebenen Touren. Wenn er lange genug geruht hat, giebt man dem Teig 2 Touren, aber anstatt Mehl zum Streuen nimmt man Zucker, giebt dem Teig zuerst eine einfache Tour und die zweite doppelt, man rollt den Teig bei der zweiten Tour so, daß man ein langes, 1 cm dickes und 12 cm breites Band bekommt und streut ziemlich Zucker dazwischen. Dann schneidet man Stückchen $\frac{1}{2}$ cm breit davon ab, setzt dieselben mit der Schnittfläche ⌣⌣ in vorstehender Form auf ein Blech und backt sie bei ziemlich starker Hitze, so daß der Zucker schmilzt und sie nebenstehendes ⌒⌒ Aussehen erhalten.

B. Torten.

816. Wiener Torte. 500 Gr. Zucker (Raffinade) und 12 Eidotter werden 1 Stunde gerührt, 500 Gr. geklärte Butter lauwarm dazu, der Schnee der Eier, sowie 500 Gr. feines Mehl untergehoben, in 5 Teile geteilt, auf 5 Papierbogen circa 30 cm große Kreise mit Bleistift gezogen und die Masse darauf gleichmäßig auseinander gestrichen und auf Bleche gebacken. Dann das Papier entfernt und wenn die Böden kalt sind, mit Himbeergelee zusammengesetzt und abgerundet. Mit Wasserglasur (Nr. 766) oben und an den Seiten glasiert und leicht übertrocknen lassen. Nun mit einer Eiweißglasur, welche fest bis zum Stehen gerührt wird, besprißt und nachdem sie übergetrocknet, mit Himbeergelee und Aprikosenmarmelade verziert. (Eiweiß- oder Spritzglasur siehe Nr. 811.)

817. Schmelztorte. 250 Gr. Butter, 250 Gr. Zucker, 4 ganze Eier, 250 Gr. Kartoffelmehl und die abgeriebene Schale von einer Citrone. Die Butter wird zu Schaum gerührt, dann unter fortwährendem Rühren immer 1 ganzes Ei, $\frac{1}{4}$ vom Zucker, $\frac{1}{4}$ vom Mehl dazu gegeben, so daß im Ganzen eine Stunde lang gerührt wird. Die Hitze darf beim Backen nicht allzu schwach sein.

818. Sandtorte. 375 Gr. Butter, 375 Gr. Zucker, 375 Gr. Kartoffelmehl, 6 ganze Eier, Vanille- oder Citronenzucker. Zucker und

Kartoffelmehl vermengt, nach und nach mit je einem Ei zur auf=
gerührten Butter gethan, das Ganze knapp eine Stunde gerührt
und eine Stunde gebacken.

819. Sandtorte auf andere Art. 500 Gr. Kartoffelmehl,
500 Gr. gesiebter Zucker, 6 bis 7 Eier, die abgeriebene Schale einer
Citrone, 1 Löffel Citronensaft, 1 Eßlöffel Rum, 500 Gr. Butter. Die
Butter wird leicht zu Sahne gerührt, dann thut man das Gelbe von den
Eiern abwechselnd, sowie Mehl und Zucker löffelweise dazu und rührt
das Ganze zusammen 1 Stunde nach einer Seite. Nun kommt die
abgeriebene Citronenschale, der Schnee vom Eiweiß allmälig und
zuletzt der in einer Tasse mit dem Saft der Citrone gemischte Rum
recht vorsichtig, immer wenig auf einmal, zur Masse. Dann wird
alles gleich in eine ausgestrichene Form gethan und eine gute
Stunde langsam in einem Ofen, der nicht zu heiß sein darf,
gebacken. Butter und Eier müssen recht frisch und das Mehl in
einer warmen Ofenröhre getrocknet und durchgesiebt sein.

820. Sandtorte auf andere Art. 375 Gr. Butter zu
Schaum gerührt, nach und nach 8 Eigelb, sowie 3 ganze Eier und
314 Gr. Zucker, 1 Eßlöffel Rum, 346 Gr. Kartoffelmehl und die
Schale einer Citrone dazu gethan und 1 Stunde im mittelheißen Ofen
in der Form gebacken.

821. Sandtorte auf andere Art. Zu 500 Gr. Butter,
nach und nach 8 ganze Eier und 500 Gr. Zucker gerührt, alsdann
die Schale einer Citrone und 250 Gr. Weizen=, sowie 250 Gr.
Kartoffelmehl dazu. 1 Stunde gebacken. Die Form zu diesen Torten
wird mit Butter ausgestrichen, mit Papier ausgelegt, Butter darüber
gestrichen und mit Zucker ausgestäubt.

822. Bisquittorte. 500 Gr. Zucker mit 24 Eidottern auf=
gerührt, etwas Citronenschale, 500 Gr. Kartoffelmehl und der Schnee
von den Eiern dazu. 1 Stunde im mittelheißen Ofen gebacken.

823. Bisquittorte auf andere Art. 400 Gr. Zucker mit
dem Saft und der abgeriebenen Schale einer Citrone und 12 Ei=
dottern ³/₄ Stunde gerührt; dann 200 Gr. Kartoffelmehl dazu gethan
und hiermit noch ¼ Stunde gerührt. Alsdann das zu Schnee ge=
schlagene Weiße der 12 Eier leicht darunter gehoben, in eine mit

Butter ausgestrichene und mit geriebener Semmel ausgestreute Form gethan und 1 bis 1¼ Stunde in schwacher Hitze gebacken. ½ Stunde abkühlen lassen, dann gestürzt und mit Puderzucker bestäubt.

824. Mandeltorte. 250 Gr. Zucker mit 250 Gr. mit Wasser feingeriebenen Mandeln und 16 Eidottern tüchtig gerührt, alsdann mit 64 Gr. Mehl und dem Schnee von 6 Eiern versetzt. Eine kleine Stunde in einer Form im Ofen gebacken.

825. Brottorte. 250 Gr. feingeriebene Mandeln mit 375 Gr. Zucker und dem Gelben von 15 Eiern aufgerührt, jetzt 125 Gr. geriebenes grobes Brot, etwas gestoßene Nelken, Zimmet und abgeriebene Citronenschale, sowie den Schnee von 15 Eiern und 24 Gr. Mehl dazu. Dann in einer Tortenform gebacken. Wenn kalt, glasiert, bespritzt und mit Gelee und Früchten garniert.

826. Gefüllte Brottorte. 250 Gr. mit Wasser fein geriebene Mandeln, 314 Gr. Zucker, dazu 12 Eidotter, 125 Gr. grobes, geriebenes, mit etwas Rotwein angefeuchtetes Brot, etwas Zimmetzucker und der Schnee von den 12 Eiern. In 3 runden Böden in Papierkapseln gebacken, mit Marmelade zusammengesetzt, mit einer Arrakglasur glasiert, bespritzt und garniert.

827. Genfer Torte. 96 Gr. feingeriebene Mandeln und 188 Gr. Zucker werden mit 18 Eidottern aufgerührt, dann 250 Gr. Mehl, 188 Gr. geklärte Butter lauwarm dazu, sowie etwas Citronenzucker und der Schnee von 6 Eiern; in einer Tortenform 1 Stunde gebacken. Wenn kalt in ½ cm dicke Böden geschnitten, mit einem steifen Vanillecrême, wie eine Wiener Torte, zusammengesetzt. Mit einer Citronenglasur (375 Gr. Puderzucker mit dem Saft von 2 Citronen und etwas Wasser zu einer ziemlich dickflüssigen Glasur verrührt) glasiert und mit einer Spritzglasur bespritzt.

828. Nußtorte. 188 Gr. Nußkerne und 64 Gr. Mandeln werden abgebrüht und fein gerieben, mit 250 Gr. Zucker und 16 Eidottern eine Stunde tüchtig gerührt, jetzt 64 Gr. Mehl und der Schnee von 6 Eiern dazu; 4 Böden wie zur Wiener Torte davon gebacken. Man kann auch die Masse von der gefüllten Brottorte nehmen. Wenn kalt, schlägt man sich eine Crême von 6 Eidottern, ¾ Liter süßer Sahne, 188 Gr. Zucker und 125 Gr. feingeriebenen Wallnußkernen, sowie 10 Gr. Gelatine ab. Wenn es kalt, durchgestrichen und zwischen die Böden gestrichen. Die Torte glasiert, bespritzt und mit kandierten Wallnuß= uud Haselnußkernen garniert.

829. Apfelsinentorte. Man backt eine Bisquittorte (siehe Nr. 822) Wenn kalt, schneidet man dieselbe in 4 bis 5 Böden und setzt sie mit nachfolgender Apfelsinencrême zusammen. Auf 125 Gr. Zucker wird die Schale einer großen Apfelsine leicht abgerieben und derselbe fein gestoßen, der Saft von der Apfelsine, sowie von 2 Citronen, 8 Eidotter, ½ Tassenkopf (¹⁄₁₀ Liter) Weißwein und 8 Gr. Gelatine dazu; alles einmal aufstoßen lassen und kalt gerührt dazwischen gestrichen. Die Torte mit Apfelsinenglasur (siehe Citronenglasur) glasiert, bespritzt und mit kandirten Apfelsinenzehntel (Zucker zum Bruch gekocht, die Apfelsinen hinein getaucht und auf einem geöltem Blech erstarren lassen) garniert.

830. Chokoladentorte. 125 Gr. Butter mit 125 Gr. Zucker und 12 Eidottern aufgerührt, dann 125 Gr. feingeriebene Mandeln, 125 Gr. geriebene Chokolade, 32 Gr. Mehl und der Schnee von den Eiern dazu. Nun 2 gleich dicke Böden hiervon auf Papier gebacken, mit Aprikosenmarmelade zusammengesetzt, die Torte mit Chokoladenglasur glasiert (375 Gr. Puderzucker mit 125 Gr. sehr fein gesiebter Chokolade und dem nötigen Wasser zu einer dickflüssigen Glasur angerührt) und mit Spritzglasur bespritzt. (Zu allen diesen Torten wird die Form recht weiß mit Butter ausgestrichen und mit Zucker ausgestreut.)

831. Makronentorte. Von 500 Gr. Mandeln, wovon 15 Stück bittere sind, brüht man die Schale ab, wäscht sie sauber und reibt sie mit ungefähr 6 bis 8 Eiweiß im Reibstein fein, giebt 500 Gr. gestoßenen Zucker dazu, so daß man eine Masse erhält, welche sich steif aber noch geschmeidig aus der Papiertüte spritzen läßt. Jetzt zeichnet man sich in der Größe eines flachen Tellers auf einem Oblatenboden mit Bleistift einen Kreis und spritzt von der Mandelmasse, immer in der Mitte angesetzt nach dem äußeren Rand zu, 12 egale schräge Fächer, spritzt in die Mitte ein größeres Häufchen, auf den äußeren Rand gleichmäßig dicht neben einander halb so große und in jede Ecke (um den größeren in der Mitt) ein kleines Häufchen und backt die Torte nun in einem nicht zu heißen Ofen in hellbrauner Farbe. Wenn kalt, die Oblate rund herum abgeschnitten, die Torte auf eine saubere Manschette gelegt und die Mitte, sowie die leeren Fächer in der Torte abwechselnd mit Himbeergelee und Aprikosenmarmelade ausgefüllt und verziert. Die Torte muß nach innen weichlich, aber doch durchgebacken sein, es empfiehlt sich daher, sie am Tage vorher zu backen.

832. Marzipantorte. 750 Gr. Mandeln werden abgebrüht, mit circa 7 bis 10 Eiweiß fein gerieben, 750 Gr. Zucker dazu gethan und zu einem feinen Teig verarbeitet, welcher jede Form annimmt. Hiervon ein ½ cm dicker Boden ausgerollt, auf einem Oblatenboden egal rund geschnitten, ein egaler 1½ cm dicker Wulst darum gelegt, und dieser mit einem Kneifeisen oder einer Scheere blätterig gekniffen oder geschnitten. Jetzt von dem Teig in einer entsprechenden Form eine Weintraube oder ein Bouquet ausgedrückt, nachdem man die Form leicht mit Provenceöl ausgewischt und dies als Mittelstück auf die Torte gelegt, kleine Blätter dressirt, darum gelegt und die Torte 2 bis 3 Tage an einem nicht zu warmen Ort zum Trocknen gestellt. Alsdann auf einer sauberen Manschette angerichtet.

833. Äpfeltorte. 8 Melonen oder Gravensteiner Äpfel werden in Viertel geschnitten, geschält das Kernhaus heraus- und quer in Scheiben geschnitten. Jetzt mit 30 Gr. Butter, Wasser, ¹⁄₁₀ Liter Weißwein, 100 Gr. Zucker und der abgeriebenen Schale einer halben Citrone weich und kurz eingedämpft, mit Korinthen und in feine Würfel geschnittener Succade vermengt auf einem Sieb abtropfen und kalt werden lassen. Nun von gutem Blätterteig eine messerrückendicke Platte in der Größe eines flachen Tellers auf ein Blech gelegt und die Äpfel fingerhoch darauf gethan, aber rund herum 2½ cm vom Rand frei gelassen. Jetzt mit einem Backrad 1 cm breite Bänder abgerollt und ein Gitter über die Äpfel gelegt, jedoch wieder einen Finger breit vom Rand abgelieben. Mit Eigelb rund herum bestrichen und ein breites rundes Band darum gelegt, so, daß es mit dem äußersten Rand der Torte abschneidet, und etwas auf die Äpfel rund herum auffäßt, leicht angedrückt, mit Eigelb bestrichen, doch so, daß es am Rand nicht heruntertreibt, in schöner Farbe im Ofen gebacken und glasirt, indem man, wenn sie halb Farbe genug hat, feinen Zucker darüber stäubt und im Ofen schmelzen läßt.

834. Pflaumentorte. Von Mürbeteig wird eine gut messer=
rückendicke, runde Platte ausgerollt, ein runder Wulst gerollt in der
Dicke eines kleinen Fingers. Nachdem man die Platte am Rand mit
Eigelb bestrichen, den Wulst darum gelegt, hübsch mit einem Kneif=
eisen von beiden Seiten gekniffen und im Ofen in hübscher Farbe
gebacken. Währenddessen hat man 50 Stück schöne Pflaumen geschält
und die Steine entfernt. Alsdann die Pflaumen in eine Pfanne
gethan, etwas Wasser darunter gegossen und mit Zucker überstreut,
auf 500 Gr. Pflaumen 96 Gr. Zucker, im Ofen weich und kurz ein=
gedämpft; wenn kalt, der Kuchen hübsch damit belegt und im letzten
Augenblick mit dem Saft überfüllt.

835. Stachelbeertorte. Man backt von Mürbeteig einen
Tortenboden wie bei der Apfelsinentorte angegeben und füllt im letzten
Augenblick ein schönes Stachelbeerkompot darauf, welches im Safte
etwas dicklich eingekocht ist; doch müssen die Stachelbeeeen recht schön
ganz bleiben.

N.B. So kann man von jeglichem Eingemachten und Kompot die
Torten oder Tortelettes herstellen. Johannisbeeren, Himbeeren,
Mirabellen, Kirschen.

836. Schweizer Puffer. 500 Gr. Zucker mit 24 Eidottern
aufgerührt, dann 500 Gr. Mehl und 375 Gr. Butter zusammen fein
gewiegt und dazu, sowie 125 Gr. Korinthen, 125 Gr. Rosinen,
125 Gr. kleinwürflich geschnittene Succade und zuletzt der Schnee von
den 24 Eiern dazu. (In einer mit Butter fett ausgestrichenen und mit
Semmel ausgestreuten Form mit Cylinder gebacken.)

C. Hefenkuchen.

837. Zwieback. In eine Kasserolle thut man einen guten
halben Liter Milch, gut 250 Gr. Butter, 5 ganze Eier, 64 Gr.
Salz und 157 Gr. Zucker, stellt dies auf eine nicht zu warme Seite
der Maschine und läßt die Butter langsam in den anderen Ingredienzen
weich werden. Während der Zeit bereitet man einen Stellteig von
220 Gr. Hefe, $1/4$ Liter Milch und dem nötigen Mehl, stellt ihn
warm, läßt ihn um zweimal soviel aufgehen, rührt dann mit der Hefe
soviel Mehl in den Teig, daß er nicht mehr auseinander treibt, nimmt
ihn jetzt auf einen Backtisch und knetet noch so viel Mehl nach, bis

er nicht mehr beim Kneten an Tiſch und Händen feſtklebt, ſchlägt ihn glatt, thut ihn wieder in eine Kaſſerolle zurück, in die man etwas Mehl unter- und ein wenig davon überſtäubt und ſtellt ihn zum Raſchen oder Aufgehen. Eine große Hauptſache bei den Zwiebäcken iſt, daß der Teig ſowohl wie die kleinen Zwiebäcke richtig aufgegangen und der Teig, wenn er ausgeſchüttet, zum Formen nur leicht länglich zuſammengerollt wird. Jetzt längliche Streifen abgeſchnitten, dieſe rund gerollt, die kleinen Zwiebäcke davon abgeſchnitten, ebenfalls rund gerollt, auf ein mit Mehl leicht beſtäubtes Blech geſetzt, 3 cm auseinander, gut aufgehen laſſen, mit Eiweiß beſtrichen und in einem ſehr heißen Ofen gebacken. Wenn ſie erkaltet, halb durchgeſchnitten und in ſchöner Farbe in Mittelhitze geröſtet.

838. 125 Gr. Maſſe.

Gut 125 Gr. Butter, gut $^1/_4$ Liter Milch, 3 ganze Eier, 32 Gr. Salz, 80 Gr. Zucker, 110 Gr. Hefe, welche außerdem mit $^1/_8$ Liter Milch glatt gerührt wird und zum Hefenſtück angeſetzt. 1 Kilogr. 64 Gr. bis 1 Kilogr. 125 Gr. Mehl im ganzen dazu.

839. Napfkuchen.

Mit dem nötigen Teil von 875 Gr. Mehl, 140 Gr. Hefe und einer Obertaſſe Milch ($^2/_{10}$ Liter) wird 1 Hefenſtück angeſetzt. Wenn aufgegangen, thut man dasſelbe zu dem andern Mehl, giebt 2 ganze Eier, 3 Eidotter, 125 Gr. Zucker, die Schale einer halben Citrone, einen halben Theelöffel Salz, 1½ Obertaſſe Milch ($^3/_{10}$ Liter), 12 Gr. bittere Mandeln, gut 375 Gr. friſche etwas erweichte Butter, 112 Gr. Roſinen und 112 Gr. Korinthen dazu; ſchlägt den Teig bis er Blaſen wirft, thut ihn in eine Form, füllt dieſelbe halb voll, läßt ihn bis an den Rand gehen und bäckt ihn eine Stunde bei mittlerer Hitze.

Anmerkung: Zu allem Hefen= oder ſonſtigen Gebäck, woran Roſinen und Korinthen kommen, bemerke ich noch, daß man dieſelben, bevor ſie aufgeſetzt werden, auf einem Tuch tüchtig mit Mehl reibt, damit möglichſt die Stengel abkommen. Dann ſo oft gewaſchen und das Waſſer erneuert, bis es klar darauf iſt. Nun die Roſinen und Korinthen 20 Minuten langſam gekocht, auf einen Durchſchlag geſchüttet, mit Waſſer abgekühlt und ſorgfältig alle Stengel und ſonſtiges Unreine herausgeſucht. Alsdann zu dem betreffenden Teig gethan, nachdem dieſer zuſammengerührt und glatt geſchlagen iſt.

840. Ein kleiner Napfkuchen. Mit dem nötigen Teil von 438 Gr. Mehl, 70 Gr. Hefe und ³/₄ Obertasse Milch wird ein Hefenstück angesetzt. 1 ganzes Ei, 2 Eidotter, 63 Gr. Zucker, die abgeriebene Schale von ¹/₄ Citrone, ¹/₄ Theelöffel Salz, ¹/₂ Obertasse Milch (¹/₁₀ Liter), 6 Gr. bittere Mandeln, gut 188 Gr. Butter und der Rest des Mehls dazu; das Ganze blasig geschlagen und alsdann 60 Gr. Rosinen und 60 Gr. Korinthen dazu.

841. Ein großer oder zwei kleine Napfkuchen. 1 Kilogr. 314 Gr. Mehl, 210 Gr. Hefe, 1¹/₂ Obertassen Milch, 3 ganze Eier, 5 Eidotter, 188 Gr. Zucker, die Schale einer Citrone, ¹/₂ Theelöffel Salz, gut 2 Obertassen Milch (⁴/₁₀ Liter), 18 Gr. bittere Mandeln, gut 564 Gr. Butter, 168 Gr. Korinthen, 168 Gr. Rosinen. 1¹/₄ Stunde backen lassen.

842. Zwei große Napfkuchen. 1 Kilogr. 875 Gr. Mehl, 280 Gr. Hefe, 2 Obertassen Milch (⁴/₁₀ Liter), 4 ganze, 6 gelbe Eier, 250 Gr. Zucker, die abgeriebene Schale einer Citrone, 1 Theelöffel Salz, 3 Obertassen Milch (⁶/₁₀ Liter), 24 Gr. bittere Mandeln, gut 750 Gr. Butter, 224 Gr. Rosinen, 224 Gr. Korinthen. 1¹/₄ Stunde backen. Bei allen Massen, woran Rosinen und Korinthen kommen, rührt man diese erst darunter, nachdem der Teig glatt geschlagen ist.

843. Napfkuchen mit Backpulver. 375 Gr. Butter zu Sahne gerührt, 9 Eigelb nach und nach dazu, sowie 834 Gr. Mehl, 30 Gr. bittere Mandeln, 250 Gr. Zucker, 1 Obertasse Milch (²/₁₀ Liter), worin kalt 15 Gr. doppelkohlensaures Natron aufgelöst ist, Saft und Schale einer Citrone, 30 Gr. Cremortarterie und zuletzt der Schnee von den 9 Eiern. Gleich in eine mit Butter ausgestrichene und mit Semmel ausgestreute Form gefüllt, diese auf ein Salzblech gestellt und im mittelheißen Ofen gut ³/₄ bis 1 Stunde gebacken.

844. Hefenkranz. Von 50 Gr. Hefe, ¹/₂ Liter Milch und dem dazu nötigen Teil von 1 Kilogr. Mehl setzt man ein Hefenstück an; während dasselbe aufgeht, rührt man 260 Gr. Butter zu Schaum, mischt 9 Eidotter, 125 Gr. Zucker, die abgeriebene Schale einer Citrone und etwas Salz, nach Belieben auch gut 220 Gr. Rosinen, sowie zuletzt das Hefenstück und den Rest von 1 Kilogr. Mehl hinzu, bearbeitet das Ganze so lange, bis es sich von der Kasserolle ablöst,

14*

läßt es nochmals im Warmen aufgehen, zerteilt es zu drei langen gleichmäßigen Streifen, welche man zu einem Zopf flechtet und diesen zu einem Kranze an den Enden zusammenlegt. Nachdem der Kranz auf einem butterbestrichenen Blech abermals gegangen ist, überpinselt man ihn mit Eigelb, welches mit etwas Wasser versetzt ist und backt ihn in einem mittelheißen Ofen 1 Stunde lang. Wenn etwas abgekühlt, mit einer nicht zu dünnen Zuckerglasur überpinselt und übergetrocknet. Die Hälfte Masse, 500 Gr. Mehl, 24 Gr. Hefe, ¼ Liter Milch, 125 Gr. Butter, 5 Eidotter, 63 Gr. Zucker, 100 Gr. Rosinen, die Schale einer halben Citrone.

845. Hefenkuchen. In ½ Liter lauwarmer Milch löst man 32 Gr. Hefe auf, vermischt dies mit 630 Gr. Mehl zu einem Hefenstück, das man zum Aufgehen warm stellt; rührt inzwischen 157 Gr. Butter zu Schaum, fügt 6 Eidotter, gut 32 Gr. gestoßene Mandeln, 80 Gr. Zucker, etwas Salz und das Hefenstück hinzu, verarbeitet alles zu einem lockeren Teig, den man aufs neue aufgehen läßt und dann zu einem fingerdicken Kuchen ausrollt, welchen man mit einem schmalen Rand versieht und auf einem etwas gebutterten Blech noch etwas aufgehen läßt. Schließlich bestreicht man ihn dick mit 130 Gr. schäumig gerührter Butter, die mit 64 Gr. Mehl, 130 Gr. geschälten feingehackten Mandeln, 125 Gr. Zucker und einem gehäuften Theelöffel voll Zimmet vermischt ist, sticht den Kuchen einigemale mit einer Gabel und backt ihn eine halbe Stunde bei ziemlich starker Hitze.

846. Hefenkuchen als Platenkuchen. 260 Gr. geklärte Butter wird zu Schaum gerührt, nach und nach mit 5 ganzen Eiern, 30 Gr. Hefe, die in ¼ Liter lauwarmer Milch aufgelöst ist, 80 Gr. Zucker und knapp 750 Gr. Mehl vermischt, so daß ein lockerer Teig entsteht, den man fingerdick auf einem mit Butter bestrichenen Blech auseinanderrollt, am Ofen gehörig aufgehen läßt, mit Eigelb bestreicht, mit gehackten Mandeln und Zimmetzucker bestreut und ¾ Stunde bei ziemlicher Hitze backt.

847. Mandelstreifen von Hefenteig. Nachdem man 50 Gr. Hefe mit ½ Liter lauwarmer Milch in einer Kasserolle aufgelöst hat, verrührt man sie mit dem nötigen Teil von 1 Kilogr. Mehl zu einem lockeren Teig und läßt das Hefenstück alsdann am Ofen aufgehen. Inzwischen rührt man 380 Gr. Butter zu Schaum, thut

7 Eidotter, 2 ganze Eier, 250 Gr. Zucker, 96 Gr. Rosinen, 96 Gr.
Korinthen hinzu, etwas Salz und die abgeriebene Schale einer Citrone,
verarbeitet alles mit dem Hefenstück zu einem leichten Teige, den
man nach abermaligem Aufgehen zu einer 1 cm dicken Platte ausrollt und in 7 cm breite und 24 cm lange Streifen zerschneidet. Jetzt
alle auf ein Blech gelegt und nochmals aufgehen lassen, mit geschlagenem Eiweiß und aufgelöster Butter zu gleichen Teilen bestrichen,
mit gehackten Mandeln und Zucker bestreut, bei ziemlicher Hitze eine
reichliche Viertelstunde gebacken.

848. Zwei geflochtene Hefenkränze. 1 Kilogr. 250 Gr.
Mehl warm gestellt, 596 Gr. Butter, 6 ganze, 2 gelbe Eier, 220 Gr.
Zucker, 100 Gr. Hefe, knapp ³/₄ Liter Milch, 250 Gr. Korinthen,
250 Gr. Rosinen und 125 Gr. Succade. Alles zu einem Teig verarbeitet
und aufgehen lassen. Jetzt 2 Kränze davon geflochten, diese aufgehen
lassen, mit Eigelb bestrichen, mit 250 Gr. gehackten Mandeln bestreut und ½ Stunde gebacken. Alsdann mit Zucker bestreuen.

849. Berliner Bretzel. Man bereitet von 500 Gr. Weizenmehl, 60 Gr. Hefe, 85 Gr. Butter, 80 Gr. Zucker, 1 Ei und etwas
kalter Milch einen Teig und läßt ihn aufgehen. Alsdann werden
100 Gr. trockene, ausgedrückte Butter, dreimal wie zum Blätterteig
einziehen lassen, beim letzten Zusammenschlagen etwa 100 Gr. Zucker,
Mandeln, kleine Rosinen und Zimmet eingestreut, von dieser Masse
drei Bretzel geformt, welche dann mit Eigelb bestrichen und mit
Mandeln bestreut werden. (Der Teig wird in lange Streifen geschnitten, etwas gedreht und in Bretzelform gelegt.)

850. Berliner Pfannkuchen. 500 Gr. Mehl, gut 250 Gr.
Butter, 5 Eidotter, 2 ganze Eier, 80 Gr. Hefe, 50 Gr. Zucker,
1 gehäufter Theelöffel Salz mit gut ¼ Liter süßer Sahne angestoßen. Der Teig wird beim Anstoßen auf dem Tisch sehr weich,
daher wird er, wenn fertig, erst in den Keller und dann warm zum
Aufgehen gestellt.

851. Berliner Pfannkuchen. ²/₃ Masse. 375 Gr. Mehl,
gut 190 Gr. Butter, 4 Eidotter, 1 ganzes Ei, gut 56 Gr. Hefe,
32 Gr. Zucker, ½ Theelöffel Salz, mit gut ²/₃ von ¼ Liter süßer
Sahne angestoßen. Der Berliner Pfannkuchenteig wird zu einer ziemlich

dünnen, viereckigen Scheibe ausgerollt, dann das Pflaumenmus durch eine Papierspritze 3 Finger breit vom Rand und 2 Finger breit von einander aufgesetzt, mit Eigelb umstrichen, übergeklappt und mit einem Ausstecher angedrückt. In Halbmondform ausgesteckt und auf einem mit Mehl bestäubten Blech in den Warmschrank zum langsamen Aufgehen gestellt. In Ausbackfett in hellbrauner Farbe gebacken, auf Löschpapier gelegt und beim Anrichten mit Zucker bestreut.

852. Kleine Stolle. 470 Gr. Mehl, 142 Gr. Korinthen, 142 Gr. Rosinen, 50 Gr. Succade, gut 188 Gr. Butter, 96 Gr. Zucker, 4 ganze Eier und 50 Gr. in $1/10$ Liter Milch aufgelöste Hefe werden zu einem Teig verarbeitet, alsdann aufgehen lassen. Jetzt zu einem Stollen geformt und nachdem er aufgegangen, mit Eigelb bestrichen, mit gut 125 Gr. gehackten Mandeln bestreut, $3/4$ Stunde gebacken und mit Zucker bestäubt.

853. 1 große Stolle. 690 Gr. Mehl, 188 Gr. Korinthen, 188 Gr. Rosinen, 125 Gr. Succade, 375 Gr. Butter, gut 50 Gr. Hefe, $2/10$ Liter Milch, 5 ganze Eier, 112 Gr. Zucker, 150 Gr. Mandeln zum Überstreuen. 1 Stunde gebacken.

854. 2 kleine Stollen. 940 Gr. Mehl, 282 Gr. Korinthen 282 Gr. Rosinen, 96 Gr. Succade, 375 Gr. Butter, gut 80 Gr. Hefe, $2/10$ Liter Milch, 8 ganze Eier, 172 Gr. Zucker, 270 Gr. Mandeln zum Überstreuen.

855. 4 Stollen. 1 Kilogr. 625 Gr. Mehl, 564 Gr. Korinthen, 564 Gr. Rosinen, 188 Gr. Succade, 750 Gr. Butter, gut 125 Gr. Hefe, 16 Eier, 346 Gr. Zucker, 500 Gr. Mandeln zum Überstreuen, gut $3/10$ Liter Milch.

856. 5 Stollen. 2 Kilogr. 188 Gr. Mehl, 657 Gr. Korinthen, 657 Gr. Rosinen, 250 Gr. Succade, 1 Kilogr. Butter, 174 Gr. Hefe, 18 ganze Eier, 392 Gr. Zucker, 625 Gr. Mandeln, knapp $4/10$ Liter Milch mit der Hefe anrühren. (Alle Stollen werden, nachdem sie gar gebacken, tüchtig mit Zucker überstreut.)

857. Platenkuchen. Nachdem man 50 Gr. Hefe in $1/2$ Liter lauwarmer Milch in einer Kasserolle aufgelöst hat, verrührt man sie mit dem nöthigen Theil von 1 Kilogr. Mehl und läßt das Hefenstück am Ofen aufgehen. Inzwischen rührt man 370 Gr. Butter zu

Schaum, thut 5 Eidotter, 2 ganze Eier, 120 Gr. Zucker hinzu, etwas Salz und die abgeriebene Schale einer Citrone, verarbeitet alles mit dem Hefenstück zu einem leichten Teig, den man nach abermaligem Aufgehen auf ein Blech ³/₄ cm dick ausrollt und nach abermaligem Aufgehen mit einer Masse dick bestreicht, welche auf folgende Art bereitet wird. Ein eigroßes Stück Butter (gut 40 Gr.) dünn werden lassen, dann gut doppelt soviel Eiweiß, welches steif geschlagen ist, leicht darunter gehoben. Hiermit wird der Kuchen dick bestrichen und dann mit Zucker bestreut. Man kann den Kuchen auch mit großen Rosinen belegen, alsdann bestreichen und mit Zucker bestreuen. In goldgelber Farbe ³/₄ Stunde gebacken (bei mittelstarker Hitze.)

858. Hörnchen. Zu knapp 300 Gr. Mehl nimmt man 157 Gr. Butter, 64 Gr. Zucker, 32 Gr. Hefe, 1 ganzes Ei und 2 Eidotter, etwas Citronenschale und ¹/₈ Liter Milch. Die Butter zur Sahne gerührt, die Eier und Zucker nach und nach dazu, ebenfalls die Citronenschale und Mehl, sowie die in der lauwarmen Milch aufgelöste Hefe; zusammen so lange geschlagen, bis sich der Teig vom Löffel und Geschirr löst. Zugedeckt aufgehen lassen, ¹/₂ cm dick ausgerollt, 12 cm breite Streifen geschnitten, aus diesen Streifen Dreiecke, welche von dem breiten nach dem spitzen Ende aufgerollt werden. Nun auf ein Blech gelegt, halbrund gebogen ⌢, aufgehen lassen, mit Eigelb bestrichen und im heißen Ofen hellbraun gebacken.

859. Brioche. Auf 750 Gr. Mehl bröckelt man 45 Gr. trockene Hefe, rührt es mit einem Ei und knapp ¹/₂ Liter lauwarmer Milch an und läßt es gehen, verrührt unterdessen 250 Gr. warm gemachte Butter mit 125 Gr. Zucker und einem zweiten Ei, vermischt dies mit dem ersten Teig, der nun ziemlich weich sein und wieder gehen muß. Jetzt legt man ihn auf das Backbrett, rollt ihn aus, schlägt und rollt ihn, zweimal wie Blätterteig, läßt ihn, wenn er zum letzten Mal geschlagen ist, 2 Minuten ruhen, bestreut ihn mit Zucker, 125 Gr. Korinthen, 125 Gr. Rosinen, etwas geschnittener Succade, schneidet mit einem Messer Streifen aus dieser Platte, die man übereinander rollt, in eine mit Butter ausgestrichene Form neben einander setzt und aufgehen läßt. Jetzt streicht man geschlagenes Ei darüber und bestreut ihn mit Zucker. Man backt ihn dann in Mittelhitze gar.

860. Rollkuchen. Mit dem nötigen Teil von 500 Gr. Mehl 28 Gr. Hefe und knapp ¼ Liter Milch setzt man ein Hefenstück an. Nun rührt man 125 Gr. Butter weiß auf, giebt 4 Eidotter dazu nebst 70 Gr. Zucker, etwas Salz, das Hefenstück und den Rest von dem Mehl, stößt den Teig so lange, bis er Blasen wirft und läßt ihn aufgehen. Jetzt auf dem Backtisch länglich viereckig ½ Finger dick ausgerollt, mit klarer Butter bestrichen, mit Citronen und Zimmet- zucker, nebst gewöhnlichem Zucker, Korinthen, Sultanrosinen und Succade bestreut, doch so, daß der Teig 3 Finger breit unten frei bleibt, rollt den Teig von oben nach unten auf, schneidet von diesem Wulst circa 5 cm hohe Stücke ab, setzt diese mit etwas Abstand in eine glatte, mit Butter ausgestrichene und Semmel ausgestreute, aus- einander nehmbare Tortenform mit 6 cm hohem Rand, läßt den Kuchen aufgehen, bestreicht ihn mit Eigelb, backt ihn ¾ bis 1 Stunde lang in einem mittelheißen Ofen und glasiert ihn von oben mit Wasserzuckerglasur.

861. Kleine Hefenkolatschen. Von 484 Gr. Mehl, 80 Gr. Hefe und ½ Obertasse Milch (¹/₁₀ Liter) setzt man ein Hefenstück an, läßt es aufgehen und thut es zu dem noch gebliebenen Mehl; außerdem 1 ganzes Ei und 2 Eidotter, 64 Gr. Zucker, etwas Citronen- schale, 1 Prise Salz, 6 Gr. bittere Mandeln, gut 190 Gr. erweichte Butter, ¾ Obertasse Milch (reichlich ¹/₁₀ Liter) und stößt den Teig, daß er Blasen wirft, giebt 80 Gr. Sultanrosinen und 80 Gr. Korinthen dazu, setzt kleine Häufchen auf ein gebuttertes und mit Mehl bestäubtes Blech, läßt sie aufgehen, bestreicht sie mit Butter und ge- schlagenem Eiweiß und bestreut sie mit Zucker. Alsdann in schöner Farbe im Ofen gebacken.

862. Heißwecken. ½ Liter Milch, 40 Gr. Hefe, 125 Gr. Zucker, 125 Gr. Butter, 1 Eßlöffel Gänseschmalz, 4 ganze Eier, etwas Salz, 1 Kilogr. 250 Gr. Mehl, 250 Gr. Korinthen. Dies zu einem leichten Teig verarbeitet und nachdem er aufgegangen, ein großes längliches Brot oder kleine runde Häufchen auf ein mit Mehl bestreutes Blech gesetzt; aufgehen lassen, mit geklärter Buter bepinselt, mit Zucker bestreut und im Ofen in schöner gelbbrauner Farbe gebacken.

863. Hefenteigbretzel. Derselbe Teig wie zum Rollkuchen, auch werden die Rosinen, Succade und Korinthen ebenso zu einem langen Wulst zusammen und hineingerollt, an den Enden 12 cm lang etwas dünner gerollt, der ganze Wulst der Länge nach bis 6 cm breit von jedem Ende zweimal lang geschnitten, doch so, daß er an den Enden zusammenbleibt, von beiden Enden der Wulst nach der Mitte zu gedreht und zu einer Bretzel geformt, auf ein gebuttertes und mit Mehl bestäubtes Blech gelegt, recht schön aufgehen lassen, mit Eigelb bestreichen und in schöner Farbe im Ofen gebacken, dann warm mit einer Wasserglasur glasiert und mit kleinwürflich geschnittener Succade bestreut.

864. Halbmond von Hefenteig. Derselbe Teig wie der vorhergehende bis zum aufgerollten Wulst fertig gestellt, in Halb mondform auf ein Blech gelegt, schön aufgehen lassen, mit Eigelb bestrichen und in schöner Farbe gebacken. Dann warm mit Wasserglasur glasiert und mit rotgefärbten gehackten Mandeln bestreut.

865. Kleine Hefenteigschnecken. Derselbe Teig, wie der Vorhergehende bis zum gleichmäßig, dick aufgerollten Wulst fertig gestellt, 3 Finger breite Stücke davon abgeschnitten, in die hohe Kante auf ein Blech gestellt, quer über leicht eingeschnitten, aufgehen lassen. Dann mit Eigelb bestrichen, im Ofen gebacken und warm glasiert.

866. Streußelkuchen. Von dem Hefenkranzteig stößt man die Hälfte Masse ohne Rosinen und Korinthen an. Läßt dieselbe aufgehen, rollt sie alsdann auf einem mit Butter bestrichenen und mit Mehl bestäubten Blech 1½ cm dick aus, setzt einen Tortenrand herum und läßt den Teig um das Doppelte aufgehen. Jetzt nimmt man die Hälfte Streußelmasse (siehe Nr. 867), bestreicht den Kuchen dünn mit Butter, legt recht egal die gleichmäßig großen Streußel darauf und backt den Kuchen ¾ bis 1 Stunde in einem mittelheißen Ofen.

867. Hefenteig=Platenkuchen mit Streußel. 250 Gr. Butter mit 5 ganzen Eiern, nach und nach dazu, zu Schaum gerührt, 30 Gr. in ¼ Liter Milch aufgelöste Hefe dazu, 80 Gr. Zucker, etwas Zimmet= und Citronenzucker, 15 Stück geriebene bittere Mandeln und knapp 750 Gr. Mehl, tüchtig blasig gestoßen und aufgehen lassen. Jetzt ein Blech mit Butter eingerieben, mit Mehl bestäubt und der Teig darauf ⅔ cm dick länglich viereckig ausgerollt. Währenddessen hat man 500 Gr. aufgelöste Butter mit 200 Gr. Zucker und 625 Gr. Mehl glatt gerührt, auf einem Brett durchgewiegt, so daß es Glaskirschen große Stücke sind; jetzt der Platenkuchen mit Butter bestrichen, die Streußel gleichmäßig darauf verteilt, den Kuchen gut aufgehen lassen und alsdann in Mittelhitze im Ofen ¾ bis 1 Stunde gebacken.

868. Gewöhnlicher Hefenteig. (Eignet sich gut zu Leutefestkuchen und giebt 4 große Platenkuchen.) 1 Kilogr. 125 Gr. Butter aufgerührt mit 16 gelben und 6 ganzen Eiern, 600 Gr. Zucker dazu. Währenddessen hat man 375 Gr. Hefe mit ½ Liter Milch glatt gerührt und hierzu soviel von 4 Kilogr. 500 Gr. Mehl abgenommen, daß es ein leichter Teig wird, welchen man aufgehen läßt. Jetzt das übrige Mehl zu der Butter gethan, das Hefenstück dazu, die abgeriebene Schale von 3 Citronen, 2 Liter Milch, ½ Eßlöffel Salz, alles glatt und recht blasig gestoßen, dann 400 Gr. Rosinen und 400 Gr. Korinthen dazu und aufgehen lassen. In 4 Teile geteilt, auf Bleche ausgerollt und wieder aufgehen lassen. Nun läßt man 375 Gr. Butter dünn werden, schlägt das Weiße von den 16 Eiern zu festem Schnee, rührt diesen leicht unter die lauwarme Butter und bestreicht die vier Kuchen damit, bestreut sie mit Zucker und läßt sie ¾ Stunde in einem mittelheißen Ofen backen. Der Kuchen muß auf dem Blech höchstens 1 cm dick ausgerollt werden, damit er, wenn er gebacken, nicht höher als 1½ cm ist.

869. Kastenbrot. 2 Kilogr. Weizenmehl, 1 Liter warme Milch, etwas Salz, eine Prise Zucker und 50 Gr. Hefe.

Von 50 Gr. Hefe, ¼ Teil der Milch und dem nötigen Mehl ein Hefenstück angesetzt, wenn dies aufgegangen, zu dem übrigen Mehl gethan, sowie das Salz, Zucker und der Rest von der Milch, tüchtig glatt gestoßen, in Kasten (gut ¾ voll) gefüllt und ¾ Stunde gebacken. Hierzu 2 Kasten von Eisenblech, 24 cm lang, 12 cm breit und 10 cm hoch.

870. Ausbackteig. 250 Gr. Mehl mit 6 Eßlöffeln Provenceöl und soviel Weißwein, daß es ein ziemlich dickflüssiger Teig wird, abgerührt, von Salz abgeschmeckt und mit 4 geschlagenen Eiweiß leicht unterzogen. Diesen Teig kann man zu allen Beignets verwenden, auch Fisch und Fleischstücke darin ausbacken, natürlich streut man bei letzteren keinen Zucker darüber.

871. Gewöhnlicher Randteig. 250 Gr. Mehl, wozu man in die Mitte 3 Eidotter schlägt, rührt und knetet man mit knapp ¼ Liter kochendem Wasser zu einem Teig, wozu man, wenn er nicht steif genug ist, noch das nötige Mehl hineinknetet. Der Teig muß so fest und steif sein, daß er sich glatt kneten und behandeln läßt, auch nicht an den Händen und am Kneiseisen festklebt; ist dies der Fall, so ist nicht genug Mehl hinein geknetet.

872. Bunter Randteig. In 4 bis 5 Eidotter knetet man soviel Mehl hinein, daß der Teig sehr fest aber geschmeidig bleibt und schön glatt ist. Dann so lang, wie der innere Rand der Schüssel ist, messerrückendick ausgerollt, ein 2 bis 2½ cm breites Band egal von beiden Seiten geschnitten, rasch in der Mitte mit buntem Aus= stecher in beliebiger Form (Herz, Kreuz, Oval) ausgestochen, der obere Rand ausgezackt, unten Eigelb daran gewischt und auf den inneren Rand der Schüssel aufrecht stehend aufgesetzt und nachdem er zusammengesetzt, zugleich nach außen gebogen, damit er schräge steht, da er sich, wenn er trocknet, noch gerader zieht.

XVII. Abschnitt.

Frühstücksgerichte.

Abteilung A.

873. Grillierte Puterkeulen. Die Keulen von einem Puter-bratenrest werden in 3 Teile geteilt, eingekerbt, dann mit grob-gestoßenem Pfeffer ordentlich bestreut, mit Eiweiß und Semmel paniert und in reichlich Butter gebraten. Auf einer länglichen Schüssel angerichtet und Citronenviertel darum garniert. Dazu Chalottensauce und gewöhnliche Bratkartoffeln.

874. Hammelragout. In einer kleinen Kasserolle läßt man Butter braun werden, giebt etwas Glace und gute Bratenjus dazu und läßt es gut durchkochen. Dann wird das Fleisch von dem Rest einer gebratenen Hammelkeule in kleine Scheiben geschnitten und die Jus darüber gegossen. Von Salz abgeschmeckt und mit Citronensaft geschärft. (Pureekartoffeln, sonst Pellkartoffeln und Salzgurke extra dazu gegeben.)

875. Hammelragout mit Zwiebelsauce mit Kümmel. Aus einem Hammelkeulenrest schneidet man, indem man Fett und Sehnen möglichst fortläßt, $\frac{1}{4}$ cm dicke viereckige Scheiben in der Größe eines Markstückes, versetzt diese mit einer kräftigen Zwiebel-sauce mit Kümmel und giebt trockene Kartoffeln extra dazu.

876. Hammelragout à la Moscovite. Gewöhnliche Brat-kartoffeln werden fertig gestellt wie im Abschnitt 5 angegeben, als-dann $\frac{2}{3}$ soviel in feine Scheibchen geschnittener Hammelkeulenrest, ohne Fett und Sehnen dazu gethan, noch einen Augenblick mit durch-braten lassen und jetzt soviel Sauce Moscovite darüber gethan, daß es gut bedeckt ist, alsdann zusammen unter öfterem Umrühren soweit einkochen laſſen, bis es nicht mehr zu ſehr auseinander treiben kann, ſondern ein gebundenes Ragout iſt. Von Salz abgeſchmeckt.

877. Gehackte Hammelkotelettes mit ſauren Kartoffeln. Von ein oder zwei Hammelblättern werden Knochen, Fett, Sehnen und Haut entfernt und zwei- bis dreimal durch die Maſchine gethan. Alsdann mit einem eigroßen Stück Butter (40 Gr.) und 1/8 Liter Sahne aufgehackt. Kotelettes in gut 1/4 cm Dicke dreſſiert, geſalzen und gepfeffert, in Ei und Semmel paniert und nicht zu raſch von beiden Seiten in ſchöner Farbe gebraten. Auf einer runden Schüſſel angerichtet, mit Jus maskiert und ſaure Kartoffeln extra dazu gereicht. Auch kommen ſie als:

878. Geh. Hammelkotelettes mit Äpfeln und Kartoffeln.

879. Geh. Hammelkotelettes mit Kartoffelpuree.

880. Geh. Hammelkotelettes mit Kohlrabi und Kartoffeln.

881. Ragout vom Kalb. 32 Gr. Butter werden hellbraun geſchwitzt und dann mit einem Holzlöffel Mehl (35 Gr.) paſſiert. Jetzt läßt man es einmal mit 1/8 Liter heißer, nicht zu dicker, ſüßer Sahne aufkochen. Giebt etwas braune Jus und klare Bouillon hinzu, läßt es noch einmal aufkochen, und wenn es dick genug iſt, über das in Scheiben geſchnittene Fleiſch gethan, von Salz abgeſchmeckt und in einem Reisrand angerichtet. (Reisrand ſiehe Abſchnitt 7 Nr. 366.)

882. Frikadellen. Fein gewiegter Kalbs- oder Wildbraten wird mit 4 feingewiegten Sardellen, 2 ganzen Eiern, 1 Eidotter, etwas fertiger Bratenjus und geriebener Semmel (1/3 ſoviel wie Fleiſch) im Reibſtein durchgerieben, von Salz und Pfeffer abgeſchmeckt. Mit durcheinander gemiſchtem Mehl und Semmel in längliche Frikadellen geformt, welche man oben bunt macht und mit dem Mehl und Semmel beſtreut. Dann werden ſie in brauner Butter gebraten. Auf einer runden Schüſſel im Kranze angerichtet und mit Jus maskiert. Mohrrüben und Kartoffeln dazu gereicht.

883. Klopſe. 1 Kilogr. 500 Gr. Rind- oder Kalbfleiſch vom Blatt wird von den Sehnen geſchabt und durchgedreht, mit 1/3 ſoviel Speck oder Butter, 1/3 ſoviel eingeweichter und ausgedrückter Semmel,

2 ganzen Eiern, 2 Eidottern, etwas süßer Sahne, Salz, Pfeffer und anderem Gewürz, nebst in Butter gedünsteten gehackten Zwiebeln zu einem Teig verarbeitet, zu ganz flachen runden Klößen in 4¹/₂ bis 5 cm Größe dressiert und nachdem sie leicht angebraten sind, in einer Sardellensauce mit Kapern 5 Minuten ziehen lassen und trockene Kartoffeln dazu gegeben; oder in Butter gar gebraten und mit Jus maskiert. Äpfel und Kartoffeln oder Mohrrüben und Kartoffeln dazu gegeben.

884. Kalbskotelettes aux truffes.

Kalbskotelettes werden zugerichtet, gesalzen und gepfeffert, in Ei und von der einen Seite mit gehackten Trüffeln, auf der anderen Seite mit gehackter Rinder-zunge paniert und im Ofen gar gemacht. Eine Trüffelsauce extra dazu gereicht.

885. Geschwitzter Kalbsbraten mit Sahnenjus und Pell-kartoffeln.

Von dem nachgebliebenen Rest einer Kalbskeule oder eines Fricandeau schneidet man egal große, länglich runde Stücke in der Dicke von gut ¹/₄ cm. Diese leicht gesalzen und gepfeffert, in klarer Butter von beiden Seiten je 1 Minute sautiert, alsdann zu-gedeckt 5 Minuten zurückgestellt. Währenddessen hat man ¹/₄ Liter saure Sahne bis auf ¹/₃ eingekocht, giebt ²/₃ soviel fertige Bratenjus dazu, sowie etwas Glace und läßt dies noch ¹/₄ Stunde kochen; dann durch ein feines Sieb gestrichen und von Salz abgeschmeckt. Jetzt richtet man den Kalbsbraten auf einer runden Schüssel im Kranze an und maskiert ihn mit der Jus; der Rest derselben, sowie eine Schüssel mit Pellkartoffeln, 6 bis 8 Stück à Person, in einer Serviette an-gerichtet extra dazu gereicht.

886. Geschwitzter Kalbsbraten mit Kartoffelpuree.

Der Kalbsbraten zubereitet wie im Vorhergehenden angegeben; mit einer recht sehmigen Kalbfleischjus maskiert und Kartoffelpuree extra dazu gereicht.

887. Wiener Schnitzel garniert mit Puree.

Der Kalbs-braten geschnitten und dressiert wie in Nr. 885 angegeben, aber in der Dicke eines halben Centimeters, gesalzen und gepfeffert, in Ei und Semmel paniert und in hellbrauner Butter von beiden Seiten in goldgelber Farbe gebraten. Auf einer runden Schüssel angerichtet

und mit kräftiger Kalbsbratenjus maskiert. Abwechselnd ein Kranz
von in Viertel geschnittenen und nochmal quer halbierten Citronen
sowie in ebenso große Stücke geschnittener Salzgurke darum garniert
und obenauf ein Kranz von aufgerollten halben Sardellen gelegt.
Man giebt diese Schnitzel auch, indem man länglich runde Steaks
von gut ¼ cm Dicke aus einer rohen Kalbskeule schneidet und
dressiert, und dieselben dann ebenso weiter behandelt wie die vorhergehenden. Kartoffelpuree extra dazu gereicht.

**888. Gehackte Kalbskotelettes mit Mohrrüben und
Kartoffeln.** Ein Kalbsblatt wird, wie in Nr. 877 angegeben, ausgeschnitten und durchgedreht. Alsdann etwas größere Kotelettes, wie
die Hammelkotelettes, jedoch ebenso dick wie dieselben, davon dressiert;
diese gesalzen, gepfeffert, paniert und in schöner Farbe von beiden
Seiten gebraten, angerichtet und mit Jus maskiert. Mohrrüben und
Kartoffeln extra dazu gereicht.

889. Kalbskotelettes fines herbes mit Bratkartoffeln.
Von einem schönen Kalbsrücken häutet man soviel obere Haut ab, als
man die nötige Anzahl Koteletten davon zu erhalten glaubt, löst das
Fleisch vom Rückgrat bis einen guten Finger breit davon los und
schlägt, indem man den Rücken aufrecht stellt, soweit am Rückgrat
herunter wie abgehäutet ist. Jetzt die Kotelettes etwas schräge circa
½ cm dick davon abgeschnitten, in kaltes Wasser getaucht, bis gut
¼ cm dick breit geklopft, egal geschnitten und dressiert; wenn Knochen
daran, dieselben abgeputzt. Jetzt die Kotelettes gesalzen und gepfeffert
und auf hellem Feuer schnell von beiden Seiten recht saftig gebraten
und im Kranze auf einer runden Schüssel angerichtet. Währenddessen
hat man zu einer kräftigen Bratenjus oder braunen Sauce etwas
feingewiegten Schnittlauch und Estragon, sowie eine Hand voll in
Scheiben geschnittene, einpassierte Champignons, ebenfalls, wenn man
vorrätig hat, ebensoviel Trüffeln gethan, läßt den Fond von letzteren
beiden kurz kochen, giebt ihn zu der Sauce, so daß sie recht eben ist, von
Salz abgeschmeckt, die Kotelettes damit maskiert und der Rest extra
beigegeben, sowie gewöhnliche in Scheiben geschnittene Bratkartoffeln dazu.

890. Kalbskotelettes oder Steaks mit Trüffelnsauce.

891. Kalbskotelettes mit Champignonsauce.

892. Kalbskotelettes mit Morchelnsauce.

893. Kalbssteaks fines herbes mit Bratkartoffeln. Werden ebenso bereitet wie die vorhergehenden, nur daß Steaks aus der Keule dressiert werden.

894. Hühnerbrüstchen als Kotelettes. Die Hühnerbrüste werden ausgelöst, so daß der Flügelknochen bis zum zweiten Gelenk mit daran bleibt, von den Sehnen befreit und ganz dünn ausgeklopft. Jetzt legt man in die Mitte ein Häufchen Farce de Volaille, darin ein kleines Stückchen Butter gedrückt und schlägt das Brustfleisch von allen Seiten darüber. In Ei und Semmel paniert und wie Koteletten gebraten, mit kräftiger Jus maskiert. (Die Farce wie hier angegeben. Das Fleisch von einem Huhn mit einem eigroßen Stück Butter (40 Gr.) im Reibstein fein gerieben, durchgestrichen und auf Eis fest werden lassen; alsdann bis zum zarten Halten mit Schlagsahne aufgerührt und von Salz und Pfeffer abgeschmeckt.)

895. Schinken à la Tomates. Klopfschinken wird in der Größe von Steaks zugerichtet und in Milch und Wasser eingewässert. Dann in klarer Butter weiß gemacht und nachdem jede Scheibe für sich auf einer runden Schüssel angerichtet, mit einer sehmigen, kräftigen Tomatensauce überfüllt, und auf jede Scheibe ein Spiegelei gelegt, welche in mit Butter ausgestrichenen Tortelettesformen angefertigt sind, und der Rest der Sauce extra dazu gereicht.

896. Aufgebratenes Gänsesauer. Die Keulen und Flügelstücke von Gänsesauer werden in eine Pfanne gelegt, und nachdem erstere in 3 Teile geteilt sind, das Gelee im Ofen dünn werden lassen. Dann das Fleisch in eine andere Pfanne, worin Butter braun gemacht, etwas Zucker hinein gestreut und auch braun geworden ist, gethan, und dem Fleisch von beiden Seiten Farbe gegeben. Das dünn gewordene Gelee oder Gallert von dem Gänsesauer wird zur Jus genommen und damit eingekocht bis zur gehörigen Dicke. Wenn keine Entenjus vorhanden, gießt man in die Pfanne (worin das Fleisch gebraten) etwas Jus oder Bouillon, sowie 2 Eßlöffel von dem Gallert und läßt es zu einer recht sehmigen Sauce einkochen, welche, nachdem sie von Salz und Zucker abgeschmeckt, über das angerichtete Fleisch gefüllt und der Rest extra dazu gegeben wird. (Trockene Kartoffeln dazu.)

897. Bratwurst in Bier. Auf 2 Bratwürste kommen 2 kleine Flaschen Schwach= oder Braunbier, sowie knapp ⅓ Flasche bairisches Bier, 4 Zwiebeln, in deren jede eine Nelke gesteckt ist, sowie ein Lorbeerblatt und einige Pfefferkörner; die Würste 10 Minuten hierin kochen lassen. Jetzt die Wurst herausgenommen, das Bier rein entfettet, durch ein Sieb in eine Kasserolle gestrichen, die Zwiebeln wieder dazu, sowie ½ Flasche Rotwein, etwas Essig, etwas fertige Bratenjus, 1 gehäufter Eßlöffel Zucker, etwas Salz, 15 Stück geriebene Pfeffernüsse und 6 schwarze Pfefferkörner. Dies zu einer sehmigen Sauce eingekocht, auf die Bratwurst durchgestrichen und diese mit der Sauce durchziehen lassen und heiß gemacht. Mit gestobten Kartoffeln und Sauce extra zu Tisch gegeben. Die Wurst etwas mit Sauce maskiert, nachdem sie in Stücke geteilt und angerichtet ist.

898. Eier à l'Americaine. Gekochter Schinken wird kalt in Würfel geschnitten und zwischen ein gut bereitetes weißes Bohnenpuree gehoben. Dieses nun auf einer tiefen Schüssel erhaben angerichtet. Verlorene Eier auf je einer gerösteten Brotscheibe (rund) im Kranze darum angerichtet, mit einer guten kräftigen Tomatensauce maskiert und der Rest extra beigegeben.

899. Rührei mit Bücklingen. Das Rührei wie im Abschnitt 2 angegeben bereitet. Der Kopf von den Bücklingen schräge fortgeschnitten, die Haut abgezogen, der Schwanz abgestutzt, auf einer runden Schüssel angerichtet, mit Petersilie garniert. Oder die Bücklinge aus den Gräten gebrochen, in nicht zu kleine Stücke gepflückt und wenn das Rührei halb fertig, dazu gethan und vorsichtig damit verrührt. Alsdann auf einer runden Schüssel recht erhaben angerichtet.

900. Eier mit Senfsauce. Siehe Abschnitt 2.

901. Taubenfrikassee mit Reis und holländischer Sauce. Taubenfrikassee siehe Abschnitt 7 Nr. 366. Der Reis gekocht und auf einer Schüssel extra angerichtet wie im Abschnitt 4 Nr. 267 angegeben ist. Um das Frikassee, welches ebenfalls auf einer runden tiefen Schüssel angerichtet wird, Croutons, in Dreiecke geschnitten und in Butter goldgelb gebraten, herumgelegt.

902. Taubenkotelettes mit Mohrrüben und Kartoffeln. Von recht schönen, fetten, jungen Tauben wird die Brusthaut abgestreift und die Brust vorsichtig, daß der Flügelknochen bis zum ersten Gelenk daran bleibt, abgelöst. Jetzt jede halbe Brust mit dem Kotelettesmesser breit geklopft und egal dressiert, die Knöchelchen abgeputzt, die Brüstchen gesalzen und gepfeffert und in der Pfanne in klarer Butter sautiert, oder in Ei und Semmel umgekehrt und in hellbrauner Butter gebraten. Währenddessen sind die Knochen feingestoßen, ausgekocht und mit brauner Sauce oder Bratenjus kurz eingekocht und verdickt. Jetzt die Kotelettes auf einer runden Schüssel im Kranze angerichtet, mit der Sauce maskiert und Mohrrüben und Kartoffeln extra dazu gegeben.

903. Junge Tauben geschmort mit Pureekartoffeln. Den Tauben auf der Maschine in brauner Butter zuerst auf einer Brustseite Farbe gegeben, alsdann mit der anderen Brustseite ebenso verfahren und nachdem die Tauben auf den Rücken gelegt, mit Salz überstäubt, in den Ofen gestellt, so daß sie im ganzen eine gute Stunde schmoren. Nun endressiert, die Tauben halb durchgeteilt, das Rückgrat weggeschnitten und die Tauben auf einer langen Schüssel angerichtet; die Jus entfettet, das Rückgrat dazu, sowie die nötige fertige Bratenjus und nachdem es einige Augenblicke geschmort und dick genug ist, durch ein feines Sieb gestrichen. Die Tauben mit einem Teil der Sauce maskiert, der Rest in einer Saucière extra, sowie Pureekartoffeln dazu gegeben. Auch giebt man sie mit recht sehmiger Sauce und jungen Pellkartoffeln, extra in der Serviette angerichtet, dazu.

904. Junge Hähne mit Sahnenjus und Pellkartoffeln. Die Hähne gebraten wie im Abschnitt 8 angegeben, alsdann endressiert, der Länge nach halb durchgeteilt; falls sie schon größer sind, die Keulen losgelöst und wieder angelegt, und nachdem das Rückgrat ausgeschnitten, die Hähne auf einer langen Schüssel angerichtet. Die Jus entfettet, das Rückgrat dazu, sowie die nötige Sahnenjus, (siehe Geschw. Kalbsbraten) und nachdem es durch und dick genug geschmort, durch ein feines Sieb gestrichen, von Salz abgeschmeckt, die Hähne mit einem Teil der Sauce maskiert und der Rest extra beigegeben, sowie Pellkartoffeln dazu gereicht. Sind letztere jung, so thut man beim Kochen nebst dem nötigen Salz ein zusammengeschnürtes Bündelchen Peter-

filie, sowie etwas trockenen Kümmel dazu, um dieselben leichter ver-
daulich zu machen.

905. Farcierte Gurken mit Pureekartoffeln. Die Gurken
werden geschält, ausgehöhlt, eingesalzen und nach einer Stunde abgetrocknet. Alsdann mit der Fleischfarce, welche zum Puter genommen
wird, aber ohne Champignons, gefüllt. Währenddessen hat man eine
einfache, kräftige, braune Sauce gekocht, mit etwas Essig und Zucker
süßsäuerlich, aber beides nicht zu sehr vorschmeckend. Die Gurken nun
in ein Geschirr gelegt, die Sauce darüber gethan, so daß sie eben bedeckt
sind und 1—1½ Stunde damit geschmort. Jetzt die Gurken herausgenommen, in schöne Scheiben tranchiert, ein Teil der Sauce recht
sämig und dunkelglänzend darüber, der Rest extra beigegeben und
Kartoffelpuree dazu gereicht. Wer es nicht liebt, läßt den Essig und
Zucker fort und schärft die Sauce nur mit etwas Citronensaft.

**906. Wild= oder Rotwildsteaks mit Bratkartoffeln und
Tomatensauce.** Aus einer rohen Dam= oder Rotwildkeule dressiert
man Steaks, wie in Nr. 887 zuletzt angegeben, salzt und pfeffert
dieselben und brät sie auf hellem Feuer schnell und saftig. Auf einer
runden, tiefen Schüssel im Kranze halb übereinander liegend angerichtet, in die Mitte eine dicke Bechamellesauce gefüllt, die Steaks
mit etwas Tomatensauce maskiert und der Rest extra beigegeben,
sowie in Scheiben geschnittene gewöhnliche Bratkartoffeln dazu.

**907. Gehackte Wildsteaks mit Bratkartoffeln oder Kartoffel=
puree.** Aus einem starken Dam= oder Rotwildblatt löst man die
Knochen, Haut und Sehnen aus, giebt es zwei= bis dreimal durch
die Fleischschneidemaschine, hackt es mit ⅓ soviel frischer Butter und
¼ Liter dicker Schlagsahne auf und dressiert Beefsteaks davon in
½ cm Dicke und 8 cm Größe, salzt und pfeffert dieselben und brät
sie auf schnellem Feuer von der oberen, sowie etwas langsamer von
der unteren Seite recht saftig. Auf einer runden Schüssel im Kranze
angerichtet, der Fond entfettet, mit fertiger Bratenjus durchgekocht,
von Salz abgeschmeckt und die Wildsteaks damit maskiert. Gewöhnliche
Bratkartoffeln oder Puree von Kartoffeln dazu gereicht. Auf diese
Art giebt man sie auch als:

**908. Gehackte Wildsteaks mit Kohlrabi und Butter=
kartoffeln.**

15*

909. Gehackte Wildsteaks mit jungen Erbsen und runden Bratkartoffeln. Die Erbsen extra, die Kartoffeln in die Mitte der Steaks und im Kranze herum angerichtet.

910. Gehackte Wildsteaks mit Blumenkohl und runden Bratkartoffeln.

911. Gehackte Wildsteaks mit Karotten und Butterkartoffeln.

912. Gehackte Wildsteaks mit Mohrrüben und Kartoffeln.

913. Gehackte Wildsteaks mit Äpfeln und Kartoffeln.

914. Gehackte Wildsteaks mit Kohlrabi und Kartoffeln.

915. Gehackte Wildsteaks mit Kerbelrüben.

916. Gehackte Wildsteaks mit Teltower Rübchen und trockenen Kartoffeln.

917. Fisch-Pudding. Von gar gemachten Fisch-, Geflügel- oder Kalbfleischresten wiegt man sich 250 Gr. ab, ebenfalls 250 Gr. in Milch eingeweichter und wieder ausgedrückter Semmel nebst ⅓ Tassenkopf Schlagsahne (knapp ¹⁄₁₀ Liter) dazu; auch passiert man eine gehackte Zwiebel und ½ Eßlöffel gehackter Petersilie, und giebt dies alles in einen Reibstein, stößt und reibt es tüchtig durcheinander und schmeckt es pikant von Salz und Pfeffer ab. Währenddessen hat man 96 Gr. Butter mit 4 Eigelb ½ Stunde gerührt, schlägt die 4 Eiweiß zu festem Schnee und hebt ⅓ davon vorsichtig unter die Butter, giebt das Ganze aus dem Reibstein dazu, rührt die Masse vorsichtig glatt, giebt den Rest des Eiweißes dazu und schmeckt es nochmals nach. Jetzt in eine Puddingform, welche mit Butter weiß ausgestrichen und mit feiner Semmel ausgestreut ist, ¾ voll gefüllt, der Deckel darauf gesetzt und au-bain-marie auf der Maschine und mit einem Deckel zugedeckt, eine gute Stunde kochen lassen. Beim Anrichten gestürzt und entweder mit einer Champignons-, Kapern-, Senf- oder Krebssauce maskiert und der Rest extra bei- gegeben, sowie trockene Kartoffeln dazu gereicht. (Ist kein Reibstein vorhanden, so thut man alles auf ein Brett und wiegt es tüchtig durcheinander, giebt die gehackten Zwiebeln und Petersilie aber dann erst nach dieser Arbeit dazu.) Wird der Pudding von Fleischresten bereitet, so reicht man eine braune fines herbes-, Champignons- oder Trüffelsauce dazu. Man kann, wenn letztere gewählt wird, auch einen Kranz von Trüffelscheiben, halb aufeinander liegend unten in die Form hineinlegen, ehe man die Masse hineinfüllt.

918. Filet von Zander mit Petersiliensauce legiert.

919. Gestobter Zander mit Petersiliensauce und gestobten Kartoffeln.

920. Gestobter Hecht mit Petersiliensauce und gestobten Kartoffeln.

921. Fisch mit Sauerkraut in der Form.

922. Fisch mit Bechamelle au gratin.

Siehe diese 5 letzten Rezepte im Abschnitt 3.

923. Grüne Heringe gebraten mit Kartoffelpuree. Die Heringe geschuppt, ausgenommen, gewaschen, der Kopf schräge halb fortgestutzt, 1 Stunde gesalzen zurückgestellt. Jetzt abgetrocknet, auf beiden Seiten mit Mehl bestäubt, in Ei und Semmel paniert und in schöner Farbe gebraten, auf einer langen Schüssel angerichtet, braune Butter sowie Puree von Kartoffeln extra dazu gereicht.

924. Grüne Heringe sauer mit Bratkartoffeln. Nachdem die Heringe auf die vorhergehende Weise gebraten sind, rangiert man sie in einen Steintopf, kocht den nötigen Essig und Wasser mit einigen Chalotten, Lorbeerblatt, schwarzem und weißem Pfeffer sowie etwas Zucker auf, wenn es abgekühlt, über die Heringe gegossen, alsdann der Topf zugebunden, und nachdem sie 4 bis 6 Tage so gestanden, in Gebrauch genommen. Gewöhnliche Bratkartoffeln dazu gegeben.

925. Grüne Heringe, sauer, gekocht. Nachdem die Heringe sauber geschuppt sind, wird der Kopf abgeschnitten, die Heringe ausgenommen und das Rückgrat vorsichtig ausgelöst, doch müssen beide Hälften des Fisches am Schwanze zusammen bleiben. Jetzt sauber gewaschen, etwas Salz zwischen jeden Hering gestreut und derselbe in seiner früheren Gestalt in ein flaches Geschirr gelegt. Währenddessen hat man einen Fond gekocht von dem nötigen Essig, Wasser, Salz, in Scheiben geschnittenen Zwiebeln, schwarzen Pfefferkörnern,

Senfkörnern, Lorbeerblatt und nachdem er süßsauer abgeschmeckt,
über die Heringe gethan, welche man einmal damit aufkochen läßt.
Alsdann der Fond nochmals nachgeschmeckt und über die vorsichtig in
eine Porzellanschüssel gelegten Heringe gethan und erkalten lassen.
(Man reicht gewöhnliche Bratkartoffeln dazu.)

926. Matjesheringe mit Pellkartoffeln. Recht schöne
Heringe werden in ⅔ Milch, ⅓ Wasser und einem tüchtigen Stück
Eis 3 bis 4 Stunden gewässert, alsdann abgewaschen, die Haut an
jeder Seite in der Mitte einen Finger breit abgezogen, der Kopf schräge
halb fortgeschnitten und der Hering in dieser Richtung in 4 bis 5 Stücke,
wenn er groß ist, geschnitten. Alsdann von echtem Wein einige
Blätter sauber gewaschen, auf eine lange Schüssel als Manschette
unter gelegt und der Hering darauf angerichtet und tüchtig Eisstücke
dabei gelegt. Außerdem junge Pellkartoffeln sowie Salzgurken oder
statt dessen Gurkensalat dazu gereicht nebst frischer Stichenbutter.

927. Wildentensauer mit Bratkartoffeln. Hierzu müssen
die Wildenten möglichst frisch verwandt werden. Man macht dieselben wie zum Braten fertig, thut sie in ein Geschirr, giebt Wasser,
Essig, Lorbeerblatt, Gewürz, Wurzelwerk und Salz dazu und läßt die
Enten darin weich ziehen. Jetzt dieselben herausgenommen und nachdem sie erkaltet und tranchiert sind, ohne Gerippe in einen Topf einrangiert. Währenddessen hat man zu der Brühe die nötige Gelatine
zugesetzt, stellt eine Probe in Eis und überzeugt sich, daß der Aspic
nur leicht gallert, schlägt 6 bis 8 frische Eiweiß, woran man eine
Prise Salz und etwas kaltes Wasser gethan hat, nach und nach dazu
und läßt es unter fortwährendem Schlagen oder Rühren aufkochen;
jetzt zugedeckt zurückgestellt. Nach einer halben Stunde eine Serviette
ohne Seifengeruch auf 4 sichere Stuhlbeine gebunden, der Aspic vorsichtig darauf gegossen, und das untergesetzte Geschirr so oft gewechselt
und der Aspic oben wieder zugegossen, bis er ganz klar durchläuft.
Ist nun alles auf diese Weise durchfiltriert, so giebt man es über
die Enten in den Topf und läßt es, indem man den Topf in Eis
packt oder in den Keller stellt, gelieren. Jetzt die Stücke mit dem
Gelee auf einer runden Schüssel recht hübsch mit Petersiliensträußchen herum angerichtet. Gewöhnliche Bratkartoffeln dazu gereicht.
Sollten die Enten sehr zerschossen und blutig sein, so läßt man dieselben erst einige Stunden auswässern.

928. Gänſeſauer mit Bratkartoffeln. Auf dieſelbe Weiſe zubereitet.

929. Hachis von Geflügel= oder Fleiſchreſten. Von beliebigen zahmen Geflügelreſten oder jeglichem anderen Fleiſch ſucht man das Fett ſowie die Sehnen und Knochen heraus und wiegt das Fleiſch recht gleichmäßig fein (ungefähr wie großer Reis). Währenddeſſen kocht man eine ſehr kräftige braune Sauce mit einigen Pfefferkörnern und Lorbeerblatt, giebt ein Stück friſche Butter, ſowie ein Stück Glace dazu, und verſetzt es mit dem Hachis, daß es, nachdem es heiß gerührt, richtig gebunden iſt, aber nicht treiben darf. Wenn nötig, von einer Priſe Salz und Pfeffer nachgeſchmeckt. Auf einer runden Schüſſel angerichtet, oben bunt gemacht und junge Pellkartoffeln extra dazu gereicht oder das Hachis in einem Reisrand angerichtet.

930. Nioquis Suisse. Siehe Abſchnitt 2.

931. Spickgans mit Heringskartoffeln. Die Spickgans vom Knochen gelöſt, tranchiert und auf einer langen Schüſſel angerichtet. Die Kartoffeln extra dazu gereicht.

932. Spickgans mit Pureekartoffeln.

933. Schinkenkartoffeln in der Form. Siehe Abſchnitt 5.

934. Puthenne oder Kapaun mit holländiſcher Sauce und Reis. Eine Puthenne fertig gemacht wie zum Braten, in einem Geſchirr mit Wurzelwerk, Gewürz, Lorbeerblatt, Salz und ſoviel Waſſer, daß das Geflügel gut bedeckt iſt, aufgeſetzt und darin weich gekocht. Jetzt in ein anderes Geſchirr gethan, etwas von der Bouillon darunter gefüllt und, gut zugedeckt, warm geſtellt. Die andere Bouillon um ⅓ eingekocht, zu einer holländiſchen Sauce verbraucht, welche mit 4 gelben Eiern ablegiert wird. Von dem Geflügel die Brüſte abgelöſt, die Haut entfernt, tranchiert, auf einer runden Schüſſel im Kranze herum und in der Mitte angerichtet, mit Sauce maskiert und der Reſt extra beigegeben, ſowie eine Schüſſel mit Reis (ſiehe Abſchnitt 4 Nr. 267) extra dazu gereicht.

935. Puthenne oder Kapaun mit Meerrettigsauce und Croutons. Das Geflügel gekocht, wie das vorhergehende, ebenfalls tranchiert und angerichtet. Mit Meerrettigsauce (siehe Abschnitt 9 Nr. 454) maskiert und der Rest extra beigegeben, sowie Croutons in Dreiecke von Semmel, welche in Butter gebraten sind, im Kranze um die Fleischschüssel angerichtet.

936. Omelette fines herbes mit Krabben à la Bechamelle. Von 6 ganzen Eiern, 2 Eßlöffeln Schlagsahne, etwas Schnittlauch und Estragon, dem nötigen Salz und einer Prise Pfeffer rührt man ein Omelette zusammen, läßt eine schwarze eiserne Pfanne trocken heiß werden, giebt 64 Gr. Butter hinein und, wenn diese hellbraun, die Omelette hineingeschüttet, untereinander gerührt und von unten schöne Farbe gegeben; alsdann auf einen Bogen Papier gleiten lassen mit der unteren Seite nach unten. Währenddessen hat man frische oder eingemachte Krabben (erstere von der Haut befreit) mit einer dicken Bechamellesauce versetzt, nachgeschmeckt und auf die Omelette gut zur Hälfte dick aufgestrichen, mittelst des Papiers die andere Hälfte übergeklappt und aufgerollt, so daß es eine dicke längliche Rolle wird. Nun auf einer langen Schüssel so angerichtet, daß die gute Seite nach oben kommt, einen Moment heiß gestellt und mit kräftiger Bratenjus, welche mit etwas braun gemachter frischer Butter und etwas Glace versetzt ist, schön maskiert. Man giebt diese Krabben auch viel mit Krebssauce oder Bechamellesauce versetzt in kleinen Porzellankästchen nach der Suppe oder in kleine Coquillen gefüllt, mit Parmesankäse überstreut, zerlassene Butter darüber geträufelt und im Ofen in schöner Farbe gebacken. Die eingemachten Krabben müssen vier- bis fünfmal in heißem Wasser gewaschen und dann noch 3 bis 6 Stunden in kaltem Wasser gewässert werden.

937. Gebackene Leber mit Pureekartoffeln. Von einer Kalbs- Schweine- oder Wildleber wird die feine Haut abgezogen, die Leber in ³/₄ cm dicke Scheiben geteilt, welche möglichst egal sind, gesalzen und gepfeffert. Nachdem sie ¹/₄ Stunde so gestanden, zwischen einem Tuch abgetrocknet, von beiden Seiten mit Mehl bestäubt, angeklopft, in Ei und Semmel paniert und von beiden Seiten in schöner Farbe langsam gebraten. Währenddessen hat man eine kräftige Bratenjus mit Lorbeerblatt und etwas Gewürz nebst etwas

Glace durchgekocht, von Salz abgeschmeckt, die Butter von der Leber abgegossen, die Jus durch ein Sieb darüber und noch 10 Minuten zusammen durchschmoren lassen. Jetzt die Leber auf einer runden Schüssel im Kranze angerichtet, die Jus darüber und Pureekartoffeln extra dazu gereicht.

938. Hammelkartoffeln à la Prinz Friedrich Carl. (Als Jagdfrühstück auch im Freien zu geben.) Nachdem die Hammelkeulen (auf 40 Personen 4 Stück gerechnet) abgehäutet, das Fleisch ausgelöst und in Würfel geschnitten ist, wird dasselbe in einen Kessel gethan und soviel Bouillon darauf gegossen, daß es gut bedeckt ist, und hierin langsam weich gekocht. Dann 500 Gr. Butter, 12 Stück fein gewiegte Zwiebeln, 1 Faß geschälte, in Scheiben geschnittene und in Wasser abblanchierte Kartoffeln, 500 Gr. gewässerte und fein gewiegte Sardellen, sowie etwas fein gewiegter Schnittlauch und Petersilie dazu. Das Ganze mit etwas Mehl angesehmt, nochmals tüchtig durchkochen lassen und, wenn alles weich, von Salz und Pfeffer abgeschmeckt. Hat man keine Bouillon, so kocht man die Knochen und Abfälle von den Hammelkeulen am Tage vorher tüchtig aus.

939. Fisch in Coquillen oder auf der Schüssel. Hat man Fischreste stehen, verwendet man diese. Sonst kocht man einen Zander oder Hecht, nachdem man ihn ausgenommen und in Stücke geschnitten hat, weich, bricht ihn, wenn er kalt, aus Haut und Gräten und versetzt ihn mit nachfolgender Sauce. Zwiebeln in Butter passiert, 1 Holzlöffel Mehl (35 Gr.) darin passiert, mit Bouillon oder der Fischbouillon abgerührt, sowie ein Schuß Weißwein und etwas Glace daran, von Salz abgeschmeckt und vorsichtig, daß die Fischstücke ganz bleiben, damit versetzt. In Coquillen oder auf die Schüssel gefüllt, mit Parmesankäse bestreut, mit Butter bepflückt und im Ofen übergebacken. Wenn der Fisch auf der Schüssel angerichtet wird, garniert man ihn mit Croutons in Dreiecken und reicht trockene Kartoffeln extra dazu. Auf diese Weise kann man den Fisch auch mit einer holländischen Sauce mit Kapern darin versetzen und wie den Vorstehenden vollenden.

940. Rindfleisch grilliert mit Äpfeln und Kartoffeln oder Linsen. Von einem abgekochten Rinder-Schwanzstück oder Rindfleisch schneidet man ³/₄ cm dicke Scheiben in der Größe eines gehackten Wildsteaks, salzt und pfeffert diese und kehrt sie in Ei und Semmel um. Jetzt, nachdem sie nachdressiert, in reichlich brauner Butter von beiden Seiten gebraten und zugedeckt warm gestellt. Auf einer runden Schüssel im Kranze angerichtet, mit Jus maskiert und entweder Äpfel und Kartoffeln oder Linsengemüse extra dazu gereicht.

941. Murks von Rindfleisch. Zu reichlich in Butter gebratenen gewöhnlichen Bratkartoffeln (siehe Abschnitt 5) giebt man, wenn dieselben Farbe haben, ²/₃ soviel in ¹/₄ cm dicke Scheibchen (in 1 Markstück Größe) geschnittenes Rindfleisch, läßt dies noch 3 bis 5 Minuten mit durchbraten und feuchtet es noch mit etwas fertiger Bratenjus an. Jetzt zugedeckt zurückgestellt und kurz vor dem Anrichten von Salz nachgeschmeckt.

Abteilung B.

Verschiedene Farcen.

942. Kochfarce. Man sucht das Fleisch von einem Kapaun oder 3 jungen Hühnern sorgfältig ab, schneidet es großwürflich und röstet es in 125 Gr. Butter mit etwas Salz und Pfeffer halb gar. Währenddessen hat man ebensoviel Semmeln ohne Kruste in Milch eingeweicht, drückt sie aus, nimmt das Fleisch aus der Kasserolle, giebt die Semmel hinein, und brennt es so lange auf der Maschine ab, bis es sich vom Löffel und Kasserolle löst. Nun nimmt man ebensoviel weichgekochtes und in Würfel geschnittenes Kalbseuter dazu, giebt das Ganze zweimal durch eine Fleischmaschine, thut es jetzt in einen Reibstein, giebt 5 Eidotter dazu, schmeckt es von Salz und Pfeffer ab, mischt 3 Eßlöffel fertige Jus, sowie ³/₄ Eßlöffel gehackte Petersilie dazwischen und benutzt sie, nachdem sie durch ein Drahtsieb gestrichen, zu Gratin und ähnlichen Speisen.

943. Farce auf andere Art. 375 Gr. Kalbfleisch, 2 Kalbsnieren mit ihrem Fett, 120 Gr. Speck, alles großwürflich geschnitten, wird in einer Kasserolle mit 60 Gr. Butter, 12 Stück kleinen Chalotten, 15 Stück geputzten Champignons, 2 mittelgroßen, abgeschälten Trüffeln und etwas gewiegter Petersilie weich und gar gedünstet. Nachdem es herausgenommen und erkaltet ist, wird alles zwei- bis dreimal durch eine Fleischmaschine gethan. Alsdann in den Reibstein gegeben. Währenddessen hat man ½ soviel eingeweichte und ausgedrückte Semmel in der Kasserolle abgebrannt, thut sie zu dem Fleisch, ebenfalls 3 ganze Eier, das nötige Salz und Pfeffer, sowie 3 Eßlöffel fertiger Jus. Reibt es tüchtig durcheinander und streicht es durch ein Drahtsieb.

944. Semmelfarce zum Puter füllen. 2 Tassenköpfchen Milch (⁴/₁₀ Liter) mit einem eigroßen Stück Butter (40 Gr.) und 3 Holzlöffel Mehl (96 Gr.) abgebrannt. Wenn kalt, 3 ganze Eier dazu, 5 gehäufte Eßlöffel geriebener Semmel, 4 feingeriebene bittere Mandeln, von Salz und Zucker abgeschmeckt, 125 Gr. abgekochte Korinthen dazu gerührt und der Puterkropf damit gefüllt.

945. Kalbfleischfarce zum Puterfüllen. 1 Kalbsblatt wird ausgeschnitten und mit ⅓ soviel Speck und der Puterleber feingewiegt. Dann in den Reibstein gethan, mit ⅓ soviel eingeweichter Semmel, fertiger Bratenjus, 2 ganzen Eiern und 2 Eidottern, je 2 gehäuften Eßlöffeln in Butter passierten, gehackten Zwiebeln und grob gewiegten Champignons dazu und im Reibstein durchgerieben. Die Probe gemacht und von Salz und Pfeffer abgeschmeckt.

946. Rebhühnerpastete. 8 junge Rebhühner werden ausgeknöchelt und einmarinirt mit Öl, Wurzelwerk, Gewürz und zurückgestellt. Nun macht man eine Farce von 1 Kilogr. schönem Schweinefleisch und 1 Kilogr. 500 Gr. Kalbsblatt, dem Fleisch von 8 alten Rebhühnern, ⅓ soviel Speck dazu, sowie die sämtlichen Rebhühnerlebern und ¼ Wild-, Schweine- oder Kalbsleber und dreht dies viermal durch eine Maschine. Jetzt in einen Reibstein gethan, 3 ganze Eier, 4 Eidotter, ungefähr soviel Semmelpanade wie Speck und mit kalter fertiger Bratenjus zu einem feinen Teig verarbeitet; währenddessen hat man ein wenig gehackte Chalotten, Estragon, Schnittlauch, Thymian, Majoran, Pfefferkraut und Salbey in Butter gar gemacht, dies sowie auch etwas Pastetenpulver zu der Farce gethan. Die Probe gemacht, ob sie hält, von Pfeffer und Salz abgeschmeckt und durch ein grobes Sieb gestrichen. Nun schichtweise in die Blechbüchsen rangiert. (Farce, Trüffeln, Farce, Rebhuhn, Farce, Trüffeln und Farce, Rebhuhn.) Oben mit Farce zugestrichen bis gut einen Finger breit vom Rand, mit Speckscheiben belegt und im Brat- oder Backofen 2 Stunden au-bain-marie gar gemacht. Dann erkalten lassen. Die Abfälle ausgekocht, die Bouillon mit Trüffelfond, Rotwein und Madeira zu einer Demiglace gekocht und noch warm in die Pasteten verteilt und damit durchziehen lassen. Wenn erkaltet, die Büchsen sauber gemacht und mit Fett oder Butter bis ½ cm vom Rand zugegossen, zulöten lassen, 1 Stunde bis 1½ Stunde in einem Kessel mit kochendem Wasser gekocht und darin erkalten lassen. Am andern Tage sauber abgewischt, beschrieben und an einem kühlen Orte aufbewahrt. Man kann die Rebhühner auch alle mit zur Farce verarbeiten und alsdann nur schichtweise Farce und Trüffeln einrangieren, sie müssen alsdann aber beim Anrichten mit einem Löffel ausgestochen werden. Ebenso wird auch die Krammetsvögel- und Schnepfenpastete bereitet, nur daß die Eingeweide hiervon mit zu der Farce verwandt werden.

NB. Auf diese Weise kann man sämtliche Wildgeflügel- und Wildfleischpasteten anfertigen.

947. Gänseleberpastete. 750 Gr. Schweinefleisch, 750 Gr. Kalbfleisch werden großwürflich geschnitten und mit 125 Gr. Butter in einer Kasserolle zugedeckt gar gedünstet. Jetzt thut man das Fleisch in ein anderes Geschirr und läßt es erkalten. Die Butter giebt man in eine Stielpfanne und sautiert darin 1 Kilogr. in Scheiben geschnittene Schweinsleber, die Lebern von 6 jungen Hühnern und feine Kräuter (Thymian, Majoran, Salbey, Pfefferkraut, Estragon, Krausemünze und Citronenmelisse, von jedem etwas). Ebenfalls sautiert man 3 kleine oder 2 große Gänselebern und läßt sie erkalten. Jetzt alles mit ½ soviel großwürflich geschnittenem Speck, als wie es Fleisch ist, einige Male durch die Fleischmaschine gedreht, alsdann in den Reibstein gethan, ½ Flasche Madeira, etwas Pastetenpulver, 3 Eßlöffel englische Sauce, 3 ganze Eier, 3 Eidotter nebst dem nötigen Salz und Pfeffer dazu und, nachdem es tüchtig durcheinander gestoßen und gerieben, durch ein Drahtsieb gestrichen. Nun mit Trüffeln dazwischen in Blechbüchsen einrangiert, fest zusammengestoßen, mit Speckschwarten belegt und au-bain-marie im Backofen gar gemacht, wozu circa 2 Stunden erforderlich sind. Wenn kalt, sauber gemacht, mit klarer Butter übergossen, zugelötet und vollendet wie bei der vorhergehenden Rebhühnerpastete angegeben.

948. Kalte Pastetenfarce. Gut 2 Kilogr. Schweinefleisch, sowie 2 Kilogr. Kalbfleisch, welches fein durchgedreht und ausgesehnt ist, der betreffenden Leber, 8 ganzen Eiern, welche nebst gehackten Zwiebeln und Butter zu einem lockeren Rührei verrührt werden, 1 Kilogr. eingeweichter und ausgedrückter Semmel und ⅓ soviel Speck wie das Ganze, alles tüchtig mit dem nötigen Salz, Pfeffer und Pastetenpulver verarbeitet und abgeschmeckt, durchgestrichen und in eine Kasserolle, welche mit Butter ausgestrichen und mit Speck ausgelegt, einrangiert, mit gebuttertem Papier und mit einem Deckel zugedeckt, im Ofen in ein bain-marie gestellt und gar gebacken. Alsdann das betreffende Fleisch, welches vorher recht saftig gebraten, in Glace umgekehrt und schichtweise kalt in eine Pastetenterrine einrangiert, oben glatt und egal gestrichen, mit Glace überpinselt, mit Citronenscheiben und Petersilie nebst Trüffeln (letztere kann man auch mit einrangieren) garniert.

949. Farce von verschiedenem Fleisch zu falschem Hasenbraten oder Alliance. Zu 250 Gr. Schweine-, 250 Gr. Kalb-, und 250 Gr. Rindfleisch hackt man ⅓ soviel Speck wie das Ganze dann 188 Gr. geriebene Semmel, 3 ganze Eier, 125 Gr. fein gehackte Sardellen, 1 Eßlöffel gehackte und in Butter gar gemachte Zwiebeln, sowie das nötige Salz und Pfeffer dazu gethan; alles tüchtig verarbeitet, abgeschmeckt und verwendet.

950. Fischfarce.
Siehe Abschnitt 3, Fischkotelettes.

951. Geflügelfarce zu Soufflés, kleinen Nocken oder Klößchen.
Siehe Abschnitt 1, Hühnerfarceklößchen.

Abteilung C.
Allerlei.

952. Backobst und Klöße. Backäpfel, -Birnen, -Pflaumen und -Kirschen werden in Wasser weich gekocht, die beiden letzteren

Teile zusammen mit Zimmet, Citronenschale und Zucker, dann das Wasser zusammen in eine Kasserolle gegossen, mit Kartoffelmehl angesehmt und von Zucker abgeschmeckt. Das Backobst dazu und einen Augenblick durchkochen lassen. Die Klöße extra auf einer runden Schüssel angerichtet und abwechselnd mit gerösteter Semmel begossen, sowie in die Mitte ein größeres Häufchen gethan. Gebratener Speck und Klopfschinken dazu gereicht.

953. Birnen und Klöße. Die Birnen werden in Hälften zerteilt, geschält, das Kernhaus herausgebohrt, mit Zucker, etwas Zimmet und Citronenschale und ein wenig roter Farbe in Wasser weich gekocht. Dann die Birnen auf einen Durchschlag geschüttet, Citronenschale und Zimmet entfernt, der Saft mit Kartoffelmehl verdickt und etwas einkochen lassen, dann die Birnen wieder hinein gethan. Zum Anrichten aufkochen lassen und au-bain-marie gestellt. Auf einer Schüssel angerichtet, die nachstehenden Klöße auf einer anderen runden Schüssel im Kranze angerichtet und abwechselnd mit etwas gerösteter Semmel gefüllt. Man giebt gebratenen Speck und Klopfschinken dazu. — 4 Tassenköpfchen Milch ($^8/_{10}$ Liter) mit einem eigroßen Stück Butter (60 Gr.) und 270 Gr. Mehl auf dem Feuer abgebrannt; wenn kalt, 3 gelbe und 4 ganze Eier dazu, sowie 7 gehäufte Eßlöffel geriebener Semmel, von Salz abgeschmeckt, $^3/_4$ Eßlöffel große Klöße hiervon geformt und $^1/_2$ Stunde in Salzwasser ziehen lassen. Der Klopfschinken auf folgende Art bereitet: Von der flachen Seite des Schinkens schneidet man $^3/_4$ cm dicke Scheiben mit wenig Fett ab und klopft diese mit dem Rücken eines Haumessers oder einer Holzkeule zu $^1/_4$ cm dünn aus, recht egal länglich rund zugeschnitten und 4 bis 5 Stunden in halb Milch und Wasser eingewässert. Jetzt zwischen einem Tuch abgetrocknet, von beiden Seiten mit Mehl bestäubt und angeklopft, in Ei und Semmel paniert, langsam in brauner Butter von beiden Seiten goldbraun gebraten und trocken warm gestellt. Der Speck zum Braten wird am besten aus der Schulter geschnitten und wenn man es erlangen kann, ein Stück, worin ein feiner roter Streifen quer durchgeht. Hiervon schneidet man 8 cm lange und gut 1 cm dicke Scheiben und läßt diese in einer schwarzen Stielpfanne unter vielem Umwenden circa $^1/_2$ Stunde langsam braten, da er durchgebraten, aber nicht hart und croquant zum Brechen sein darf. Beide

Teile, Speck und Klopfschinken auf einer langen Schüssel für sich je auf einer Seite trocken angerichtet und zu Birnen oder Backobst und Klößen gereicht.

954. Fülle zu Gänse=, Enten= und Schweinsrippenbraten.

Äpfel werden geschält, in Viertel und in Scheiben geschnitten in ein Geschirr gethan. Dazu thut man halb soviel weichgekochte und aus= gesteinte Backpflaumen. Zu diesen thut man die abgeriebene Schale einer halben Citrone, einen gehäuften Eßlöffel Zimmetzucker und circa 5 gehäufte Eßlöffel geriebene Semmel, mengt es gehörig durch= einander und giebt, wenn nötig, noch einige Eßlöffel Zucker dazu.

955. Gänseleberfrikadelle. Zu einer mäßig großen in Milch geweichten Leber nimmt man 250 Gr. feines Bratwurstfleisch, fügt einige Eier hinzu, man kann auch Kapern, Trüffeln und Cham= pignons fein hachiert dazu thun und schlägt diese Farce um die geteilte Leber. Ist zu befürchten, daß die Farce nicht um die Leber hält, sondern bröckelt, so kann man die Leber auch in grobe Stücke schneiden und unter die Farce mischen. Die geformte Frikadelle wird mit geriebener Semmel bestreut, in einer Pfanne gebraten und kalt aufgeschnitten.

656. Roquefortkäse en gélée. Roquefortkäse und Butter zu gleichen Teilen zusammen durch ein Sieb gestrichen, mit ein wenig Rosenpaprika zusammengerührt und auf ein Blech ½ cm dick auf= gestrichen. Nachdem die Masse auf Eis erkaltet, werden davon Stücke in Größe eines Zweimarkstückes ausgestochen und in kleine Tortelettesförmchen von 34 mm Durchmesser im Boden und einer Höhe von 12½ mm mit recht kräftiger, klarer, brauner Kalbfleisch= jus, worin ein wenig Gelatine verkocht ist, eingesetzt. Nochmals auf Eis erstarren lassen und kurz vorm Anrichten den Käse ausstürzen. (Zu Pumpernickel, Rettig und Radieschen zu geben.)

957. Zuckerlake zum Einlegen von Fleisch. 4 Liter Wasser, 1 Kilogr. Salz, 125 Gr. Zucker, 32 Gr. Salpeter zu= sammen aufgekocht und kalt über das betreffende Fleisch gegossen. Ist es nicht soviel, daß das Fleisch bedeckt ist, muß man so oft doppelt nehmen, bis es genug ist. Dünnere und kleinere Stücke

Fleisch müssen 4 Wochen, größere 5 bis 8 Wochen darin liegen, indem es öfter umgekehrt wird.

958. Dressur des Geflügels. Die Dressur des Geflügels ist, wo es nicht anders angegeben, folgende: Man legt das Geflügel so auf den Rücken vor sich hin, daß das Kopfende nach links, die Beine nach rechts zeigen, faßt letztere beiden mit der rechten Hand und zieht sie aus, hält Daumen und Zeigefinger der linken Hand vor die Keulen und schiebt die Beine in die Haut hinein, alsdann biegt man die Beine so weit nach links, daß sie senkrecht stehen, steckt die Dressiernadel über dem unteren Gelenkknochen und rechts vom Beinknochen durch beide Keulen durch, zieht den Bindfaden nach, legt das Geflügel auf die Brust, so daß das Kopfende auf einen zu zeigt und bindet das Band möglichst fest, ohne daß das Geflügel seine Façon verliert, zusammen, näht dann in der Mitte zwischen dem Gerippe und der linken Keule durch, führt den Bindfaden über den Trommelstock oder das Bein unter den Brustknochen durch und über den anderen Trommelstock hinter der zweiten Keule durch, bis zu dem Punkt, wo man auf dem Rücken zuerst das Band zusammengebunden hat, hier bindet man dieses Ende ebenfalls möglichst fest, schneidet die Enden bis auf 3 cm ab, und hat so die Dressur vollendet.

XVIII. Abschnitt.

Einige Bemerkungen über allerlei Fleisch und Geflügel, sowie Merkmale betreffs des Alters.

959. Alles Fleisch, welches gebraten werden soll, muß im Sommer mindestens 5 bis 8 Tage, im Winter 8 bis 10 Tage hängen, ehe es zum Gebrauch gut ist. Ausgenommen hiervon ist das Wasserwildgeflügel, welches höchstens 2 bis 3 Tage alt werden darf. Bei Hammel-, alten Wild- oder Rehkeulen ist es außerdem erforderlich und empfehlenswert, daß dieselben tüchtig mit dem flachen Beil oder einer Holzkeule geklopft werden, ohne sie jedoch kaput zu schlagen. Rindfleisch als Roastbeef oder Filet muß unbedingt, da es meistens englisch gebraten wird, nicht unter 8 bis 10 Tagen benutzt werden.

960. Alles Fleisch, welches zur Bouillon verwandt wird, muß möglichst frisch und gut sein. Auf dem Lande sehe man, daß man die Hälfte als Schwanzstück oder Binnenkluft erhält, um es noch einmal auf den Tisch zu bringen; die andere Hälfte Knochenfleisch aus dem Blatt, Brust oder Hals. Zu einer guten Bouillon rechne man 250 Gr. Fleisch à Person, hat man mehr wie 20 Personen, so rechne man auf die Hälfte 250 Gr. à Person, auf die zweite Hälfte Personen 125 Gr. à Person, wobei man $^2/_3$ Rindfleisch, $^1/_3$ Kalbfleisch und auf je 24 Personen 2 alte Suppenhühner rechnet, 3 bis 4 Köpfe Sellerie, 6 gelbe Wurzeln oder Mohrrüben, 4 Petersilienwurzeln und 4 Stangen Porree.

961. Betreffs des Alters und der Frische beim Geflügel sehe man bei dem letzteren zuerst am unteren Bauchteil nach, ob dasselbe weiß und fest ist; wird es schmierig und grün, geht es in Fäulniß über und kann man, wenn es noch nicht viel ist, dasselbe beim Braten mit Petersilie ausstopfen, da sich alsdann der Geschmack giebt, muß aber sorgfältig dieselbe beim Tranchieren entfernen.

962. Beim Hasen sehe man betreffs des Alters nach, ob sich die Ohren oder Löffel leicht auseinander reißen lassen; ist dies der

Fall, iſt der Haſe jung.　Macht es jedoch ſchon Schwierigkeiten, ſo hat er die erſte Jugendzeit hinter ſich.

963. Beim Auerhahn haben die Jungen einen gelblichen Schnabel, bei den alten Hähnen iſt er dagegen ſchwarz.

964. Beim Faſan ſehe man nach den Sporen, ſind dieſelben kurz und ſtumpf, ſo ſind es junge, haben ſie aber lange und ſpitze Sporen, ſo hat man es mit alten zu thun.

965. Die jungen Rebhühner oder Feldhühner haben gelbe Beine und ſchwarzen Schnabel.　Die Alten haben graue Beine und grauen Schnabel.

966. Die Wachteln erkennt man ebenſo, wie die Rebhühner.

967. Truthahn oder Puter.　Die jungen haben grauweiße oder graublaue Beine mit weißer Schuppenhaut, die alten dagegen rötliche Beine mit hornartiger Haut.

968. Vom Kapaun gilt dasſelbe.

969. Hühner erkennt man an der Größe des Kammes, bei ganz jungen Hähnen und Hennen iſt er klein, auch haben dieſelben grauweiße Schuppenhaut an den Beinen.　Die Alten haben harte Schuppenhaut und, wenn ſehr alt, rötlich ſchimmernde Beine.

970. Bei Tauben erkennt man die jungen an den gelben Haaren am Kopf, dem dickeren Schnabel, den helleren Beinen und wenn gerupft am hellen weißlichen Fleiſch.　Dagegen die alten Tauben am dünneren Schnabel, am bläulichen Fleiſch, wenn ſie gerupft ſind, und an den dunkelrötlichen Beinen.

971. Bei Wildenten erkennt man die Jungen am ſchwarzgrünen Schnabel, hellgelben Beinen, auch läßt ſich die Schwimmhaut leicht einreißen.　Die Alten dagegen erkennt man am hellgrünen Schnabel, rötlichen Beinen und zäherer Schwimmhaut.

972. Die jungen zahmen Enten haben hellgelbe Beine und dunklen Schnabel, die alten rote Beine und helleren grünlichen Schnabel.

973. Von der Gans gilt dasſelbe betreffs der Beine, wie bei den Enten, der Schnabel iſt bei einer jungen Gans gelbrot, bei der alten dunkelrot.

Anhang.

—◆—

I. Teil.

Über Anfertigung der Speisezettel.

974. Die Anfertigung der Speisezettel richtet sich auf dem Lande in erster Linie nach den Vorräten, welche man hat, auch seheman danach, daß man bei möglichster Abwechslung dieselben in gehöriger Frische, d. h. wenn es lange genug geschlachtet gehängt hat, anbringt und somit ein zu Altwerden, eventuell Verdorbensein vermeidet. In der Stadt, wo meistens die Zutaten zum täglichen Gebrauch morgens eingekauft, auch von den Lieferanten ins Haus geliefert werden, macht es schon etwas weniger Schwierigkeiten, die nötige Abwechslung zu schaffen. Ich lasse im Nachfolgenden für junge Anfängerinnen einige Zettel für den täglichen Tisch, sowie kleine und größere Diners folgen, auch füge ich einige einfache und bessere Buffets, sowie eine Zeichnung zur Probe zwecks leichterer Aufstellung derselben, bei. Im großen Ganzen befolge man hierbei den Grundsatz, Speisen von einer Sorte möglichst entfernt von einander und an verschiedenen Seiten der Tafel auf- zustellen, so daß sich dieselben in der Länge der Tafel schräge vis-à-vis gegenüber stehen.

975. Alle Braten und Fleischstücke werden vorher, ehe sie an- gerichtet werden, tranchiert, in ihrer ursprünglichen Gestalt zusammen- gelegt und mit flüssiger Glace überpinselt, damit sie wieder ein schönes Ansehen bekommen, dann auf die Schüssel gelegt. Die leeren Räume fülle man mit Brunnenkresse, Endivien oder jungem Kopfsalat aus, den Rand belege man mit Croutons von mit Gelatine versetzter (ziemlich steif) und mit Eiweiß geklärter Bratenjus und zwischen jeden ein Blättchen krauser Peterfilie.

16*

976. Gekochten Schinken garniere man mit recht hellen Aspic-Croutons, sonst wie beim Braten angegeben.

977. Rinderfilets garniere man an jeder Seite abwechselnd mit Häufchen von gehacktem hellen und rotgefärbten Aspic, an jedem Ende ein Häufchen Brunnenkresse, krauser Petersilie oder Salat; außerdem stecke man 2 Silberspieße, an welche man oben eine gar gekochte und mit dem Buntmesser abgedrehte Karotte, in der Mitte eine recht schwarze Perigordtrüffel und darunter einen großen, recht weißen Champignon mit dem Kopf nach oben gesteckt hat, auf den Filets schräge nach dem Schnitt fest.

978. Roastbeef garniere man oben mit geschabtem Meerrettig, an den Seiten mit Mixed pickles und an den Enden mit gar gemachten, recht roten Tomaten. Außerdem kann man zur Abwechslung bei größeren Büffets einige Braten mit verschiedenem Gemüse garnieren, indem man junge Karotten, Schneidebohnen, Blumenkohl und Erbsen in Salzwasser weich kocht, etwas mit Oel und Essig marinirt und kleine Häufchen mit Abwechslung darum anrichtet.

979. Fische, sofern sie ganz auf das Büffet sollen, garniere man mit abgekochten, recht roten Krebsen und hartgekochten Eiern, dazwischen Häufchen Brunnenkresse oder krauser Petersilie und auf den Fisch Silberspieße, an welchen ein schöner roter Krebs befestigt, gesteckt.

980. Hering oder italienischen Salat richte man auf Glasschüsseln recht erhaben an, einen Kranz abwechselnd von hartgekochten, halbierten Eiern und Salatherzchen darum, über jedes Ei ein kleines Häufchen Kapern, dazwischen eine aufgerollte halbe Sardelle und in diese ein recht schönes, rotes kleines Radieschen mit kleinem Blatt. In die Mitte des Salats eine Scheibe von hartgekochtem Ei, darauf ein Häufchen Kaviar und darum ein Kranz von gehackter eingemachter roter Beete oder Krebsschwänzchen garniert.

981. Kompots richte man je zwei verschiedene Farben auf einer Kompotière an. Entweder rohen Gelee in die Mitte gestürzt und ein Kranz von Ingwer-Birnen, Pfirsichen, Aprikosen oder Reineclauden darum.

Oder Aprikosen oder Pfirsiche in die Mitte und ein Kranz von

eingemachten roten Hagebutten oder eingemachten recht roten Erdbeeren darum.

Einige Zettel für den gewöhnlichen einfachen Mittagstisch.

982. A. 1. Klare Bouillon mit Hühnerklößchen.
   2. Käsebrötchen.
   3. Hammelkeule geschmort mit Pureekartoffeln und geschmorten Gurken.
   4. Maizenaflammeri mit Erdbeersauce.
   5. Käse, Butter, Radieschen, Rettig.

983. B. 1. Bouillon mit Graupen.
   2. Geh. Wildsteaks mit Teltower Rübchen, trockenen Kartoffeln.
   3. Braten von Kapaunen. — Kompot von Dreimus. Kopfsalat.
   4. Käse, Butter, Radieschen, Rettig.

984. C. 1. Soupé à la Chasseur mit Filets.
   2. Gebackene Filets von Zander mit Citronen.
   3. Kalbskeule mit Bratkartoffeln, Pomeranzensauce und jungen Erbsen.
   4. Dicke Eierkuchen mit Pflaumenmus.
   5. Käse, Butter, Radieschen, Rettig.

985. D. 1. Klare Bouillon mit Reis.
   2. Hammelkotelettes mit weißen und Schneidebohnen.
   3. Braten von Wildbrücken. — Kompot von rohem Gelee. — Warmer Kartoffelsalat.
   4. Käse, Butter, Radieschen, Rettig.

986. E. 1. Linsensuppe mit Croutons.
   2. Nierenschnittchen.
   3. Schweinskarre mit Sauerkraut und Pureekartoffeln.
   4. Chocoladencrême à la Vienne.
   5. Käse, Butter, Radieschen, Rettig.

987. F. 1. Klare Bouillon mit Parmesancroutons.
   2. Rinderschwanzstück mit Senfsauce und Kartoffeln à la maitre d'hôtel.

    3. Braten von Wildkeule. — Kompot von Apfeln. — Kopf= oder Endiviensalat.

    4. Käse, Butter, Radieschen, Rettig.

988. G. 1. Taubensuppe mit Gries, Spargel und kleinen Kartoffeln.

    2. Barsche, blau.

    3. Hammelkeule mit Croquetten von Makkaroni und Tomatensauce.

    4. Pfirsichbeignets.

    5. Käse, Butter, Radieschen, Rettig.

Einige etwas größere Diners.

989. A. 1. Rebhühnersuppe mit Filets.

    2. Blätterteig=Pastetchen mit Krabbenragout.

    3. Wildrücken mit Bratkartoffeln, Sauerkraut und Steinpilzen.

    4. Braten von Puter farciert. — Kompot von Erd= beeren. — Endiviensalat.

    5. Strelitzer Apfelspeise.

    6. Käsestangen, Radieschen, Rettig.

990. B. 1. Klare Bouillon mit Eiergelee.

    2. Zander mit Senfsauce, Kartoffeln garniert.

    3. Kalbsfricandeaux mit Gemüsen.

    4. Braten von Rehrücken oder Hasen. — Kompot von Äpfelmus. — Kopfsalat.

    5. Charlotte russe.

    6. Roquefort cakes, Rettig, Radieschen, Pumpernickel.

991. C. 1. Krebssuppe mit Einlage.

    2. Wildentenpuree in Porzellankästchen.

    3. Rinderbrust mit Bechamellekartoffeln und Jus.

    4. Braten von Rotwildkeule. — Kompot von roh. Gelee und Ingwer=Birnen. — Kressesalat.

    5. Aprikosen à la Condé.

    6. Käsestangen, Radieschen, Rettig.

Einige größere Diners.

992. A. 1. Soupe à la Jardinière.
2. Lachsforellen, Sauce Bearnoise.
3. Hirschziemer paniert mit Himbeersauce.
4. Soufflé de Volaille aux truffes.
5. Braten von Poularden. — Kompot von Ingwer-Birnen. — Endiviensalat.
6. Artischockenböden mit Champignonspuree und Sauce Espagnole.
7. Ananaseis in Gläsern mit Röllchen.
8. Roquefort cakes, Pumpernickel, Radieschen, Rettig.

993. B. 1. Ochsenschwanzsuppe mit Einlage.
2. Kaviar mit Citronen und gerösteter Semmel.
3. Puter à la Montglas.
4. Hummer, Sauce Remolade.
5. Braten von Rotwildrücken. — Kompot von roh. Gelee. — Kopfsalat.
6. Cardy mit Sauce Tomates und Markcroutons.
7. Pudding à la Dauphine.
8. Käsestangen, Rettig, Radieschen.

Große Diners.

994. A. 1. Consommé à la Bagration.
2. Wienerlocken mit Krammetsvögelpuree.
3. Forellen blau mit frischer Butter.
4. Roastbeef à l'Anglaise.
5. Rebhühner à la Richelieu.
6. Braten von Rehrücken. — Kompot von Johannis-beeren, Salat Romaine.
7. Junge Erbsen und Stangenspargel mit holländischer Sauce.
8. Orangengelee à la Moscovite.
9. Käsestangen, Radieschen, Rettig.

995. B. 1. Klare Schildkrötensuppe.
2. Austern naturelle und gebraten.
3. Steinbutt, Sauce hollandaise.

    4. Schinken in Burgunder mit Sauerkraut und Erbs-
       puree, Sauce Tortue.

    5. Gänseleberpastete.

    6. Braten von Rebhühnern. — Kompot von Apfel-
       mus. — Endiviensalat.

    7. Blumenkohl au gratin.

    8. Pudding à la Diplomate.

    9. Chokolade und Citroneneis.

  10. Roquefort cakes, Rettig, Radieschen, Pumpernickel.

Einfaches Büffet für 50 Personen.

996. 1. Kalbskeule von 7 bis 8 Kilogr.

     2. Kleine Schinken à 4 Kilogr. in Burgunder.

       1 Wildrücken.

       1 Schüssel junge Hähne.

       1 Schüssel Fischmajonaise von 2 Kilogr. Fisch.

       1 Aal in Gelee von 1½ Kilogr. Aal.

       2 Schüssel Bratkartoffeln.

       4 Kompots (2 Dreimus, 2 Aprikosen).

       4 Salats (2 Gurken-, 2 Heringssalat).

       2 Cumberlandsaucen.

       2 Remoladensaucen.

       2 Schüsseln Stachelbeertortelettes (à 20 Stück).

       2 Schüsseln Reis à la Tivoli.

       2 Schüsseln Butterbrot (zusammengeklapptes).

       2 Schüsseln Roggen- und Weißbrot.

       3 Tafelaufsätze (1 großer ovaler in der Mitte, 2 runde,
         einer an jedem Ende).

NB. Hierzu eine Zeichnung wie es aufgestellt wird. Der Tisch
muß zu 24 Personen gedeckt sein. Kleine Tische mit Stühlen um
das Büffet, sowie wenn nötig in die Nebenräume gestellt. Kleine
Teller und Bestecks, sowie Karaffen mit Wein und Gläser werden
an den Seiten um das Büffet in Zwischenräumen aufgestellt, dürfen
aber ein Nehmen der Speisen nicht hindern.

Besseres Büffet für 70 bis 80 Personen.

997. 1 Rotwildrücken.

     1 Kalbskeule.

2 Gänsebraten.

2 Rehkeulen.

2 Rebhühnerpasteten à 12 Personen.

2 kleine Schinken (à 4 bis 5 Kilogr.) in Burgunder.

2 Majonaisen von Lachs (4 Kilogr. Lachs).

2 Heringssalat.

2 gemischter Salat.

2 Schüsseln Käsebrödchen (von Chester, von Neuchateller und Roquefortkäse.)

2 Schüsseln Sardinenbrödchen (1 große Büchse Sardinen).

2 Chokoladencrême à la Vienne.

2 Ananaseis in Gläsern.

2 Marasquino Bavaroise.

3 Tafelaufsätze oder in der Mitte 1 Frucht= und an jedem Ende ein Blumenaufsatz.

2 Baumkuchen.

3 Cumberlandsaucen.

3 Remoladensaucen.

Büffet für 100 Personen.

998. 1 Roastbeef, 6 bis 7 Kilogr., schwer ohne Filet.

1 Kalbsrücken mit Tomatensalat (Tomaten in feine Scheiben und mit Salz, Pfeffer, Öl und Essig angemacht.)

1 Wildschweinskopf, garniert.

1 Wildrücken, 1 Keule.

2 Schüsseln kalte Rebhühner à 12 Stück.

2 Schinken (à 4 Kilogr.) in Burgunder.

2 Galantine von Puter.

2 Rheinlachse à $2\frac{1}{2}$ bis 3 Kilogr.

2 Krammetsvögelpasteten.

2 Schüsseln Dänische Brötchen.

2 Kartoffelsalat in Majonaise.

2 Italienischer Salat.

2 Weingelee mit Erdbeeren.

2 Charlotte russe.

2 Himbeereis in Gläsern.

4 Cumberlandsaucen.

4 Remoladensaucen.

2 Baumkuchen.

Kleine pikante Brötchen, zum Thee zu geben und auf Büffets.

999. 1/2 cm dicke Scheiben von Raspelbrot geröstet, kalt mit Butter bestrichen, mit feinen Scheibchen weißen Geflügelbratens belegt, mit englischem Senf bestrichen und mit gehackter Salzgurke bestreut.

1000. Geröstete Scheiben von Raspelbrot mit Butter bestrichen, desgleichen mit englischem Senf darüber und mit gehacktem gekochtem Schinken oder Rauchfleisch bestreut.

1001. Geröstete Scheiben von Raspelbrot mit Butter bestrichen, 1/3 mit Fasan oder Rebhuhn belegt, 1/3 mit Mettwurst und 1/3 mit Wildbraten belegt.

1002. Geröstete Scheiben von Raspelbrot mit Sardellenbutter bestrichen und eine Scheibe Salzgurke darüber gelegt.

1003. Sardellenbrötchen, siehe Abschnitt 2 Nr. 92.

1004. Kleine Scheiben von Raspelbrot geröstet, mit Butter bestrichen, mit Kalbsbraten belegt und ein Häufchen Kalbsbratenjus in die Mitte darauf gelegt.

1005. Kleine Scheiben von Raspelbrot geröstet, dünn mit Butter bestrichen und erhaben mit Gänseleber oder anderer Pastete bestrichen, oben eine Scheibe Trüffel darauf gelegt.

1006. Kleine Scheiben von Raspelbrot geröstet, messerrücken-dick mit Pastete bestrichen und mit gehackten Perigordtrüffeln recht erhaben bestreut.

1007. Kleine Scheiben von Raspelbrot geröstet, mit Butter bestrichen, eine Scheibe von hartgekochtem Ei darauf gelegt und ein Kranz von Sardellenbutter darum gespritzt.

1008. Austernbrötchen, siehe Abschnitt 2 Nr. 99.

1009. Russischer Imbiß mit Lachsmajonaise. Siehe Abschnitt 2, Nr. 98.

1010. Russischer Imbiß. Siehe Abschnitt 2, Nr. 97.

1011. Dänische Brötchen. Kleine ungeröstete Scheiben von Raspelbrot, ¹/₆ derselben mit Butter bestrichen und mit Rheinlachs belegt, ¹/₆ mit Neuchateller Käse etwas erhaben bestrichen, ¹/₆ mit Chesterkäse, ¹/₆ mit Roquefortkäse, letztere 3 Sorten Käse mit je ¹/₃ frischer Butter verrührt und eine Prise Paprika daran, ¹/₆ geröstet und mit Sardellenbutter erhaben bestrichen und das letzte ¹/₆ geröstet mit Butter und Kaviar bestrichen. Alle recht bunt durcheinander und erhaben auf einer Schüssel mit Sockel und Manschette angerichtet, sowie einige Citronensechstel quer durchgeschnitten darum gelegt.

1012. Sardinenbrötchen. Von englischem Kastenbrot 7 cm lange und 3 cm breite schräge viereckige Scheiben geschnitten, welche mit Butter bestrichen werden und streifenweise mit gehacktem hartgekochtem Eigelb, gehackter grüner Petersilie und gehacktem hartgekochtem Eiweiß, sowie nochmals mit Eigelb, Petersilie und Eiweiß, so daß 6 Streifen darauf sind und von Nr. 1 zu Nr. 2 eine halbe, von dem Rückgrat befreite Sardine darüber gelegt.

1013. Sandwiches. Von englisch Kastenbrot je 2 Scheiben abgeschnitten und auseinander geklappt, reihenweise gegenüber gelegt, bis man die nötige Anzahl hat. Jetzt alle mit Butter bestrichen, welche mit soviel englischem Senf versetzt ist, daß sie pikant darnach schmeckt, nun eine Seite mit gehacktem Rauchfleisch, die andere Seite mit gehacktem Kalbs- oder Puterbraten bestreut, je zwei zusammen geklappt, entweder rund ausgestochen oder länglich viereckig zugeschnitten und auf einer Schüssel mit Manschette angerichtet.

1014. Kleine Scheibchen von Raspelbrot mit Lamenbertkäse, welcher mit ¹/₃ Butter und einer Prise Paprika versetzt ist, recht erhaben bestrichen und mit dem Messerrücken bunt gemacht.

1015. Kleine Scheiben von Raspelbrot in Butter goldgelb gebraten, wenn kalt mit Butter bestrichen, 1 Streifen gehacktes Eigelb, 1 Streifen gehackte rote Beete und 1 Streifen gehacktes Eiweiß schräge darüber gelegt und entgegengesetzt schräge mit 4 feinen Filets von Sardellen belegt.

Nr. 3. Kleine ovale Perl=Croustaden.

Außerdem erhält man als Neuheit bei M. Jaedicke, Koch=straße 54a, Berlin SW., kleine Croustaden in ovaler Form Nr. 3, 50 Stück 2 Mk. 80 Pf., in runder Form Nr. 1, 50 Sück 2 Mk. 80 Pf., und in viereckiger Form Nr. 4 I, 25 Stück 1 Mk. 10 Pf. Dieselben erscheinen mit nachfolgender Füllung zum Büffet.

1016. Kleine ovale Croustaden mit Lachsmajonaise gefüllt und mit einem Kranz gehackten Aspics garniert, in die Mitte ein Häufchen Kaviar gethan.

1017. Dieselben mit Hummermajonaise gefüllt, ein Kranz ge=hackten Aspics darum gethan und in die Mitte ein recht schön rotes Stück Hummer in schrägem Viereck ge=schnitten darauf gelegt.

Nr. 1. Kleine runde Perl=Croustaden.

1018. Kleine runde Croustaden mit Kaviar gefüllt und Citronensechstel quer durchgeschnitten auf der Schüssel darum garniert.

1019. Dieselben mit Gänseleberpateste gefüllt, ein Kranz gehackten Aspics darum garniert und in die Mitte eine schwarze Trüffelscheibe.

1020. Dieselben mit Rebhühnerpastete gefüllt und garniert wie im Vorhergehenden.

1021. Dieselben mit Schnepfenpastete gefüllt, ein Kranz gehackten Aspics darum und in die Mitte der halbierte Kopf mit gekürztem Schnabel gelegt mit der halbierten Seite nach unten.

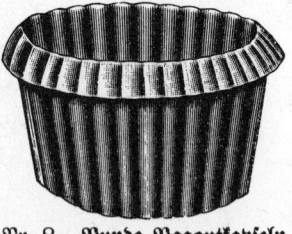

Nr. 8. Runde Ragoutkapseln (mit und ohne Deckel), 7 cm lang, 6 cm breit.

1022. Kleine viereckige Croustaden mit italienischem Salat gefüllt und ein Kranz gehackten gelben Eis darum garniert, in die

Nr. 4. **Karree mit Perlrand,**
8 cm lang, 7 cm breit.

Mitte ein passendes Stück aus dem Rückgrat gelöster, halbierter Sardine gelegt.

1023. Dieselben mit je einem Krammetsvogel aus einer Krammetsvögel = Pastete von Bengelsdorf, Neubrandenburg in Meckl.=Strelitz, gefüllt, Farce darum gestrichen, ein Kranz ge=hackten Aspics darum garniert.

1024. Dieselben mit Heringssalat gefüllt, eine viereckige Scheibe geräucherten Rheinlachses darauf gelegt, in jede Ecke ein kleines Häufchen Kaviar und dazwischen je eine Reihe recht großer, egaler, grüner Kapern.

1025. Dieselben mit Fischmajonaise gefüllt, ein passendes Stück längs geteilten Neunauges darauf gelegt und ein Kranz rot gefärbten, gehackten Aspics darum garniert.

II. Teil.

Über das Zerlegen oder Tranchieren der Braten oder sonstigen Fleischstücke.

Man tranchiert:

1. Tauben, junge Hühner, Rebhühner, Haselhühner, Schneehühner und **Wachteln,** indem man dieselben auf das Tranchierbrett so vor sich hinlegt, daß die Brust nach oben und das Kopfende dem Tranchierenden zugewendet liegt. Alsdann teilt man dieselben vermittelst eines 7 cm breiten und 32 cm langen Messers (ohne Griff gemessen) der Länge nach halb durch, stutzt das Rückgrat an beiden Seiten und die Beine bis zum Gelenk ab und richtet das Geflügel auf einer langen Schüssel, im Kranze halb aufeinander liegend und den inneren, leeren Raum ebenfalls voll legend, an. Oder, wenn man weniger Geflügel hat, in zwei Reihen über den

Boden einer langen Schüssel. Ist das Geflügel schon etwas größer, verfährt man ebenso, löst alsdann aber die Keulen los und legt dieselben wieder an, somit das Geflügel in vier Stücke teilend.

2. Fasanen und Perlhühner, indem man die Keulen ablöst und der Länge nach halbiert. Von dem Bruststück haut man das Rückgrat bis zu den Flügelknochen fort, teilt es einige Male quer durch und legt es als Sockel auf die Schüssel, an jeder Seite nach vorne das dicke Stück der Keule und dahinter den Trommelstock oder das Bein legend. Die Brust legt man vor sich hin, wie in Nr. 1 angegeben, und teilt dieselbe der Länge nach 5 bis 6 mal gerade durch. Jetzt auf die Schüssel gelegt. Hat man 2 Stück Geflügel, so legt man die erste Brust nach vorne, die zweite, halb auf der ersten liegend, dahinter. Zu diesen Braten nimmt man eine lange Schüssel, befestigt vorne am Boden der Schüssel einen in Fett ausgebackenen Brotcrouton vermittelst dick zusammengerührten Eiweißes und Weizenmehls, in welchen man in der Mitte senkrecht ein Loch gesteckt hat. Nach hinten wird ebenfalls ein Brotcrouton befestigt (beide viereckig sowie 6 cm hoch und ebensoviel im Durchmesser, außerdem rund herum und oben bunt ausgekerbt), in welchen man von hinten nach vorne ein Loch schräge durchgesteckt hat; alsdann läßt man beide Croutons auf der Schüssel im Warmspind fest trocknen. Währenddessen hat man nun von unten in den ungerupften Kopf eines Fasans oder Perlhuhns einen 7 bis 8 cm langen Stock, welcher oben und unten zugespitzt ist, gesteckt und denselben durch eine Papierkrause beim Anrichten auf dem vorderen Crouton befestigt. Auch hat man am Schwanz (an dem Ende, wo derselbe abgeschnitten ist) einen nach vorne zugespitzten Stock festgebunden und denselben in der Weise mit einer Papierkrause und Manschette umwickelt, daß die Stockspitze 2½ cm frei bleibt. Nun wird der Schwanz an dem hinteren Crouton in dem vorher durchgesteckten Loch befestigt, nachdem der Braten heiß und mit Jus maskiert ist.

Auf andere Art tranchiert man den Braten, indem man das Geflügel, wie in Nr. 1 angegeben, vor sich hinlegt, die Keulen und Brüste ablöst, erstere halb durchteilt und die Brüste von der Spitze bis zu dem Flügelknochen in schräge Scheiben (knapp ½ cm dick) teilt. Alsdann quer über den Boden einer langen Schüssel anrichtet, an jedes Ende eine passende Keule ohne Bein legt und nachdem die

Schüssel heiß gestellt und mit Jus maskiert, so zu Tisch giebt. Hierzu ist ein Messer von 3½ cm Breite und 27 cm Länge (ohne Griff gemessen) erforderlich und die Handhabung desselben derartig, daß bei einer Lage der Brust mit der Spitze nach rechts die Schneide des Messers dem Flügelknochen zugewandt ist.

3. Einen Kapaun oder ein Birkhuhn, indem man die Keulen ablöst und diese halb durchteilt. Jetzt die Brust ablöst und so auf das Tranchierbrett vor sich hinlegt, daß die Flügelknochen nach links, die Spitzen der Brust aber nach rechts zeigen und nun die-selben von rechts nach links in schräge Scheiben teilt, wobei die Schneide des Messers schräge senkrecht nach links gerichtet ist. (Siehe auch Fasan, zweite Art, nach der sie auch angerichtet werden.)

4. Eine Gans, indem man die Keulen ablöst und diese halb, sowie das dicke Stück noch einmal quer durchteilt. Jetzt die Brust von beiden Seiten ablöst und von rechts nach links (siehe Kapaun) in ½ cm dicke, schräge Scheiben teilt. Währenddessen hat man vom Rückgrat die Rippen egal breit abgehauen und ersteres, mit der unteren Seite nach oben, als Sockel auf eine lange Schüssel gelegt, an den Seiten nach vorne die dicken Stücke der Keule sowie dahinter den Trommelstock oder das Bein legend. Nun die Brust hübsch darüber gelegt, die Schüssel nochmals einen Augenblick heiß gestellt und der Braten alsdann mit Jus maskiert zu Tisch gegeben. Auch kann man an passenden Stellen (an den Seiten und auch vorne) ein Sträußchen krauser Petersilie legen, sowie kleine Manschetten auf die Beinknochen stecken.

5. Einen Puter, indem man denselben zerlegt und anrichtet, wie im Vorhergehenden angegeben ist. Ist der Puter farciert, so schneidet man den farcierten Kropf vorsichtig heraus, teilt ihn gerade herunter der Länge nach in Scheiben und legt ihn vorne gegen das Kopfende des Rückgrats, bevor man die Brust über das Ganze legt.

6. Eine Ente, indem man die Brust und Keulen ablöst, erstere von dem spitzen Ende bis zu den Flügelknochen in drei bis vier schräge Scheiben teilt und die Brust, mit den Flügelknochen und den Spitzen zusammengelegt, auf einer langen Schüssel anrichtet. Währenddessen sind die Keulen halb durchgeteilt, die dicken Stücke mit der halbierten

Seite zusammen, auf die Mitte der Brüste in den tiefen Raum und die Trommelstöcke oder Beinknochen an jeder Seite dagegen gelegt.

7. Eine Schnepfe, indem man die Keulen und den Kopf mit Hals ablöst und das Rückgrat bis zu den Flügelknochen forthaut. Alsdann die Brust gerade herunter in drei Teile schneidet, dieselbe auf einer langen Schüssel anrichtet, die Keulen ganz an den Seiten dagegen und den Kopf ohne Hals vorne anlegt. Jetzt die Brötchen im Kranze herum arrangiert, die Schüssel einen Moment heiß stellt und die Schnepfe mit ihrer Jus maskiert zu Tisch giebt.

8. Eine Poularde. Siehe Puter oder Fasan, jedoch werden die Poularden ohne Kopf und Schwanz zu Tisch gegeben.

9. Krammetsvögel. Diese werden ganz zu Tisch gegeben. Man richtet dieselben auf einer langen Schüssel im Kranze, mit den Brüsten nach innen, an und legt den inneren leeren Raum ebenfalls voll. Hat man nicht so viele Vögel, so richtet man dieselben in zwei Reihen, mit den Brüsten zu einander gekehrt auf einer langen Schüssel an, indem man vorne sowie am Ende einen davor legt, das Ganze mit gerösteter Semmel überschüttet und recht heiß zu Tisch giebt.

10. Eine Keule, indem man das oberere Fricandeau ganz und die Nuß (siehe Abschnitt 8 Nr. 442) der Länge nach halb ablöst und beide nach dem dicken oder breiten Ende der Keule zu in schräge, knapp $1/2$ cm dicke Scheiben schneidet. Muß man die Keule ganz tranchieren, so schneidet man das gute Fricandeau ebenso und legt es in seine vorherige Lage. Alsdann das kleine Fricandeau der Länge nach (dem oberen entgegengesetzt) in schräge Scheiben geteilt und ebenfalls an seinen Platz gelegt. Jetzt wird der obere Teil der Nuß über der unteren Hälfte derselben angerichtet und das obere Fricandeau über das untere gelegt und somit der Keule ihre vorherige Gestalt wieder gegeben. Jetzt heiß gestellt, auf den Beinknochen eine Manschette gesteckt und auf einer langen Schüssel angerichtet zu Tisch gegeben.

11. Eine Hammelkeule (geschmorte, bei welcher man in rohem Zustande die Schaufel ausgelöst hat), indem man das obere Fricandeau ganz und die Nuß mitsamt dem kleinen Fricandeau zusammen ab-

schneidet und beide in schräge (dem dicken Ende der Keule zu)
Scheiben teilt. Währenddessen hat man die untere halbe Nuß und
das gute Fricandeau halb vom Mittelknochen abgelöst und denselben
daselbst abgehauen. Jetzt die Fricandeaue zusammengeschoben und
die Nuß mit dem kleinen, sowie das obere Fricandeau lang darüber
gelegt, wobei die Keule ein noch ½ mal so großes Ansehen erhält,
wie zuvor.

12. Einen Schinken in Burgunder, indem man hinter dem
sehnigen Teil des Beinknochens schräge herunter und auf dem Mittel=
knochen längs den oberen Teil des Schinkens fortschneidet, diesen in
schräge Scheiben tranchiert, und wenn er schwerer als 4 Kilogr.
wiegt, die größere Hälfte nach dem Beinende zu nochmals halbiert
und alsdann in seiner früheren Gestalt anrichtet.

**13. Einen Wild=, Reh=, Wildschweins=, Kalbs= und Hammel=
rücken,** indem man die Filets von beiden Seiten des Rückenknochens
ablöst und dieselben so vor sich hinlegt, daß das Kopfende nach links
und das hintere Ende nach rechts zeigt. Alsdann schneidet man von
links nach rechts das vordere Filet in längliche, schräge Scheiben, das
Messer in der Weise handhabend, daß die Spitze nach links über das
Kopfende des Filets hinausragt und die Schneide auf einen gerichtet
ist, dagegen beim Tranchieren des zweiten Filets die Spitze nach
rechts zeigt und ungefähr mit der Mitte des Filets abschneidet.
Alsdann ebenfalls von links nach rechts schräge Scheiben schneidet,
die Filets wieder an ihren Platz legt und den Rücken auf einer
langen Schüssel anrichtet.

14. Die einzelnen Fricandeaux, falls sie als Braten für sich
kommen, indem man das obere Fricandeau von dem spitzen Ende
angefangen, das kleine Fricandeau von dem dicken Ende angefangen
und die Nuß in der Richtung nach dem kleinen Fricandeau zu, in
schräge Scheiben teilt. Alsdann das untere oder gute Fricandeau (welches
man mit der unteren Seite nach oben gelegt, die lose Haut oben fort=
geschnitten und daselbst fein abgehäutet, gespickt und alsdann gebraten
hat), ebenfalls vom dicken Ende, welches nach der Schaufel zu
gesessen hat, angefangen, in schräge, knapp ½ cm dicke Scheiben teilt.

15. Ein Rinderfilet: Siehe Nr. 188, Abschnitt 4.

16. Ein Schweinskarree, indem man an dem Ende, wo unten die Rippen sitzen oder gesessen haben (falls dieselben ausgelöst sind), zu schneiden anfängt und dasselbe gerade herüber in schräge, 1/2 cm dicke Scheiben teilt, wobei die Schneide des Messers nach links gerichtet ist.

17. Ein Schweinsfilet, indem man dasselbe, vom dicken Ende angefangen, in schräge, längliche Scheiben teilt, wobei die Richtung des Messers dieselbe, wie in der vorhergehenden Nummer ist.

18. Ein Roastbeef, indem man dasselbe vom Knochen ablöst und an dem Ende zu schneiden anfängt, wo unten am Knochen das wenigste Fett und die Rippen sitzen, und dasselbe gerade herüber in schräge Scheiben teilt. Richtung des Messers wie in Nr. 16.

19. Eine Rinderbrust, indem man dieselbe vom Knochen löst, das Sehnige unten fortschneidet, die Brust zu einem langen 10 bis 12 cm breiten Stück zuschneidet und dasselbe, vom Halsende angefangen, in schräge, 1/2 cm dicke Scheiben teilt. Messerrichtung wie in Nr. 16 angegeben.

20. Ein Rinderschwanzstück, indem man dasselbe, vom Schwanzende angefangen, in schräge, 1/2 cm dicke Scheiben schneidet.

21. Eine Rinderzunge, indem man dieselbe, bei der Spitze angefangen, in schräge Scheiben schneidet.

22. Einen Schweinsrippenbraten, indem man den oberen Teil desselben ablöst und zwischen jeder Rippe durchschneidet oder durchhaut; alsdann den unteren Teil, wenn nötig, ebenso behandelt und auf einer langen Schüssel anrichtet, dann den oberen Teil des Bratens darüber legt und recht heiß und mit Jus maskiert zu Tisch giebt.

23. Ein Kasseler Rippspeer und einen Kalbsnierenbraten, indem man das Filet ablöst und dasselbe, von dem Halsende angefangen, in schräge Scheiben teilt, das Messer in der Weise handhabend, daß, wenn das Rückgrat von einem fortzeigt, die Spitze des Messers nach links schräge über das Halsende hinausragt, dagegen wenn das Rückgrat auf einen zu liegt, die Spitze des Messers nach rechts und mit der Hälfte oder Mitte des Bratens abschneidet.

24. Einen Hasen, indem man die beiden Keulen zusammen gerade herüber in 5 Teile durch- und die Beingelenke forthaut; alsdann den Rücken in 3 cm große Querstücke teilt oder die Filets ablöst wie beim Wildrücken und dieselben ebenso tranchiert, alsdann mit dem Knochen auf einer langen Schüssel anrichtet und die Keulen quer dahinter legt.

Inhalts-Verzeichnis.

II. Abschnitt.

Kleine Gerichte nach der Suppe.

III. Abschnitt.

Fischgerichte.

IV. Abſchnitt.

Erſtes Fleiſchgericht nach der Suppe.

VII. Abschnitt.

Entremets oder Zwischengerichte.

VIII. Abschnitt.

Braten.

IX. Abschnitt.

Saucen.

X. Abschnitt.

Salats.

XI. Abschnitt.

Kompots, frische.

XII. Abschnitt.

Eingemachte Früchte und Fruchtsaft.

XIII. Abschnitt.

Eingemachtes Gemüse.

XIV. Abschnitt.

Süße Schüsseln und Mehlspeisen.

Abteilung A.

XVI. Abschnitt.
Thee= und Kaffeebäckereien.
A. Theekuchen.

XVII. Abschnitt.
Frühstücksgerichte.
Abteilung A.

XVIII. Abschnitt.

Einige Bemerkungen über allerlei Fleisch und Geflügel, sowie Merkmale betreffs des Alters.

Anhang.
I. Teil.

Einige Zettel für den gewöhnlichen einfachen Mittagstisch.

Einige etwas größere Diners.

Einige größere Diners.

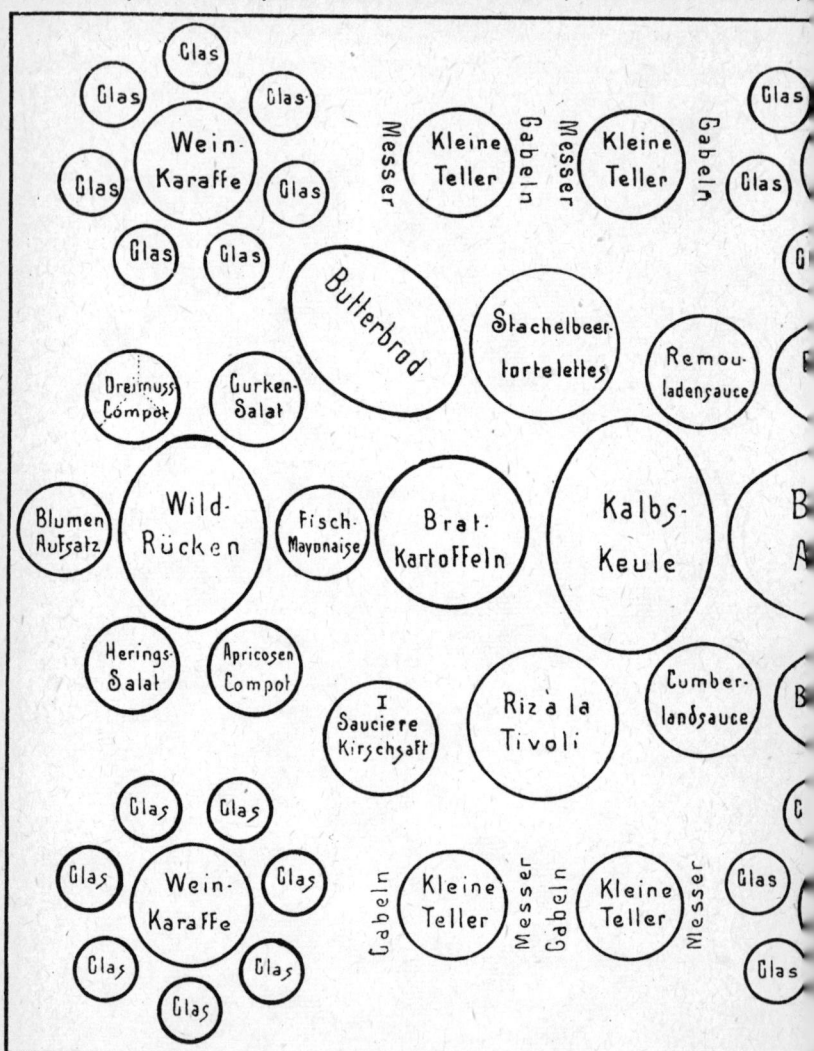

Glas
Glas
Glas
Wein-Karaffe
Glas
Glas
Glas
Glas

Messer · Kleine Teller · Gabeln · Messer · Kleine Teller · Gabeln

Glas
Glas
G

Butterbrod

Stachelbeer-tortelettes

Remou-ladensauce

Dreimuss-Cômpot
Gurken-Salat

Blumen-Aufsatz
Wild-Rücken
Fisch-Mayonaise
Brat-Kartoffeln
Kalbs-Keule

B A

Herings-Salat
Apricosen-Compot
I Sauciere Kirschsaft
Riz à la Tivoli
Cumber-landsauce

B

Glas
Glas
Glas
Wein-Karaffe
Glas
Glas
Glas
Glas

Gabeln · Kleine Teller · Messer · Gabeln · Kleine Teller · Messer

Glas
Glas

C

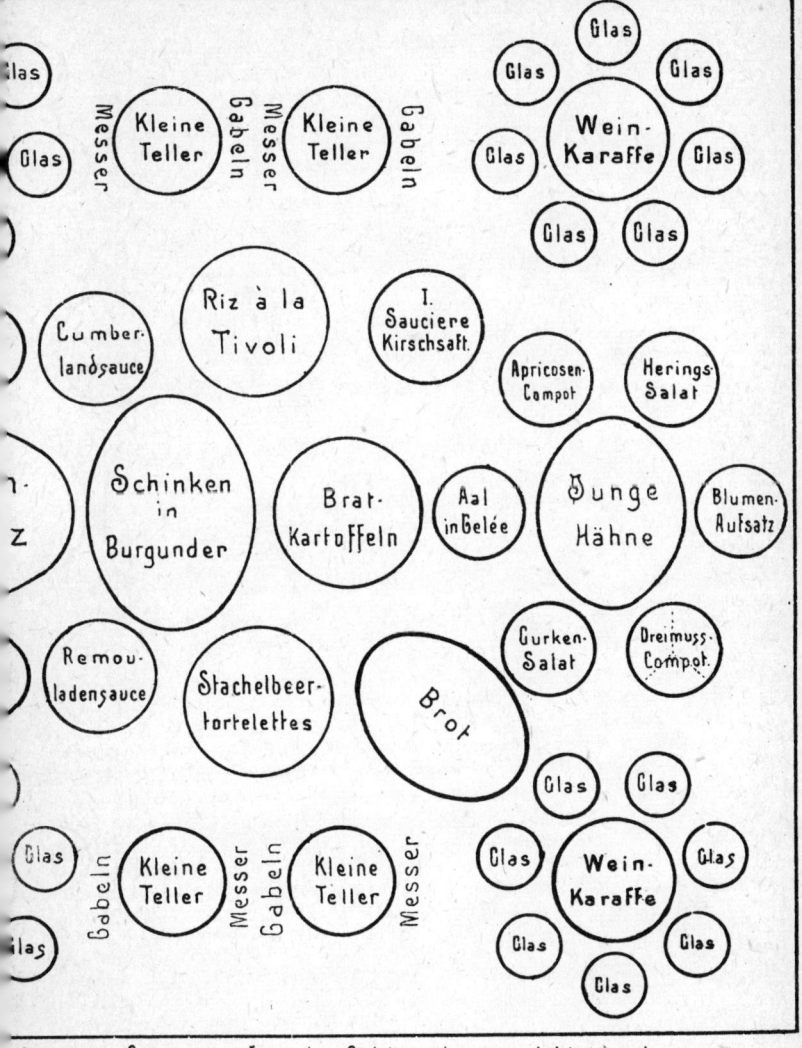

dass die Sachen auf runden Schüsseln angerichtet sind.

Gewichtsausgleichung und Erklärung der Abkürzungen.

———

Neues Gewicht.   Altes Gewicht.

1 Kilogramm gleich	1000 Gramm gleich	2 Pfund.				
$\frac{1}{2}$ " "	500 " "	1 "	oder 32 Lot.		
	375 " "	$\frac{3}{4}$ "	" 24 "		
	250 " "	$\frac{1}{2}$ "	" 16 "		
	125 " "	$\frac{1}{4}$ "	" 8 "		
	63 " "	$\frac{1}{8}$ "	" 4 "		
	32 " "	2 Lot.			
	16 " "	1 "			

Abkürzungen.

Kilogr. = Kilogramm.

Gr. = Gramm.

Ltr. = Liter.

Std. = Stunde.

ℳ = Mark.

mm = Millimeter.

Abſch. = Abſchnitt.

Geh. = Gehackt.

ISBN 3-356-00211-2

Photomechanischer Nachdruck der Ausgabe von 1898
Die Reprintvorlage wurde dem Archiv
des Hinstorff Verlages entnommen.
© VEB Hinstorff Verlag Rostock 1985
2. Auflage 1988. Lizenz-Nr. 391/240/75/88
Printed in the German Democratic Republic
Herstellung: Betriebsschule Rudi Arndt, Berlin 4860
Bestell-Nr. 522 762 0

03800